国家出版基金项目
NATIONAL PUBLICATION FOUNDATION

全面建设社会主义现代化国家研究丛书（第1辑）

丛书主编　颜晓峰

推进国家治理体系和治理能力现代化

王恒　郑安定　刘涵　著

天津大学出版社
TIANJIN UNIVERSITY PRESS

图书在版编目(CIP)数据

推进国家治理体系和治理能力现代化 / 王恒, 郑安定, 刘涵著. -- 天津 : 天津大学出版社, 2022.6
（全面建设社会主义现代化国家研究丛书 / 颜晓峰主编 . 第 1 辑）
ISBN 978-7-5618-7203-1

Ⅰ. ①推… Ⅱ. ①王… ②郑… ③刘… Ⅲ. ①国家－行政管理－现代化管理－研究－中国 Ⅳ. ①D630.1

中国国家版本馆CIP数据核字(2023)第010219号

TUIJIN GUOJIA ZHILI TIXI HE ZHILI NENGLI XIANDAIHUA

出版发行　天津大学出版社
地　　址　天津市卫津路92号天津大学内（邮编：300072）
电　　话　发行部：022-27403647
网　　址　www.tjupress.com.cn
印　　刷　北京盛通印刷股份有限公司
经　　销　全国各地新华书店
开　　本　710mm×1010mm　1/16
印　　张　13.25
字　　数　267千
版　　次　2022年6月第1版
印　　次　2022年6月第1次
定　　价　36.00元

总　序

2020年是全面建成小康社会的决战决胜之年，也是从全面建成小康社会向全面建设社会主义现代化国家迈进的历史转折之年。“继续在人类的伟大时间历史中创造中华民族的伟大历史时间”，这是习近平总书记在2020年春节团拜会上为当代中国共产党人标定的时代坐标、确定的时代使命。全面建设社会主义现代化国家，就是中华民族在这一“伟大历史时间”进行的伟大历史实践。2020年初突如其来的新型冠状病毒肺炎疫情（以下简称新冠肺炎疫情）给中国和世界其他国家的发展带来前所未有的冲击，但中华民族从来都是在磨难中成长、从磨难中奋起的，人类社会从来都是在危机中嬗变、从危机中转型的，现代化的潮流势不可挡、青山难遮。由天津大学社会主义现代化研究中心组织撰写、天津大学马克思主义学院院长颜晓峰担任丛书主编、天津大学出版社出版的“全面建设社会主义现代化国家研究丛书”（第1辑）正是配合开启全面建设社会主义现代化国家新征程，探索新课题、服务新实践，为全面建设社会主义现代化国家提供理论支持的研究成果。

现代化是资本主义产生以后，在科技革命、产业革命、社会革命、思想革命的推动下，一些国家出现的从社会生产到社会生活、从社会结构到社会机制、从社会精神到社会文化的整体性转型，是世界近代以来持续推进、逐步拓展、不断深化的“历史向世界历史转变”的进程，同时又是在矛盾积累、危机孕育、时局动荡中调整变革的进程。马克思、恩格斯深刻揭示了资本驱动的现代化内在的尖锐矛盾，批判了现代化进程中对生产力的破坏和对工人的奴役，同时也肯定了资本主义生产第一次创造出为实现社会全面进步、人的全面发展所必需的财富和生产力。在马克思、恩格斯看来，社会主义是在继承资本主义文明成果的基础上对资本主义的否定和改造，是在各个领域创造出高于和优于资本主义现代化的新型现代化。马克思在《哥达纲领批判》中阐述的共产主义社会高级阶段，包含消灭旧式分工，消灭脑力劳动和体力劳动对立，劳动成为生活的第一需要，个人的全面发展，集体财富的源泉充分涌流等，这些都是社会主义现代化的本质内涵。十月革命后，苏联等社会主义国家在各自的社会主义建设过程中，探索了社会主义的高级阶段或发达阶段（即现代化阶段）的目标、标准和途径，开始了社会主义现代化实践和思想的双重进程，但因种种历史原因，有的遭遇挫折，有的半途而废。

建设社会主义现代化国家，是中华人民共和国成立后我们党的不懈追求。中华人民共和国成立后，我们党把科学社会主义理论同中国现代化实际相结合，多次提出社会主义现代化的建设目标、主要内容和实现步骤，开始了建设社会主义现代化的艰辛探索。改革开放以来，几代中国共产党人开拓创新、接力攀登，持续探索“建设什么样的社会主义现代化国家，怎样建设社会主义现代化国家”的问题，把科学社会主义理论同建设社会主义现代化实际相结合，开创了中国特色社会主义现代化道路。中国特色社会主义现代化道路，从世界历史的坐标看，是在世界现代化几百年的历程中，在主要资本主义国家现代化进程已经完成的基础上开辟的一条新型现代化道路。从当代世界的坐标看，是在广大发展中国家追求现代化的艰难起飞中，从中国国情出发开辟的一条新路，从而给世界上那些既希望加快发展又希望保持自身独立性的国家和民族提供了全新选择，贡献了中国智慧和中国方案。中国的现代化道路不仅是自己的道路，而且具有世界意义；不仅具有中国特色，而且反映世界趋势。更为重要的是，我们要建成的是社会主义现代化国家，是有着独特本质、内涵、优势、特色的社会主义现代化国家。再经过 30 年左右的奋斗，我国全面建成富强民主文明和谐美丽的社会主义现代化强国，其世界历史意义不亚于十月革命，是中国共产党对科学社会主义的最重要贡献。

党的十九大开启了全面建设社会主义现代化国家的新征程，这是马克思主义指引中国共产党近百年历程新的伟大革命，是科学社会主义在中国新的伟大创举，是马克思主义基本原理同新时代具体实际相结合新的伟大实践。面对新的使命任务，必须进行从历史到未来、从理论到实践、从全局到局部、从战略到方法的系统深入研究。习近平新时代中国特色社会主义思想，从理论和实践的结合上系统回答了“新时代坚持和发展什么样的中国特色社会主义、怎样坚持和发展中国特色社会主义”这一重大时代课题。“全面建设什么样的社会主义现代化国家、怎样全面建设社会主义现代化国家”，则是对这一重大时代课题的深入和展开。深入研究这一课题，需要从以下三个方面整体推进。

一是社会主义现代化的历史研究。社会主义现代化是世界现代化进程的客观要求，特别是社会主义历史进程的必然趋势。历史研究是社会主义现代化研究的基础，包括实践史和思想史。党的十九大开启了全面建设社会主义现代化国家新征程，必将把社会主义现代化的实践和思想提到一个前所未有的历史高度。随着习近平新时代中国特色社会主义思想不断发展，社会主义现代化思想在其理论体系中必然具有更加突出的地位。

二是社会主义现代化的领域研究。现代化是全面的现代化。全面建设社会主义现代化国家，本身就要求现代化的总体性，不能单打独斗。同时，社会主义现代化是由各个领域的现代化构成的，需要将总体研究与局部研究相结合，从各个领域的现代化研究入手，深化对全面建设社会主义现代化规律的探讨。我们党在追求现代化的进程中，曾提出“四个现代化”的构想。随着党对建设中国特色社会主义总体布局认识的拓展，“四个现代化”显然已不足以涵盖现代化的基本领域。因此，要深入研究社会主义经济、科技、政治、国家治理、文化、社会、教育、生态、国防、党建、人的全面发展乃至公共卫生治理等领域的现代化建设。

三是社会主义现代化的问题研究。社会主义现代化研究离不开大量的实证研究，运用数据分析，构建科学模型，提供决策支持。同时，理论是研究的纲和魂，实证研究离不开理论研究。要以社会主义现代化为对象，对其中的重大问题作出理论说明和论证，从而逐步加深对社会主义现代化建设规律的认识。理论研究越严谨扎实、深刻彻底，对社会主义现代化建设规律的认识就越全面准确，全面建设社会主义现代化国家的进程就越顺利，目标就越有把握实现。全面建设社会主义现代化国家的新征程，是中华民族伟大复兴的壮丽篇章，是马克思、恩格斯设想的人类社会美好前景在中国大地的生动展现，是马克思主义在新的伟大实践中大发展的极好契机。

天津大学与中国现代化的历史紧密相连。天津大学建校于1895年，前身为北洋大学堂，是中国近代高等教育史上建校最早的高等学府。第二次鸦片战争后，学校所在地天津被开辟为通商口岸，近代工业、贸易、金融、交通、教育发展起来，天津成为中国开始现代化的先行地、近代城市的领先者。这为学校吸收世界现代化的文明成果提供了丰厚土壤，同时学校也是天津乃至中国近代教育、科技、思想、文化发展的贡献者。北洋大学堂开办之初即设立工程、矿务、机器和律例四门学科，以兴学强国为使命，以培养现代人才为目标。学校创建早期培养出的人才中，王宠佑成为中国现代炼锑技术的开创者，马寅初成为著名经济学家、教育家、人口学家，刘瑞恒成为中国近代公共卫生事业的创建者，秦汾成为中国著名数学家，齐璧亭成为中国近代知名的教育家、女子师范教育奠基人，等等。中国共产党早期的重要领导人之一、中国共产主义青年团的创始人之一张太雷，1915年考入北洋大学法科。中华人民共和国成立后，1959年党中央公布了第一批16所全国重点大学，天津大学名列其中。改革开放后，1995年学校成为“211工程”首批重点建设大学，2000年学校被确定为国家“985工程”重点建设的高水平研究型大学。进入新时代，2017年学校成为首批“双一流”建设高校。学校围绕建设“综合性、研究型、开放式、国际化”的世界一流大学总体目标，秉持“中国特色、世界一流、天大品格”的核心理念，传承“兴学强国、实事求是、严谨治学、爱国奉献、矢志创新”的天大品格，努力培养一流人才、建设一流队伍、打造一流学科、贡献一流学术、营造一流环境，推进“强工、厚理、振文、兴医”学科布局，聚焦国家重大战略需要，聚焦世界科技发展前沿，面向国民经济主战场，培养全面发展的高素质创新人才，为全面建设社会主义现代化国家作出天大的贡献。这些贡献就包括依托学校的历史传统、学科优势、人才资源，充分利用天津大学社会主义现代化研究中心这个平台和基地，创作出更有质量水准、更符合全面建设社会主义现代化国家理论需要的多学科成果。

“全面建设社会主义现代化国家研究丛书”（以下简称“丛书”），自党的十九大后开始策划、组织撰写，经各位作者和编辑的共同努力，第 1 辑现出版发行。“丛书”（第 1 辑）的选题主要围绕全面建设社会主义现代化国家的系统布局，对全面建设社会主义现代化国家的主要领域进行全面深入、通俗易懂的描述，为高校师生、党员干部、理论工作者及广大读者提供系列理论读物。“丛书”是开放式、渐进式的，将跟踪全面建设社会主义现代化国家新征程的进展，依据主创者、出版方、作者对这一新的伟大社会实践的新认识，拓展范围、深化研究，丰富题材、提高品位，继续推出新的选题，出版新的著作，与实现第二个百年奋斗目标的发展阶段同行，与全面建设社会主义现代化国家实践中的重大问题共生，与国内外相关研究的前沿成果互鉴。我们诚邀校内外的专家学者一起参与这套丛书的撰写，一起推进社会主义现代化的研究，不负时代、不负使命。

李家俊　天津大学党委书记

金东寒　天津大学校长

2020 年 6 月

目　　录

第一章　推进国家治理体系和治理能力现代化的时代要求

党的十九届四中全会通过的《中共中央关于坚持和完善中国特色社会主义制度 推进国家治理体系和治理能力现代化若干重大问题的决定》（以下简称《决定》）中指出："当今世界正经历百年未有之大变局，我国正处于实现中华民族伟大复兴关键时期。顺应时代潮流，适应我国社会主要矛盾变化，统揽伟大斗争、伟大工程、伟大事业、伟大梦想，不断满足人民对美好生活新期待，战胜前进道路上的各种风险挑战，必须在坚持和完善中国特色社会主义制度、推进国家治理体系和治理能力现代化上下更大功夫。"① 因而，推进国家治理体系和治理能力现代化关系着我国对百年未有之大变局的应对，关系着中华民族伟大复兴的实现，也关系着人民对美好生活需要的满足，是中国站在历史交汇点上顺应时代潮流的重大战略决策。

第一节　推进国家治理体系和治理能力现代化是应对"百年未有之大变局"的要求

习近平总书记强调领导干部要胸怀"两个大局"。在国际方位中，就是要正视当今世界正经历的百年未有之大变局。"大变局"意味着不稳定性和不确定性增加，同时也意味着机遇和挑战并存。要想在变化中抓住机遇，在挑战中赢得发展，必须发挥国家制度体系优势，提升国家治理效能。

一、推进国家治理体系和治理能力现代化是增强国家竞争力的根本举措

《管子》中有一句治国名言常常被人们提起："夫国大而政小者，国从

① 《中国共产党第十九届中央委员会第四次全体会议文件汇编》，人民出版社，2019，第21页。

其政；国小而政大者，国益大。”[①] 意思是说，大国如果治理无方，最终会走向弱小；反之，小国如果治理有方，最终必将会变得强大。历史证明的确如此，从世界历史发展潮流中我们可以看到很多国家或崛起或衰落、或强大或弱小，背后都是由国家治理成败来支配的。如身处弹丸之地、民族成分复杂、毫无自然资源可言的新加坡，由最初被马来西亚政府摒弃而被迫建国到发展成为享誉全球的“小而美”的国家，背后不容忽视的原因正是人民行动党领导下的强大的国家治理能力。反观苏联这个曾经对世界产生过巨大影响的超级大国，初期它以令人难以置信的速度走完欧美国家通常需要几十年甚至上百年才能走完的工业化路程，成为支撑起世界一极的超级大国。但后来却因为体制机制的僵化与固化，由于改革能力不足，最终走向了崩塌和解体。因而当今时代国际竞争中拉大先进国家与落后国家之间距离的并不主要是经济基础和地理环境等的优劣，而是国家治理水平的高低。

国家竞争力是一个总体范畴，是包括国土面积、地理环境、自然资源、人口状况等基础实力和经济、政治、文化、科技、军事、外交、制度等要素实力在内的整体实力。但作为总体范畴，国家竞争力的大小不仅取决于基础实力和要素实力的强弱，更取决于各种组成实力的要素的配置是否合理。正如“田忌赛马”给我们的启示一样，将已有资源进行科学合理的配置，发挥其最大效益，是提升国家竞争力的关键。上文中提到的新加坡的崛起和苏联的衰败也证明了这一点。而能不能使各种资源配置达到最优甚至更好地激发资源潜在的能量，就要看国家的制度体制机制设置是不是最优的以及国家能否推进最优的制度体制机制的落地生根。

因而国家之间的竞争本质上是国家治理水平的竞争，是国家制度体系的先进性与治理能力的竞争。正如胡鞍钢指出的：“从国际竞争看，国家竞争本质上也是国家治理竞争，国家治理竞争本质上是国家治理制度和治理能力的竞争。”[②] 美国学者福山在分析中国历史发展和中国崛起过程时总结道，“中国之所以在过去的几千年里一直遥遥领先于世界，正是因为中

① 《管子校释》，载颜昌峣主编《管子校释》，岳麓书社，1996，第 217–218 页。

② 胡鞍钢等：《中国国家治理现代化》，中国人民大学出版社，2014，第 89 页。

国发明了‘好政府’”[1]。面对百年未有之大变局，增强我国自身竞争力的根本举措也必将在于推进国家治理体系和治理能力现代化，运用制度优势和治理效能，最终在国际社会中立于不败之地。

党的十九届四中全会全面总结了我国国家制度和国家治理体系的十三大显著优势，在这些优势的发挥中中国创造了世所罕见的经济快速发展奇迹和社会长期稳定奇迹，在这些优势的发挥中中华民族迎来了从站起来、富起来到强起来的伟大飞跃。历史与现实的实践证明，中国特色社会主义制度是中国共产党和中国人民在长期实践探索中形成的适合中国国情的科学制度体系。但同时党的十九届四中全会又提出坚持和完善国家制度体系的十三方面任务，提出坚持和完善中国特色社会主义制度、推进国家治理体系和治理能力现代化的总体目标，表明我国各方面的制度体系还没有完全成熟定型，还需要不断完善。

当今世界面临百年未有之大变局，大国战略博弈日益加剧，国际体系和国际秩序深度调整，我国发展面临的机遇和挑战并存，不确定、不稳定因素明显增多，在这样的历史方位中，我们想要保持“任凭风浪起，稳坐钓鱼台”的底气，就需要继续坚持和发展中国特色社会主义制度，推进国家治理体系和治理能力现代化，通过制度优势和治理效能不断推进经济社会发展、不断改善民生、不断增强国家的凝聚力和向心力、最大限度地调动广大人民群众的积极性和创造性，不断夺取全面建设社会主义现代化国家新胜利。

二、推进国家治理体系和治理能力现代化是提升我国国际认同度的重要抓手

在全球化的今天，各国之间紧密相连，各国之间相互了解和认识的需要也远远超过了历史上的任何时期。因而创新方式，更好地向国际社会展现自己，成为各国必须面对的课题。同时大国地位的确立也有赖于国际社会的普遍承认和认同。基于此，在世界多极化的背景下，各个国家都不仅重视由经济、科技等组成的硬实力建设，而且更加注重由制度和文化所组

---

① 弗朗西斯·福山：《国家构建——21 世纪的国家治理与世界秩序》，黄胜强、许铭原译，中国社会科学出版社，2007，第 1 页。

成的软实力建设，主动在国际社会中全面展现自我，扩大本国政治制度和特色文化的影响力和吸引力，从而增强自身的国际认同度，获取更多的国际话语权。

日益强大起来的中国也必须处理好如何与世界相处的问题。中国的快速发展令世界各国瞩目，一些国家一方面希望快速发展的中国给世界和平与发展事业带来新的活力和机遇，另一方面也担忧中国过于强大会给自己造成威胁。因而“中国发展不确定论”“中国威胁论”“修昔底德陷阱”等各种或唱衰或猜疑中国的负面声音也此起彼伏。甚至有些大国不惜采用卑劣的行径，对中国进行无底线的抹黑与攻击，如2020年7月12日，美国驻华大使馆在其官方推特账号上用中文转发了一条推特，提出“中国制造的很多产品由奴隶劳工制造”，并附有一张写着“中国奴隶劳工制造”的衣服标签图片来印证其说法。这种没有底线的造谣意在误导国际舆论，影响中国的国际形象，从而达到孤立中国和围堵中国的目的。总体来看，各种质疑中国甚至抹黑中国的声音能大行其道，一方面是大国竞争需要的主观故意和运作的结果，另一方面也反映出国际社会对中国不够了解甚至误解的客观事实。面对这样的形势，习近平总书记强调：中国和世界的关系正在发生历史性变化，中国需要更好了解世界，世界需要更好了解中国。因而让世界读懂中国、认同中国是应对百年未有之大变局中我们要解决的重要问题。制度和治理成效是客观和直观的，所以用制度说话、用治理成效说话是让世界了解中国、认同中国的重要抓手。

推进国家治理体系和治理能力现代化是全面展现中国的重要名片。被误读的中国在制度现代化中可以被正确解读。一个国家的制度体系是最具确定性和稳定性的，也是对一个国家最全面的诠释。党的十九届四中全会总结了中国特色社会主义制度中的根本制度、基本制度和重要制度三个层次，全面总结了包括党的领导、政治、法治、行政、经济、文化、民生、社会、生态、军队、国家统一、外交、监督等各个领域的中国安排和追求，为国际世界了解中国提供了一张重要的名片。党的领导制度体系、人民当家作主制度体系、中国特色社会主义法治体系、中国特色社会主义行政体系、社会主义基本经济制度、社会主义民生保障制度等都体现出对内我们坚持人民至上、处处坚持以人民为中心的价值追求和制度目标；对外奉行独立自主的和平外交政策，推动构建人类命运共同体建设，维护和平稳定的国际环境和致力于推动以合作共赢为核心的新型国际关系建立的鲜明态度。

被误读的中国也在治理现代化的实践中被正确解读。在国内的经济社会发展中，中国坚持以人民为中心，在中国共产党的统一领导下充分发挥人民群众的主动性和创造性，从而获得了一个个令世界瞩目的发展成就。如到2019年国内生产总值增长到99万亿元，稳居世界第二，对世界经济增长贡献率超过30%。我国用70多年的时间就全面解决了占世界五分之一人口的小康问题，在坚决打好防范化解重大风险、精准脱贫、污染防治的三大攻坚战中，9 000多万贫困人口稳定脱贫，贫困发生率下降至0.6%；在新的历史条件下作出社会主要矛盾转化的战略判断，致力于更好实现人民对美好生活的向往和追求，让人民群众共享发展成果。在国际交往中，中国提出人类命运共同体价值理念，提倡文明互鉴，提出“一带一路”倡议，促进各国普遍发展繁荣；面对新冠肺炎疫情全球肆虐，发挥国际人道主义精神，出人出物资无私帮扶疫情严重国家共渡难关。一个个鲜活的数字和事例都充分展现出中国共产党既为中国人民谋幸福、为中华民族谋复兴，也为人类谋进步、为世界人民谋大同的初心使命，展现出中国特色社会主义道路和制度的先进性与优越性。

中国的治理体系和治理能力向世界证明：第一，西方有些人低估了中国特色社会主义制度的优势、韧性、活力和潜能，其所谓的“中国崩溃论”是站不住脚的；第二，中国走出了一条不同于西方国家的成功发展道路，形成了一套完整的、不同于西方国家的制度体系；第三，治理一个国家、推动一个国家实现现代化，并不只有西方一种模式，各国完全可以走出自己的道路①。

“世界上不能只有一种文明、一种发展模式、一种价值观念、一种制度样态、一种民主范式”②。中国的稳定有序和谐发展与西方的混乱停滞的鲜明对比给了陶醉于发展模式“西方中心论”与制度模式“西方优越论”的人当头一棒，一些人开始客观冷静地看待中国的制度优势。值得一提的是曾经妄自尊大地认为美国民主是人类最好的民主，大谈“历史终结论”的福山，不得不在事实面前修正自己的观点，承认中国制度体系的强大优

① 秦宣：《推进国家治理现代化的方向和路径》，《人民日报》2016年6月22日，第7版。

② 刘须宽：《国家治理体系和治理能力现代化》，人民日报出版社，2019，第115页。

势："体系无须受制于利益集团的游说和诉讼，无须组成烦琐的政治联盟，也无须教育公众认清自己的真正利益，就能作出艰难的重大决定。"[①] 特别是面对重大社会风险如2020年蔓延至全球的新冠肺炎疫情时，中国在维护人民生命安全和全面复工复产发展经济中体现出的高效和成就，与西方社会全面崩盘甚至提出的让老人为经济牺牲的无耻号召形成鲜明对比，进一步体现出中国共产党作为使命型政党所采取的合力发展导向治理模式与西方分权发展导向治理模式之间的根本区别和前者对后者的超越。

推进国家治理体系和治理能力现代化，进一步推动国家治理体系的成熟定型和治理能力的不断提高，是消弭国际社会对中国误解的关键钥匙，是展现中国自主发展决心和与世界人民共同发展善意的主要渠道，是提升国际社会对中国认知和认同的重要保证。

三、推进国家治理体系和治理能力现代化是提高全球治理水平的前提保障

在全球化时代，国家治理不只是治理国内事务，更涉及处理国家关系、维持国际秩序以及共同应对关系全人类命运福祉的公共事务的全球治理。新冠肺炎疫情暴发后，各个国家日益认识到保持本国经济安全的重要性，都在想方设法收回更多的经济主权，加快自身实体经济的建设和资金的国际回流，导致全球化发展遭遇了巨大危机。但是我们应该认识到，虽然全球化发展可能一时受挫，也可能以此为契机发生新的转变，形成新的发展态势，但是国际社会相互依赖、荣辱与共的人类命运共同体局面不会改变。正如习近平所说："今天，人类交往的世界性比过去任何时候都更深入、更广泛，各国相互联系和彼此依存比过去任何时候都更频繁、更紧密。"[②]

全球化时代没有与世隔绝的孤岛，世界发展趋势与各国的发展休戚相关、命运与共。进入新时代，中国的国家实力、影响力以及在世界上的地位正在发生巨大的变化。中国日益走近世界舞台中央，也意味着承担了越

① 弗朗西斯·福山：《政治秩序的起源：从前人类时代到法国大革命》，毛俊杰译，广西师范大学出版社，2015，第346页。

② 习近平：《在纪念马克思诞辰200周年大会上的讲话》，《人民日报》2018年5月5日，第2版。

来越多的国际责任和国际治理任务。对于当今的中国来说，国家治理现代化包含着对内对外双轨双线，全球治理成为国家治理的国际延伸。因而顺应形势，不断坚持和完善中国特色社会主义制度，积极参与全球治理体系改革和建设，推进合作共赢的开放体系建设，完善全方位外交布局，提升我国参与国际治理的制度化水平，成为新时代的必然选择和迫切要求。

同时，国际治理与国内治理休戚相关。“信息全球化、全球网络化，技术变革将人类置于同一个地球村里。金融愈益国际化，金融危机外溢性突显，极易成为‘蝴蝶的翅膀’。病毒无边境，防不胜防，瞬间就可演化为全球性公共卫生危机，广泛深度影响人类正常活动。全球化在给世界各国带来新的机遇同时，也带来了风险全球化，风险具有强烈的振荡和联动效应。全球不仅命运与共、利益相关，而且风险与共、风雨同舟。‘黑天鹅’既可以从本土飞往他国，也可能从他国飞来本国；‘灰犀牛’既可以潜伏在一国，也可能潜伏在多国。”① 因而只有通过提高国际乃至全球治理水平，才能将国内与国际两种治理资源有效地调动和整合起来，并为国内治理问题的解决创造更有利的条件。

再者来说，推动党和国家事业发展需要和平的国际环境和良好的外部条件，因而处理好内政外交、保障国家权益、创造良好的外部环境等都是国家治理必须面对的重大问题。总体来看，在人类命运共同体面前，推进国家治理体系和治理能力现代化，提高全球治理水平，兼顾好国内国际两个大局，是新时代实现国家治理现代化的必然选择。

第二节　推进国家治理体系和治理能力现代化是实现中华民族伟大复兴的要求

“胸怀两个大局”在国内方位上就是把握实现中华民族伟大复兴的战略全局。应对百年未有之大变局从根本上也是为了更好地推动中华民族伟大复兴的实现。

中华民族伟大复兴是全体中国人民的百年梦想，激励着亿万中华儿女抛头颅、洒热血、艰苦奋斗、砥砺前行。如习近平所说：“实现中华民族

① 颜晓峰：《新时代增强忧患意识与防范风险挑战》，《中国特色社会主义研究》2020 年第 2 期。

伟大复兴，就是中华民族近代以来最伟大的梦想。这个梦想，凝聚了几代中国人的夙愿，体现了中华民族和中国人民的整体利益，是每一个中华儿女的共同期盼。”①

中华人民共和国成立后，在中国共产党的领导下，中国人民日益迎来中华民族伟大复兴的实现。1949 年中华人民共和国的成立，标志着中华民族伟大复兴开启了社会主义建设的新征程；1978 年十一届三中全会的胜利召开，标志着中华民族伟大复兴走上了中国特色社会主义发展的快车道；2012 年中共十八大胜利召开，标志着中华民族伟大复兴在中国特色社会主义新时代迎来了更光明的前景；2019 年中共十九届四中全会通过的《中共中央关于坚持和完善中国特色社会主义制度 推进国家治理体系和治理能力现代化若干重大问题的决定》，标志着中华民族伟大复兴在关键时期有了制度蓝图和制度保障。

一、推进国家治理体系和治理能力现代化是实现中华民族伟大复兴的题中之意

党的十九大报告指出：“坚持和发展中国特色社会主义，总任务是实现社会主义现代化和中华民族伟大复兴，在全面建成小康社会的基础上，分两步走在本世纪中叶建成富强民主文明和谐美丽的社会主义现代化强国。”从这一表述中可以看出，在国家层面上实现中华民族伟大复兴的中国梦，就是要把中国建设成为强大的现代化国家，使中国赢得世界认同和尊重，成为引领世界发展的主导力量。

现代化强国意味着国家实力的强大，而国家实力通常包含两种形式：硬实力和软实力。硬实力通常指国家的经济力量、军事力量、科技力量等看得见的具有支配性的物质力量，是有形的载体。而软实力更多的是一种无形的影响力，约瑟夫·奈将其概括为“有吸引力的文化、意识形态和制度”，体现为一个国家的文化感染力、意识形态和政治价值观的感召力、对国际社会的亲和力、发展道路和制度模式的吸引力、获得国际舆论的赞赏力等等。一个国家如果没有完善的国家治理体系和强大的国家治理能力，就不可能有效地解决各种社会矛盾和问题，就不可能形成国家建设和

① 《习近平谈治国理政》，外文出版社，2014，第 36 页。

发展所必需的向心力、凝聚力，就不可能实现国家的长治久安和持续发展。因而制度优势是一个国家的最大优势，制度竞争是国家之间最根本的竞争，制度软实力具有根本性、全局性的作用。没有制度的现代化，是不完整的、存在缺陷的现代化，是稳定和发展都不可持续的现代化。因而社会主义现代化强国建设不仅体现在经济增长指标的完成、民主参与的扩大、文化社会事业的发展、生态环境的优化上，更重要的是建成一整套系统完备、运转有效的制度体系。社会主义现代化强国是物质层面、精神层面和制度层面、治理层面的全面现代化。

制度文明和物质文明、精神文明、生态文明一样，是人类文明的基本形态之一。中华民族要实现伟大复兴的梦想，社会主义中国要想在大国竞争中立于不败之地，就不仅要创造出比资本主义水平更高的物质文明，更要创造比资本主义制度更为先进的现代化制度体系，为人类制度文明建设作出更大贡献。实践证明，与西方分权发展导向的治理体系不同，中国共产党这一使命型政党所采用的合力发展导向制度和治理体系是以马克思主义为指导、植根中国大地、具有深厚中华文化根基、深得人民拥护的制度和治理体系，是具有强大生命力和巨大优越性的制度和治理体系，是能够持续推动拥有超过十四亿人口大国进步和发展、确保拥有五千多年文明史的中华民族实现“两个一百年”奋斗目标进而实现中华民族伟大复兴的制度和治理体系，是能够站在历史正确一边，高举和平、发展、合作、共赢旗帜，在坚定维护世界和平与发展中谋求自身发展，又以自身发展更好维护世界和平与发展的制度和治理体系。在现实中，中国创造的经济发展和社会稳定两大奇迹也的确让许多后发国家的人们认识到，那种以西方制度为蓝本建构本土制度的现实已不再可取。越来越多的人倾向于承认：中国已经开始展示出一种与西方不同的、更为诱人的发展新模式和文明新形态。

长期以来，在以经济建设为中心的发展模式下，我们对制度建设的重视度严重不足。正如郑永年教授分析指出的：改革开放以来，中国最主要的进步是制度上的进步。但西方说中国制度建设水平低、不确定性高，这不仅仅是因为西方人对中国制度进步的认识不足，也有中国方面的原因，中国本身也忽视了通过制度建设来衡量国家的进步。在党的十八届三中全会上我们把国家治理问题提到全面深化改革总目标的政治高度来认识，对比30年前一直把经济建设作为改革的中心，这是非同寻常的具有转折性意义的重大变化。党的十九届四中全会以“坚持和完善中国特色社会主义制度，推进国家治理体系和治理能力现代化”为主题，对国家治理体系和治理能力建设进行全面部署，这是新时代全面建设社会主义现代化强国征程上的又一个里程碑，使中国迈出了实现中华民族伟大复兴历史进军中的新步伐。

虽然我们取得了巨大的进步，但是我们依然清醒地认识到，相较于人民群众对美好生活的期望、相较于日趋激烈的国际竞争需要、相较于国家的长治久安需要，我们在国家治理体系和国家治理能力建设方面还有很多短板和不足，需要不断探索和总结。纵观社会主义从诞生到现在的历史过程，怎样治理社会主义社会这样的全新社会，在以往的世界社会主义实践中没有解决得很好。马克思、恩格斯没有遇到全面治理一个社会主义国家的实践；列宁在俄国十月革命后不久就过世了，没来得及深入探索这个问题；斯大林在这个问题上进行了探索，取得了一些实践经验，但也犯下了严重错误，没有解决这个问题。中华人民共和国成立后，我们党深入思考和探索怎样建设社会主义、怎样治理社会主义中国这一重大课题，虽然也遭遇了严重曲折，但积累了丰富经验、取得了重大成果，创造了人类文明新形态。“改革开放以来，我们党开始以全新的角度思考国家治理体系问题，强调领导制度、组织制度问题更带有根本性、全局性、稳定性和长期性。今天，摆在我们面前的一项重大历史任务，就是推动中国特色社会主义制度更加成熟更加定型，为党和国家事业发展、为人民幸福安康、为社会和谐稳定、为国家长治久安提供一整套更完备、更稳定、更管用的制度体系。”① 我们党已经将国家治理体系建设提到了极其重要的议事日程之中，将其看作决定中国特色社会主义前途和命运、关系中华民族伟大复兴能否实现的重大历史课题。

二、推进国家治理体系和治理能力现代化是实现中华民族伟大复兴的根本支撑

今天，我们比历史上任何时期都更接近、更有信心和能力实现中华民

---

① 《习近平谈治国理政》，人民出版社，2014，第104-105页。

族的伟大复兴，但也面临着更为艰难的重大风险挑战。正如习近平指出的："当今世界正经历百年未有之大变局，国际形势复杂多变，改革发展稳定、内政外交国防、治党治国治军各方面任务之繁重前所未有，我们面临的风险挑战之严峻前所未有。"① 面对风险挑战，解决问题的关键在于提升国家治理水平。历史是最好的教科书，无论是已经实现了现代化的世界大国，还是在现代化过程中失败的国家，其历史都证明，国家治理也是一种生产力，高水平的治理不仅能够产生经济财富和释放社会活力，而且能推动国家不断走向强盛。美国学者罗斯•特里尔客观地总结出："国家治理还要实现现代化转型，只有实现科学治理、民主治理和依法治理，国家治理才能走出中国历史上治乱循环的周期率，迈上持续稳定繁荣之途。"② 因而与经济、社会发展水平相适应的现代化的国家治理体系和治理能力是我国稳定发展的重要保障，是实现中华民族伟大复兴的根本支撑。

首先，推进国家治理体系和治理能力现代化是全面深化改革的需要。在全面深化改革的进程中，各种深层次的矛盾集中凸显，各种问题交织叠加，这就要求改革必须进行系统性、整体性、协同性推进。正如习近平指出的："改革开放是一个系统工程，必须坚持全面改革，在各项改革协同配合中推进。改革开放是一场深刻而全面的社会变革，既包括经济体制又包括政治体制、文化体制、社会体制、生态体制，既涉及生产力又涉及生产关系，既涉及经济基础又涉及上层建筑，每一项改革都会对其他改革产生重要影响，每一项改革又都需要其他改革协同配合。"③ 原来"摸着石头过河"的历史方法可能不再全面奏效，提升改革的顶层设计水平和把控能力成为现阶段的必然选择。因而，把制度建设和治理能力建设摆到更加突出的位置，为全面深化改革提供全局性和战略性抓手，推动各方面制度更加成熟更加定型，推进国家治理体系和治理能力现代化，成为加快实现中华民族伟大复兴的必然选择。

其次，推进国家治理体系和治理能力现代化是"五位一体"总体布局现代化建设的需要。全面建成小康社会、实现社会主义现代化和中华民族

---

① 习近平：《〈中共中央关于坚持和完善中国特色社会主义制度 推进国家治理体系和治理能力现代化若干重大问题的决定〉的说明》，《人民日报》2019 年 11 月 6 日，第 4 版。

② 罗斯•特里尔：《三大治理，中国领导人的历史任务》，《学习时报》2016 年 9 月 8 日。

③ 习近平：《论坚持全面深化改革》，中央文献出版社，2018，第 7 页。

伟大复兴需要经济、政治、文化、社会、生态总体布局、整体推进。建设现代化经济、发展社会主义民主，推动社会主义文化繁荣昌盛，在发展中保障和改善民生以及建设社会主义生态文明都离不开国家治理体系的引导和治理能力作用的发挥。简单来看，在经济建设上，要加快形成以国内大循环为主体、国内国际双循环相互促进的新发展格局，落实创新、协调、绿色、开放、共享的新发展理念，推动高质量发展取得新突破，需要建设现代化的经济体系来保驾护航。在政治建设上，人民民主不断扩大的直接要求就是社会主义政治民主的制度化、规范化和程序化，全过程人民民主的实现依赖于政治制度的成熟和定型。在文化建设上，文化软实力的提升需要完善文化管理体制和文化生产经营机制，加快构建现代公共文化服务体系、现代文化市场体系、中华优秀传统文化传承体系、对外文化传播和对外话语体系、文化政策法律法规体系等一系列制度。在社会建设上，要加强和创新社会治理、实现基本公共服务均等化，实现分配的公平，缩小社会差距，无论是精准扶贫还是社会保障的全民覆盖，制度建设都是治本之策。在生态文明建设上，人与自然的关系背后是资源分配的利益关系，人与自然关系的和谐或紧张是受社会制度制约的。

再次，推进国家治理体系和治理能力现代化是提升中国国际影响力的保障。中华民族伟大复兴不仅具有国内意义，还包含着国际影响力的要求，而国家治理体系和治理能力也是形成国家影响力的重要因素。原因有二。第一，制度体系作为国家软实力的重要组成部分，是获得国际认同和支持的重要手段。如约瑟夫·奈曾分析指出：国家实力若在别国眼中显得合理合法，那么这些国家在达到目标过程中遇到的阻力就会相应减少；如果一个国家的文化和意识形态具有吸引力，其他国家自然愿意效仿；如果一个国家能缔造出与其利益和价值观一致的国际规则，那么在别国眼中其行为就更具合法性。第二，制度体系作为中国治理方案的集中表达，为解决人类问题贡献着中国智慧和力量。一个有影响力的国家一定是能为人类作出重要贡献的国家。中国特色社会主义进入新时代有三个“意味着”，其中第三个“意味着”就是：中国特色社会主义道路、理论、制度、文化不断发展，拓展了发展中国家走向现代化的途径，给世界上那些既希望加快发展又希望保持自身独立性的国家和民族提供了全新选择，为解决人类问题贡献了中国智慧和中国方案。如果中国的现代化模式真的对世界有所贡献的话，制度的维度则位居首位。中国的制度现代化不仅关系着中国的现代化最终能否实现，关系着民族复兴能否实现，还关系着中国的现代化能够在多大程度上具有世界意义，对其他国家的现代化具有多大程度的借鉴与参考价值。

总之，在中华民族伟大复兴的新时代征程中，我们必须牢牢把握坚持和完善中国特色社会主义制度、推进国家治理体系和治理能力现代化的总目标，充分发挥国家治理体系的显著优势，着力固根基、扬优势、补短板、强弱项，构建系统完备、科学规范、运行有效的制度体系，把我国的制度优势更好地转化为国家治理效能，为实现“两个一百年”奋斗目标、实现中华民族伟大复兴的中国梦提供有力保证。

第三节　推进国家治理体系和治理能力现代化是新时代满足人民对美好生活向往的要求

胸怀“两个大局”——应对世界百年未有之大变局和把握中华民族伟大复兴的战略全局，最终的目的和落脚点都是为了实现人民的幸福生活。为中国人民谋幸福、为中华民族谋复兴是中国共产党的初心和使命，也是在中国共产党的领导下实现国家治理现代化的最终目的。习近平总书记曾深刻指出：“始终代表最广大人民根本利益，保证人民当家作主，体现人民共同意志，维护人民合法权益，是我国国家制度和国家治理体系的本质属性，也是我国国家制度和国家治理体系有效运行、充满活力的根本所在。”[①] 党的十九届四中全会审议通过的《决定》全面总结了我国国家治理体系的优势，其中包括“坚持人民当家作主，发展人民民主，密切联系群众，紧紧依靠人民推动国家发展的显著优势；坚持全面依法治国，建设社会主义法治国家，切实保障社会公平正义和人民权利的显著优势；……坚持以人民为中心的发展思想，不断保障和改善民生、增进人民福祉，走共同富裕道路的显著优势”[②]。展现出人民性是中国特色社会主义国家治理体系和治理能力的本质属性，不断提升人民的安全感、获得感和幸福感是我

---

① 习近平：《坚持和完善中国特色社会主义制度 推进国家治理体系和治理能力现代化》，《求是》2020年第1期。

② 《中国共产党第十九届中央委员会第四次全体会议文件汇编》，人民出版社，2019，第21页。

们在新时代坚持和完善中国特色社会主义制度、推进国家治理体系和治理能力现代化的努力方向。

一、满足人民对美好生活向往的要求是推进国家治理体系和治理能力现代化的原动力

习近平总书记指出："坚持和完善中国特色社会主义制度，推进国家治理体系和治理能力现代化，是关系党和国家事业兴旺发达、国家长治久安、人民幸福安康的重大问题。"[①] 以人民幸福安康统领国家治理现代化，实现了对传统国家治理目标的创造性转换和对现代国家治理目标的创新性发展。这是一场深刻的变革，从根本上改变了第二次世界大战以来在现代化浪潮中形成的以国内生产总值（GDP）衡量一个国家治理绩效的片面取向，展现出我国推进国家治理现代化的新要求和新境界。

依靠谁治理和为了谁治理的立场问题，是推进国家治理现代化中必须首先予以确定的根本问题。以人民为中心是中国特色社会主义国家治理的根本立场，是一切治国理政活动的出发点和最终归宿。这是坚持马克思主义指导的根本要求，是共产党人初心使命的必然追求，也是中国特色社会主义的根本价值取向的具体体现。

人民性始终是中国特色社会主义治理体系和治理能力现代化的价值导向，中国共产党的初心使命是为了人民，社会主义的发展是为了人民。人民性写在中国共产党治国理政的每一个历史过程中，如党的十五大提出"共产党执政就是领导和支持人民掌握管理国家的权力，实行民主选举、民主决策、民主管理和民主监督，保证人民依法享有广泛的权利和自由，尊重和保障人权"。党的十六大通过的党章开明宗义地提出"中国共产党是中国工人阶级的先锋队，同时是中国人民和中华民族的先锋队"。党的十八届三中全会提出全面深化改革的总目标，进一步提出全面深化改革的立足点是人民群众的获得感，"把以人民为中心的发展思想体现在经济社会发展各个环节，做到老百姓关心什么、期盼什么，改革就要抓住什么、推进什么，通过改革给人民群众带来更多获得感"。党的十九届四中全会

① 习近平：《坚持和完善中国特色社会主义制度 推进国家治理体系和治理能力现代化》，《求是》2020 年第 1 期。

审议通过的《决定》指出："推进全面深化改革，既要保持中国特色社会主义制度和国家治理体系的稳定性和延续性，又要抓紧制定国家治理体系和治理能力现代化急需的制度、满足人民对美好生活新期待必备的制度，推动中国特色社会主义制度不断自我完善和发展、永葆生机活力。"①

随着中国特色社会主义进入新时代，我们党适时提出我国社会主要矛盾已经转化为人民日益增长的美好生活需要和不平衡不充分的发展之间的矛盾的重大论断。指出人民不仅对物质文化生活提出了更高要求，在民主、法治、公平、正义、安全、环境等方面的要求也日益增长。

习近平总书记在《人民对美好生活的向往就是我们的奋斗目标》一文中明确指出，推进国家治理的终极目标是实现好、维护好、发展好最广大人民的根本利益，人民拥护不拥护、赞成不赞成、高兴不高兴、答应不答应是衡量一切工作得失的根本标准，也是推进国家治理体系和治理能力现代化的原始动力。②这就要求我们不断固根基、扬优势、补短板、强弱项，通过坚实的制度保障满足人民新期待，牢牢抓住人民最关心、最直接、最现实的利益问题，锲而不舍地做好制度安排并抓好贯彻落实，就能使人民的获得感、幸福感、安全感更加充实、更有保障、更可持续。

二、通过国家治理体系和治理能力现代化不断满足人民对美好生活的向往

党的十九届四中全会审议通过的《决定》明确指出：顺应时代潮流，适应我国社会主要矛盾变化，统揽伟大斗争、伟大工程、伟大事业、伟大梦想，不断满足人民对美好生活新期待，战胜前进道路上的各种风险挑战，必须在坚持和完善中国特色社会主义制度、推进国家治理体系和治理能力现代化上下更大功夫。

随着时代的进步，人的需要也在不断变化发展，可以说在人们有限的生命里有着无限的物质和精神追求。十九大把脉时代问题，面对人民的需求变化，作出中国特色社会主义进入新时代，我国社会主要矛盾已经转化

---

① 《中共中央关于坚持和完善中国特色社会主义制度 推进国家治理体系和治理能力现代化若干重大问题的决定》，《人民日报》2019 年 11 月 6 日，第 1 版。

② 习近平：《人民对美好生活的向往就是我们的奋斗目标》，《人民日报》2012 年 11 月 16 日，第 4 版。

为人民日益增长的美好生活需要和不平衡不充分的发展之间的矛盾的重大研判。满足人民对美好生活的需要就是抓主要矛盾，为国家治理指明了重点和方向。辛向阳教授非常全面地将人民对美好生活的需要总结为“23679”。“2”指的是更高的物质和文化的两大需求，“3”指的是获得感、幸福感、安全感“三感”，“6”指的是日益增长的民主、法治、公平、正义、安全、环境六个新需求，“7”指的是“幼有所育、学有所教、劳有所得、病有所医、老有所养、住有所居、弱有所扶”“七有”，“9”指的是更好的教育、更稳定的工作、更满意的收入、更可靠的社会保障、更高水平的医疗卫生服务、更舒适的居住条件、更优美的环境、更丰富的精神文化生活以及孩子们成长得更好、生活得更好、工作得更好“九更”①。

人民需求的转变一方面彰显出中国特色社会主义建设取得的成功和伟大成就，另一方面也反映出在现代化建设道路上依然需要进一步满足人民群众的新期待和新要求。整体来看，目前亟须解决的问题包括：城乡地域发展差距、居民收入差距依然较大，在衣食住行等方面关系人民群众切身利益的安全问题还比较多，信息公开、表达畅通的民主参与渠道还不健全，执法司法公平公正还有待提高，反腐败斗争形势依然严峻，等等。问题的解决只能诉诸治理体系的完善，如面对社会发展中的社会公平正义问题，习近平总书记就曾指出：“无论处在什么发展水平上，制度都是社会公平正义的重要保证”②。只有通过制度安排和创新，才能从根本上克服人为因素造成的不公平、非正义现象，才能更好地分好“蛋糕”，使发展成果更公平地惠及全体人民。新时代，中国处于机遇与挑战并存，前途光明、任重道远的历史方位，化解主要矛盾意味着更大责任、更大挑战、更大风险，也意味着更加需要加强顶层设计，提前布局，未雨绸缪，用制度化解风险，在中华民族伟大复兴战略全局中满足人民日益增长的美好生活需要。

党的十九届四中全会审议通过的《决定》提出了国家治理体系和治理能力建设方向，对满足人民对美好生活的需要的方方面面了全面系统安排。提出坚持和完善党的领导制度体系，提高党科学执政、民主执政、依

① 辛向阳：《以成熟定型的制度满足人民对美好生活的向往》，《思想理论教育导刊》2020 年第 6 期。

② 习近平：《论坚持全面深化改革》，中央文献出版社，2018，第 53 页。

法执政水平；提出坚持和完善人民当家作主制度体系，发展社会主义民主政治；提出坚持和完善中国特色社会主义法治体系，提高党依法治国、依法执政能力；提出健全社会公平正义法治保障制度；提出坚持和完善共建共治共享的社会治理制度，保持社会稳定、维护国家安全；提出坚持和完善生态文明制度体系，促进人与自然和谐共生；等等。致力于满足人民日益增长的民主、法治、公平、正义、安全、环境等新需要。

总之，坚持和完善中国特色社会主义制度、推进国家治理体系和治理能力现代化，归根结底是为了满足人民的现实和未来需求，让改革发展成果更多、更公平地惠及全体人民。更好地把制度优势转化为国家治理效能，就要通过不断提高人民的获得感、幸福感、安全感，不断增强人民群众对党的信任和信心，筑牢党长期执政最可靠的阶级基础和群众根基。

第二章　中国国家治理体系和治理能力的总体现状

中华人民共和国成立70多年来，取得了巨大的发展成就，以“中国之制”引领的“中国之治”令世界瞩目，新中国70多年取得的历史性成就充分证明，中国特色社会主义制度是中国发展进步的根本保证。但是随着现代化进程的推进以及对共产党执政规律、社会主义建设规律和人类社会发展规律的进一步认知，中国共产党认识到中国特色社会主义制度仍需不断完善。1992年邓小平同志在南方谈话中说：“恐怕再有三十年的时间，我们才会在各方面形成一整套更加成熟、更加定型的制度。”[①] 习近平同志也指出：“我们的国家治理体系和治理能力总体上是好的，是有独特优势的，是适应我国国情和发展要求的。……同时，我们在国家治理体系和治理能力方面还有许多亟待改进的地方……在提高国家治理能力上需要下更大气力。”[②] 全面客观认识中国国家治理体系和治理能力的优势和短板，是精准施力、推进国家治理体系和治理能力现代化的根本前提。

第一节　全面认识中国特色社会主义国家治理体系和治理能力的优势

如何治理社会主义国家，世界上并没有成功的经验，只能依靠我们自己在实践中不断探索。中华人民共和国成立以来中国共产党领导中国特色社会主义国家在治理探索过程中，虽然有过严重挫折，但是也积累了丰富的成功经验，在国家治理体系和治理能力建设上取得了重大的有益成果。总体来看，我国经济繁荣、政治稳定、社会和谐、民族团结，应对国际局势和处理国际事务能力不断提升，在世界众多治理效果谱系中，中国特色

① 《邓小平文选》（第3卷），人民出版社，1993，第372页。

② 《完善和发展中国特色社会主义制度 推进国家治理体系和治理能力现代化》，《人民日报》2014年2月18日，第1版。

社会主义制度具有明显的比较优势。具体来看，我们办奥运、开世博、抗“非典”、战“新冠”等每一件喜事、大事、难事中都充分彰显了中国特色社会主义制度的力量优势。因而前期提出历史终结论的福山也指出：“许多人现在倾慕中国体制，不只是因为其经济成就，还因为该国能够及时作出宏大而复杂的决策，这与近些年来美国和欧洲令人气恼的决策无能现象形成鲜明对照。”①

我国国家制度和治理体系具有多方面的优势，党的十九届四中全会审议通过的《决定》将其总结为十三个方面。即：

坚持党的集中统一领导，坚持党的科学理论，保持政治稳定，确保国家始终沿着社会主义方向前进的显著优势；坚持人民当家作主，发展人民民主，密切联系群众，紧紧依靠人民推动国家发展的显著优势；坚持全面依法治国，建设社会主义法治国家，切实保障社会公平正义和人民权利的显著优势；坚持全国一盘棋，调动各方面积极性，集中力量办大事的显著优势；坚持各民族一律平等，铸牢中华民族共同体意识，实现共同团结奋斗、共同繁荣发展的显著优势；坚持公有制为主体、多种所有制经济共同发展和按劳分配为主体、多种分配方式并存，把社会主义制度和市场经济有机结合起来，不断解放和发展社会生产力的显著优势；坚持共同的理想信念、价值理念、道德观念，弘扬中华优秀传统文化、革命文化、社会主义先进文化，促进全体人民在思想上精神上紧紧团结在一起的显著优势；坚持以人民为中心的发展思想，不断保障和改善民生、增进人民福祉，走共同富裕道路的显著优势；坚持改革创新、与时俱进，善于自我完善、自我发展，使社会始终充满生机活力的显著优势；坚持德才兼备、选贤任能，聚天下英才而用之，培养造就更多更优秀人才的显著优势；坚持党指挥枪，确保人民军队绝对忠诚于党和人民，有力保障国家主权、安全、发展利益的显著优势；坚持“一国两制”，保持香港、澳门长期繁荣稳定，促进祖国和平统一的显著优势；坚持独立自主和对外开放相统一，积极参与全球治理，为构建人类命运共同体不断作出贡献的显著优势②。

---

① 弗朗西斯·福山：《历史的未来：自由民主制能否在中产阶级的衰落中幸存下来？》，朱新伟译，观察者网，http://www.guancha.cn/htm12/49646/2012/01/05/63892.shtm1，访问日期：2012 年 1 月 5 日。

② 《中共中央关于坚持和完善中国特色社会主义制度 推进国家治理体系和治理能力现代化若干重大问题的决定》，《人民日报》2019 年 11 月 6 日，第 1 版。

自国家产生以来，人类社会就有了国家治理的需要。国家治理的目标，归根结底在于不断提升人民的安全感、幸福感和获得感。因而“善治”就成为人类社会进步的内容和标志，也是人类社会发展的必然要求。对于“善治”，俞可平教授将其总结为使公共利益最大化的公共管理过程。合法性、透明性、责任性、法治、回应、有效是“善治”的基本要素①。基于俞可平教授的分析，本书认为，做到“善治”应该体现在以下几点。首先，治理要有高效能。高效能既体现在社会团结稳定中，也体现在经济社会不断发展中。其次，治理要有合理的价值追求。治理的目的应在于回应大多数民众的需要，在现代治理理念指导下不断推进社会公平正义的实现，不断满足大多数人的根本利益。第三，治理要有国际道义。国内治理与国际治理应紧密相连，国内有效治理不能损害和践踏别国的生存和发展权益。第四，治理要不断创新，能够回应时代的变革与社会的发展要求。综合来看，实现“善治”应该做到四个相统一：团结稳定与有效发展相统一，治理价值与治理功能相统一，国内治理与全球治理相统一，制度守正与治理创新相统一。“善治”出于“良政”，而“良政”产生于优良的制度安排。具体来看，中国特色社会主义制度体系的十三个优势正体现了以上所指出的四个相统一。

一、团结稳定与有效发展和谐互促

发展的前提是稳定的实现。正如亨廷顿提出的：现代性带来稳定而现代化带来动荡，政治秩序是个好东西，但是它不能在现代化过程中自然而然地产生。没有政治秩序，经济和社会的发展便不能成功进行②。很难想象一个内部涣散如沙、你争我夺的国家能够成为真正的强国。国家只有具有强大的政治凝聚力，才有可能协调和整合各种资源，合举国上下之力进行经济社会建设，从而不断提高经济、科技等水平，不断提高综合国力。稳定的目的是发展。发展才是硬道理，稳定也只有在不断发展中才能得到不断巩固。只有社会发展了，国家的综合国力才能得到提高，人民的需求才能得到不断满足，社会才会变得更加稳定和谐。

中国特色社会主义制度兼顾稳定与发展，在稳定中求发展，在发展中

① 俞可平：《治理和善治：一种新的政治分析框架》，《南京社会科学》2001 年第 9 期。

② 塞缪尔·P. 亨廷顿：《变化社会中的政治秩序》，王冠华、刘为等译，上海人民出版社，2008。

促稳定。中华人民共和国成立70多年来，我们党领导人民创造了世所罕见的经济快速发展奇迹和社会长期稳定的两大奇迹，探寻其制度密码可以看到，“坚持党的集中统一领导，坚持党的科学理论，保持政治稳定”“坚持全面依法治国，建设社会主义法治国家”“坚持各民族一律平等，铸牢中华民族共同体意识”“坚持共同的理想信念、价值理念、道德观念”“坚持党指挥枪，确保人民军队绝对忠诚于党和人民”“坚持‘一国两制’，保持香港、澳门长期繁荣稳定”，这六方面制度优势保障了党的权威、保障了公平正义、保障了民族团结、保障了思想统一、保障了国家安全，推动了稳定团结局面的形成。“坚持全国一盘棋，调动各方面积极性”“坚持公有制为主体、多种所有制经济共同发展和按劳分配为主体、多种分配方式并存，把社会主义制度和市场经济有机结合起来”“坚持德才兼备、选贤任能，聚天下英才而用之”，这三个方面制度优势实现了社会主义集中力量办大事、实现了调动一切积极力量、实现了人才的保证，保障了国家举世瞩目的发展势头。

二、治理价值与治理功能有机结合

如何评价一个国家的政治制度？总体来看，关于不同政治制度好与坏的争议主要围绕制度的合法性和有效性两个方面展开，从而表明政治制度是功能性和价值性的统一体。因而实现国家的良善治理既要具备实现秩序和发展的现实功能，还要具有先进的价值理念。习近平总书记指出“国无德不兴，人无德不立”，其中的“德”就是国家治理中价值层面的问题，展现出价值理念在国家治理体系和治理能力中的“底座”地位，是国家治理合法性的依据，决定着国家治理是否具有现代性。

从国家统治到国家治理的转换体现的亦是内在价值的转化。在“传统社会”中，统治者垄断着国家及社会，国家统治的追求是维持相对稳定的统治秩序并以此来捍卫和巩固统治者的既得利益。因而彼时的统治价值是“皇权至上”“君权神授”等，并以此坚固地维系着封建专制的经济、政治、文化等社会秩序。随着传统社会向现代社会转型，国家的治理主体、治理目标、治理方式等都开始发生根本性的转变。市场经济需要的自由和开放的精神把人从封闭的农业社会中解放出来，亦促使普遍性的人权意识和个体意识觉醒并迅速膨胀。“天赋人权”“自由、平等、民主”“人民主权”等日益成为现代资本主义国家治理的基本价值定位。但是资本主义国家社会性质决定了其治理归根结底是打着人民性的幌子而最终服务于资本和资产阶级，只有社会主义国家才能真正实现国家治理的人民至上原则。

党的十九届四中全会总结出我国制度体系的优势包含“坚持人民当家作主，发展人民民主，密切联系群众，紧紧依靠人民推动国家发展的显著优势”“坚持以人民为中心的发展思想，不断保障和改善民生、增进人民福祉，走共同富裕道路的显著优势”，这两个坚持明确体现了中国特色社会主义国家治理体系的人民性，体现了发展依靠人民、发展为了人民、发展成果人人共享的国家治理价值追求。

三、国内治理与全球治理协同推进

人是社会存在物，同样，国家也是国际体系中的组成单位。没有哪个国家可以依靠单打独斗谋求发展，在共同的国际问题面前也没有哪个国家能够独善其身。特别是在全球化不断深化发展的当今，各国之间密切联系，气候变化、恐怖主义、移民难民、突发疾病等具有跨国性、公共性和传导性的全球问题大量涌现。“全球不仅命运与共、利益相关，而且风险与共、风雨同舟。‘黑天鹅’既可以从本土飞往他国，也可能从他国飞来本国；‘灰犀牛’既可以潜伏在一国，也可能潜伏在多国。”① 因而，在国内治理之外，国际治理也成为国家治理的重要组成部分。

随着民主观念深入人心，在现代化国际治理中积极推进全球治理规则民主化，坚持共商共建共享的全球治理观，不仅是当前国际力量格局变化的必然要求，更是国际道义的应有之义。

但是面对国际治理，西方国家从原始积累时期对发展中国家的血腥掠夺，到霸权主义强权政治一贯盛行，再到以美国以特朗普执政、英国脱欧和不少国家右翼政党的得势为标志，公开提出本国优先、奉行反对国际合作的逆全球化，导致全球治理所依赖的多边主义价值观遭受严重挫折，世界秩序出现混乱并存在坍塌风险。

伴随着实力地位的提升，中国日益成为全球治理的建设性参与者和重

① 颜晓峰：《新时代增强忧患意识与防范风险挑战》，《中国特色社会主义研究》2020 年第 2 期。

要引领者，为全球治理体系朝着更加公正、合理、高效的方向发展贡献着重要力量。在国际治理中中国一贯的“坚持独立自主和对外开放相统一，积极参与全球治理，为构建人类命运共同体不断作出贡献”的制度优势体现出中国的国家治理坚持国内与国际同轨同向，展现出强大的道义力量。

四、制度守正与治理创新辩证统一

一个国家应实行什么样的制度体系，关键要看这个制度体系能否解决这个国家面临的历史性课题。但社会又是不断前进发展的，因而也没有一成不变的社会问题。比如中国社会的主要矛盾随着时代的发展就进行了多次调整和变动。为什么有的国家在不同的历史时期发展有快有慢，其根本原因在于能否做好社会发展变化需求与制度供给变化之间的契合工作。一定时期的制度都是存在局限性的，如“从《旧制度与大革命》一书中我们可以得到这样的启示：任何制度体系都是有局限的，都会存在制度短板，僵化的制度体系是难以维持的；制度的生命力在于不断创新发展，良好的制度必须始终保持进取的状态；只有通过积极的制度变革，不断补齐制度短板，制度才能充满生机与活力；如果不能及时改革旧制度的弊端，及时补齐制度短板，即使经济社会发展良好，推翻旧制度的革命也是在所难免的”[①]。

当然人的认知也是有限的，随着社会的发展变化，人们对历史规律的认识也在不断推进。基于此，国家制度和治理体系应该坚持守正与创新的有机统一，做到实践发展永无止境，制度创新未有穷期。应该认识到制度优势是相对的，过去的优势不等于现在的优势，现在的优势也不等于将来的优势。只有持续推进制度的创造性发展，才能不断把制度优势转化为治理效能。

历史制度主义强调制度需要稳定性和延续性，制度的创新与改革不是随心所欲也不是拿来主义的，而是基于传统基础作出尊重历史、尊重实践、尊重规律的改革创新。历史上南斯拉夫和苏联等的割裂式改革带来的结果是国家的解体和分裂。因而国家制度和国家治理体系的创新是守正创新，守正是基础和保障，告诉我们要坚持和巩固什么，创新是动力和方

① 虞崇胜：《补齐短板：木桶原理在国家治理现代化中的运用》，《中共中央党校（国家行政学院）学报》2020 年第 1 期。

向，告诉我们要发展和完善什么。只有坚持两者的辩证统一关系，以守正促创新，以创新强守正，才能把本国制度的最大优势、最大韧性、最大潜能发挥出来，为社会发展提供源源不断的动力和支持。

中国特色社会主义制度和治理体系要永葆生机活力，也必须在守正中创新、在创新中守正，在坚持和发展中不断推动党和国家各项事业取得重大进展。随着中国特色社会主义进入新时代，从国内来看我们站在“强起来”的时代节点上，从国际来看我们处于百年未有之大变局中，面对国内国际情况的大变化，我们必须在坚持底线思维的基础上大胆求变，在未雨绸缪中赢得主动权，坚持和发展中国特色社会主义制度，推进国家治理体系和治理能力现代化。党的十九届四中全会审议通过的《决定》中总结出的“坚持改革创新、与时俱进，善于自我完善、自我发展，使社会始终充满生机活力的显著优势”体现出中国特色社会主义制度不是故步自封而是勇于革新和进步的制度体系，是具有强大生命力的制度体系。

第二节　中国特色社会主义国家治理体系和治理能力建设的成功之要

中华人民共和国成立 70 多年来，中国共产党带领中国人民创造了世所罕见的经济快速发展奇迹和社会长期稳定奇迹。两大奇迹的取得是国家制度和国家治理体系显著优势充分发挥的必然结果，是国家治理能力的直接体现。具体来看，两大奇迹背后的治理密码体现如下。

一、核心引领：坚持中国共产党集中统一领导

中国作为一个超大型国家，国内情况错综复杂，人口众多、民族成分众多、地域发展不平衡等问题交织并存，面对这样的局势，如果没有强有力的领导核心来凝聚与引领，必然会出现群龙无首、一盘散沙的结果。就像苏联和南斯拉夫，在放弃本国共产党的核心领导之后，最终走向亡党亡国和四分五裂的境地。我们始终坚持中国共产党集中统一领导，提出党政军民学、东西南北中，党是领导一切的。充分发挥中国共产党总揽全局、协调各方的领导核心作用。这样的制度安排，既保证了各方利益的有效协

调，又保证了社会力量的团结和谐，实现了政治秩序的稳定，展现出“六合同风，九州共贯”的景象。

中国共产党不仅促成了政治秩序的稳定，更引领着社会经济不断向前发展。中国治理自古强调“不谋全局者不足以谋一域，不谋万世者不足以谋一时”。中国共产党继承中华优秀治理经验，以卓绝的战略眼光，引领中国人民接力推进一个个五年计划，并且不断擘画出中长期规划图景。如党的十九大继续发扬传统，提出：从2020年到2035年，在全面建成小康社会的基础上，再奋斗15年，基本实现社会主义现代化；从2035年到本世纪中叶，在基本实现现代化的基础上，再奋斗15年，把中国建成富强民主文明和谐美丽的社会主义现代化强国。放眼世界，具有如此周密部署、长远规划的执政党只有中国共产党。在这一份份时间表中，显现了中国特色社会主义的优势，展现了中国持续发展的内在原因。

当今处于世界“百年未有之大变局”和中华民族伟大复兴的关键时期，面对战略机遇和风险挑战并存，不确定因素不断增多的新局势，必须坚决维护党中央的权威和集中统一领导，把党的领导落实到党和国家事业各领域各方面各环节，使党始终成为风雨来袭时全体人民最可靠的主心骨，确保我国社会主义现代化建设正确方向，集聚起万众一心、团结奋进的磅礴力量。

二、主体支撑：紧紧依靠人民推动国家发展

依靠谁治理和为了谁治理的立场问题是推进国家治理现代化中必须首先予以确定的根本问题。中国特色社会主义国家治理坚持以人民为中心，紧紧依靠人民推动国家发展。

历史唯物主义指出，人民是推动历史发展的主体，是进行社会实践的主体，也是实现社会价值的主体，人民群众中蕴藏着无穷的智慧和力量。中国特色社会主义制度坚持人民至上，坚持人民当家作主，发展社会主义民主政治，尊重人民主体地位，充分调动人民的首创精神，让人民做党和国家各项治理工作的最终评判者，依靠人民创造历史伟业，推动中国特色社会主义治理体系和治理能力现代化，最终实现中华民族的伟大复兴。

中国特色社会主义国家治理的人民性不是一时一刻的，而是贯穿于国

家治理的全方位和全过程的，集中体现在将党的群众路线贯彻到治国理政的全部活动中。正如习近平总书记强调的：群众路线始终是党的生命线和根本工作路线，是我们党永葆青春活力和战斗力的重要传家宝。不论过去、现在和将来，我们都要坚持一切为了群众，一切依靠群众，从群众中来，到群众中去，把党的正确主张变为群众的自觉行动，把群众路线贯彻到治国理政全部活动之中①。

中国特色社会主义国家治理的人民性更直接地体现在治理目标上。美好生活是人类社会一切活动的根本目的所在，是人民群众一直以来的期待与追求。在强烈的为人民谋幸福的责任担当精神激励下，中国共产党带领全国人民不断推动国家和社会事业发生历史性变革。人民日益增长的美好生活需要是全面发展的需要。因而现阶段我国正致力于满足人民全面发展的需要，下大力解决不平衡不充分发展问题。党中央着力统筹推进“五位一体”总体布局和协调推进“四个全面”战略布局，坚定不移贯彻创新、协调、绿色、开放、共享的新发展理念，大力提升发展质量，以更好地满足广大人民群众在经济、政治、文化、社会、生态等各方面日益增长的需要。坚持区域协同、城乡一体，不断缩小地区差距、城乡差距、收入差距，在协调发展中拓展发展空间，在加强薄弱领域中增强发展后劲。

党的十八大以来，党中央立足国家事业发展的全局，明确强调“共同富裕”，把“必须坚持走共同富裕道路”纳入夺取新时代中国特色社会主义新胜利的基本要求，着力维护和促进社会公平正义，坚决防止两极分化，在全面建成小康社会基础上着力促进全体人民共同富裕的实现。在分配政策上提出初次分配和再次分配都要兼顾效率和公平，再次分配更加注重公平，提高劳动报酬在初次分配中的比重，增加低收入者的收入。在扶贫工作上坚持打赢脱贫攻坚战，精准脱贫，稳定脱贫，全面建成小康社会一个不能少。在民生领域重点保障低收入群体基本生活，加强普惠性、基础性、兜底性民生建设。努力缩小区域、城乡、行业间的贫富差距，从各方面朝着实现全体人民共同富裕的方向不断迈进。

70 多年来，我们党紧紧依靠人民推动社会发展，走出一条根本区别于西方资本主义国家的道路，坚持人民至上，贯彻以人民为中心的发展思想，创造了人类文明新形态。在新时代中国特色社会主义的伟大实践中，

---

① 《习近平谈治国理政》，外文出版社，2014，第 27 页。

我们党必将不忘初心、牢记使命，继续坚持人民主体地位，不负人民的历史重托，依靠人民创造新的历史伟业。

三、法的保障：法治是国家治理的基本形式

法治是国家治理的基本形式之一，也是现代社会的重要标志。法治即依法治理，强调法律至上、良法善治、权力制约与权利保障、程序正当和公平正义等价值原则。法治的力量不容忽视，“法治力是一种以规范力为基础，以确定力为优势，以国家强制力为保障，以普遍约束力为特点，以社会凝聚力为目的的社会作用力”[①]。法治对规范经济社会发展、推进人的现代化和实现国家治理现代化具有重大的意义。

中国特色社会主义坚持党的领导、人民当家作主和依法治国有机统一，“党的领导是人民当家作主和依法治国的根本保证，人民当家作主是社会主义民主政治的本质特征，依法治国是党领导人民治理国家的基本方式，三者统一于我国社会主义民主政治伟大实践”[②]。

中华人民共和国成立以来，推进法治建设成为党领导人民推进国家现代化发展的一个重要目标，党的十五大正式将依法治国确立为党领导人民治理国家的基本方略，并指出依法治国就是广大人民群众在党的领导下，依照宪法和法律规定，通过各种途径和形式管理国家事务，管理经济文化事业，管理社会事务，保证国家各项工作都依法进行，逐步实现社会主义民主的制度化、法律化。党的十八大强调“法治是治国理政的基本方式”。党的十八届四中全会提出，全面推进依法治国总目标是建设中国特色社会主义法治体系，建设社会主义法治国家。党的十九届四中全会进一步提出坚持和完善中国特色社会主义法治体系，提高党依法治国、依法执政能力。

我们坚持走中国特色社会主义法治道路，建设中国特色社会主义法治国家，推进法治国家、法治政府、法治社会一体化建设，推动科学立法、严格执法、公正司法、全民守法四位一体系统落实，全面促进国家各方面工作法治化，为推动中国特色社会主义治理体系和治理能力现代化建设行稳致远保驾护航。

---

① 杜飞进：《中国的治理：国家治理现代化研究》，商务印书馆，2017，第 238 页。

② 《党的十九大报告学习辅导百问》，党建读物出版社、学习出版社，2017，第 29 页。

四、思想凝聚：思想上、精神上的共识与团结

一定的政治行为都是在一定的政治认知和政治价值观的直接影响下完成的。公民只有接受国家倡导的核心价值观，坚定文化自信，才会稳定持久地形成对国家的认同和爱国情怀。公民只有具有共同的思想基础，才能相互认同，达成共识，和谐共处。正如托克维尔指出的："一个没有共同信仰的社会根本无法存在，因为没有共同的思想就不会有共同的行为，即便有人存在也构不成社会，因此为了使社会成立，尤其为了使社会欣欣向荣，就必须用某种主要的思想把全体公民的精神经常集中起来。"[①] 团结就是力量，团结才能胜利。一个国家，一个民族，要同心同德，必须依靠共同的思想基础、共同的理想信念作为支撑。

中国共产党坚持以共同的理想信念、价值理念、道德观念塑造人民的精神面貌，积极弘扬中华优秀传统文化、革命文化、社会主义先进文化，凝聚伟大的团结精神，从而形成同心共圆中国梦的强大合力。

首先，坚持以共同的理想信念、价值理念、道德观念指引方向。人民有信仰，民族才有希望，国家才有力量。我们党为人民指明了共产主义远大理想和中国特色社会主义共同理想，指明了中华民族伟大复兴的中国梦，展现出中华民族和中国人民的整体利益，在团结奋斗中把我国 56 个民族、14 亿多人紧紧凝聚在一起。我们党积极培育和践行社会主义核心价值观，从国家、社会、公民个人三个层面概括出中国特色社会主义最基本的行为取向和价值标准，有效地整合了社会意识，推动了社会系统的有效运转和社会秩序的有效维护。我们党坚持依法治国和以德治国相统一的原则，推动中华民族传统美德的创造性转化、创新性发展，将社会主义道德观念和道德规范贯穿于社会生活的方方面面，促进形成社会主义社会和谐友爱的新局面。

其次，坚持以中华优秀传统文化、社会主义先进文化涵养民族自信。习近平指出："一个国家、一个民族不能没有灵魂。"[②] 而国之灵魂就根植于我们的文化中。中华民族在五千年的历史长河中久经磨难却能屹立不倒，

---

① 托克维尔：《论美国的民主》，商务印书馆，1987，第 5 页。

② 习近平：《一个国家、一个民族不能没有灵魂》，《求是》2019 年第 8 期。

依靠的正是生生不息、血脉传承的中华优秀传统文化。党的十九大报告指出，没有高度的文化自信，没有文化的繁荣兴盛，就没有中华民族伟大复兴。因而在中华民族伟大复兴的战略全局中更需要充分激扬文化自信的强大精神力量。在实践中，我们坚持古为今用、推陈出新，在发扬中华优秀传统文化基础上坚持弘扬革命文化、繁荣社会主义先进文化，不断夯实文化建设和文化自信的根基，促进全体人民形成思想上的共识和行动上的凝聚。

五、尊重差异：推进民族团结和祖国统一

为了维护社会的存在和秩序，人类创造了国家作为社会的管理机制和政治形式。但大多数国家人口构成都比较复杂，因为不同的历史境遇以及不同的历史文化取向形成了多样的群体需求，如果处理不好民众需求多样性和国家一体化之间的张力，就可能导致国家分离与分裂的后果。解决好多样性与统一性的关系也是中国近代社会变革以及现代社会构建、现代国家构建必须面对的重大现实课题。

首先，我国存在复杂的民族构成，56个民族大杂居小聚居，如何有效整合不同的民族，真正形成一个和谐的国家共同体，考验着国家的治理能力。其中采用什么样的国家结构形式来解决民族问题，从根本上关系着国家的前途命运。民族区域自治制度是中国共产党准确把握我国统一的多民族国家的基本国情，做到统一和自治相结合、民族因素和区域因素相结合，巩固和发展平等团结互助和谐的社会主义民族关系的伟大创举。民族区域自治制度坚持各民族一律平等，坚持各民族共同团结奋斗、共同繁荣发展，保证民族自治地方依法行使自治权，保障少数民族合法权益，保证各民族共享发展成果。在这样的整合机制下，形成了“56个民族，56朵花，56个兄弟姐妹是一家”的和谐局面，形成了各个民族像石榴籽一样紧紧抱在一起的多元一体格局，形成了平等团结互助和谐的社会主义民族关系。

其次，历史的遭遇导致香港、澳门、台湾曾经或依然处于和祖国分离的处境，实现祖国统一依然是中国国家治理面对的现实课题。“一国两制”是中国共产党在实现国家统一上为人类贡献的又一创举，既保证了国家主

权的统一，又尊重了香港和澳门的民众不希望改变既有利益和既有生活方式的要求，还促进了不同社会制度经济互补性的发展，体现了以人民为中心的价值追求，展现了中国特色社会主义制度尊重人民需要和尊重差异的制度优势。

六、全面统筹：实现集中力量办大事

我国作为世界性后发大国，在发展过程中面临着一系列矛盾和问题，如何统筹发展、如何应对激烈的国际竞争、如何形成后发优势等都是考验国家治理的能力和水平的大问题。在中国共产党的集中统一领导下，中国特色社会主义实现了集中力量办大事的制度安排，将有限的人力、物力、财力资源用于急需的领域、行业，确保重大项目的突破实现跨越式发展。集中力量办大事成为中国快速发展的最大动力源。

中华人民共和国成立后，我国在重大战略实施、重大科技攻关、重大工程建设、重大国际创举、重大灾害防治的过程中都显出集中力量的巨大优势。如 2020 年新冠肺炎疫情在全球肆虐，在以习近平同志为核心的党中央集中统一领导下，中国迅速开展社会动员、发动全民参与，建立联防联控、群防群控的防控体系，打响抗击疫情人民战争，通过非药物手段有效阻断了病毒传播链条。调动全国医疗资源和力量，全力支持湖北省特别是武汉市医疗救治，仅用 10 天建成了有 1 000 张病床的火神山医院，仅用 12 天建成了有 1 600 张病床的雷神山医院。短短 10 多天建成了 16 座方舱医院，在极为不利的条件下，中国用 1 个多月的时间初步遏制了疫情蔓延势头，用 2 个月左右的时间将本土每日新增病例控制在个位数以内，用 3 个月左右的时间取得了武汉保卫战、湖北保卫战的决定性胜利成果和全国疫情防控趋稳的战略成果。

集中力量全面抗“疫”仅仅是中国特色社会主义制度进行全面统筹、集中力量办大事的一个缩影和成功案例。自中华人民共和国成立以来，正是在各个领域各个方面一次次集中力量办大事并且能办成大事，才使中国在短短几十年的时间内走过了西方发达国家几百年走过的工业化历程，从“现代化的迟到国”一跃成为“现代化的视觉中心”，从世界边缘再次走近世界舞台中央，成为对世界经济增长贡献率最大的国家。

七、激发活力：调动各方面积极因素

马克思主义非常重视团结和调动一切积极力量来实现自己的目的。如在《共产党宣言》中马克思和恩格斯就指出，“共产党人到处都支持一切反对现存的社会制度和政治制度的革命运动”，“共产党人到处都努力争取全世界的民主政党之间的团结和协议”①。中国共产党成立后，在民主革命事业和社会主义建设事业中同样重视调动一切积极因素。如在社会主义建设中，毛泽东同志明确提出“调动一切积极因素，为社会主义建设服务”，使中国快速摆脱了一穷二白的困境；邓小平同志推动改革开放，从而极大地调动了广大人民的积极性，使中国实现了从站起来到富起来的历史性跨越；进入新时代，我们党继续推进全面深化改革，从而释放出空前的发展热情和活力，使中国特色社会主义实现了从富起来到强起来的历史飞跃。

调动各方面积极因素体现在中国特色社会主义治理体系和治理活动的各个方面。如在经济上坚持公有制为主体、多种所有制经济共同发展的基本经济制度和按劳分配为主体、多种分配方式并存的基本分配制度，把社会主义制度和市场经济有机结合起来。1992年邓小平同志提出：“计划多一点还是市场多一点，不是社会主义与资本主义的本质区别。”这一论断使全党从根本上解除了把计划经济和市场经济看作社会基本制度范畴的思想束缚，从而激发了全社会的发展活力，调动了全社会资本、技术、管理等生产要素拥有者的积极性，极大地解放和发展了生产力。

在政治上坚持民主集中制的根本组织原则，在高度民主的基础上，实行高度的集中。既在高度民主的基础上调动了各方面的积极性，又在高度集中下保障了方向的正确和效率的实现。坚持和完善中国共产党领导的多党合作和政治协商制度，既有效避免了一党缺乏监督或者多党轮流坐庄、恶性竞争的弊端，又有利于畅通各种利益表达渠道，为广大人民群众参与各层次的管理和治理提供了有效途径，广泛凝聚了团结奋斗的智慧和力量。

在人才机制上坚持德才兼备、选贤任能，聚天下英才而用之的原则，培养造就更多更优秀的人才。习近平总书记强调，发展是第一要务，人才

① 《马克思恩格斯选集》（第1卷），人民出版社，1974，第285页。

是第一资源，创新是第一动力。人才是创新活动中最为活跃、最为积极的因素，也是综合国力竞争的重要基础。中国共产党历来高度重视选贤任能，始终把选人用人作为关系党和人民事业的关键性、根本性问题来抓。实施人才强国战略、坚持党管人才原则，努力营造人人渴望成才、人人努力成才、人人皆可成才、人人尽展其才的良好局面。正是做到“聚天下英才而用之”，才使源源不断的人才资源汇聚成实现中华民族伟大复兴的磅礴力量。

八、坚持道义：推进人类命运共同体共同发展

“大道之行，天下为公”“修之于天下，其德乃普”。中国自古就有兼济天下的情怀。中国共产党传承中华民族优秀传统，肩负起为中国人民谋幸福、为中华民族谋复兴、也为人类社会谋进步、为世界谋大同的使命担当。面对世界治理赤字，面对西方国家反全球化和极端民族主义浪潮，中国担当起国际治理体系建设的重任，努力推动国际秩序和国际治理体系朝着更加公正合理的方向发展，为完善全球治理贡献中国智慧和力量。

在发展道路上，中国坚持深入推进对内改革与对外开放，立足国情、放眼世界，既强调独立自主、自力更生，又注重对外开放、合作共赢，在实现自我发展的同时，也为世界发展作出了巨大贡献。中国举一国之力对世界经济增长的贡献率高达 30%，为各国共同发展注入了动力，为人类和平与发展的崇高事业添砖加瓦。

在治理理念上，面对当今世界百年未有之大变局，面对当今世界不稳定性和不确定性因素不断凸显的现实，中国主张各国人民同心协力，变压力为动力，化危机为生机，以合作取代对抗，以共赢取代独占，从倡导“共商、共建、共享”的全球治理理念到提出建设“人类命运共同体”治理目标，以天下大同为追求，秉持合作共赢原则，摒弃丛林法则，不搞强权独霸，超越零和博弈，开辟出合作共赢、共建共享的发展新道路，为人类和谐共处和世界有序发展提供了全新的选择。

在国际合作上，从积极推动国际货币基金组织和世界银行份额与治理改革，到支持上海合作组织、金砖国家、二十国集团等平台机制化建设，从地区合作到“一带一路”倡议推动全球发展，中国在促进人类进步上作

出了不懈努力。未来之中国，必将以更加开放包容的姿态拥抱世界，同世界形成更加良性的互动，带来更加进步和繁荣的中国和世界。

九、守正创新：自我完善与自我发展

科学社会主义和空想社会主义的一大区别，在于它不是一成不变的教条，而是把社会主义看作一个不断完善和发展的实践过程。中华人民共和国成立以来，为了寻求更加科学、更加先进的国家治理体系，中国共产党带领中国人民不断进行着改革和创新。

中华人民共和国成立初期，毛泽东主席就敏锐地察觉到苏联模式的弊病和不足，逐渐感受到苏联模式并不适合中国的国情和社情，坚持从实际出发探索适合中国国情的社会主义建设道路和制度体系。虽然曾遭遇严重曲折，但是正是这种实事求是、不断创新的精神指引着中国特色社会主义制度不断走向科学、规范，不断推动“中国之治”走向新境界。党的十一届三中全会以来我们在厘清社会主义的本质特征的基础上坚持改革开放，有力推动了中国特色社会主义制度和国家治理体系在革除体制机制弊端的过程中继续不断走向成熟。

党的十八大以来以习近平同志为核心的党中央面对西方对中国的抹黑和意识形态渗透，坚定不移地高举中国特色社会主义伟大旗帜，既不走封闭僵化的老路，也不走改旗易帜的邪路，在中国特色社会主义道路上继续推进全面深化改革，以更大的政治勇气和智慧，不失时机地深化重要领域改革，并将此作为“四个全面”战略布局的重要组成部分。习近平同志提出：改革开放已走过千山万水，但仍需跋山涉水。因此，决不能有停下脚步、松口气、歇歇脚的想法。一定要坚决破除一切不合时宜的思想观念和体制机制弊端，突破利益固化的藩篱，吸收人类文明有益成果，构建系统完备、科学规范、运行有效的制度体系，完善和发展中国特色社会主义制度、推进国家治理体系和治理能力现代化。改革开放不能懈怠、不能动摇、不能倒退，只能坚决进行到底。在这样的思想指导下党的十八届三中全会推出了336项重大改革举措，开启了中国全面深化改革、系统整体推进改革的新时代。随后，又先后制定了1 600多项改革方案，使改革呈现全面发力、多点突破、蹄疾步稳、纵深推进的局面。

党的十九届四中全会将主题界定为：坚持和完善中国特色社会主义制度，推进国家治理体系和治理能力现代化。全面回答了在我国国家制度和国家治理体系上，应该“坚持和巩固什么，完善和发展什么”这个重大政治问题。明确体现出中国共产党坚持不忘初心、守正创新，带领全国人民朝着坚持和完善中国特色社会主义制度、推进国家治理体系和治理能力现代化的总体目标砥砺前行的坚定立场，推动中国特色社会主义制度更加成熟更加定型，推进发展更有质量，治理更有水平，在不断提升人民幸福感和获得感上取得一个又一个胜利。

第三节　高度重视我国治理体系和治理能力的短板和不足

中国特色社会主义制度不是“飞来峰”，也不会是“常青树”，不可能从一开始就尽善尽美，而是在实践中逐步丰富和完善起来的。因而尽管“我们的国家治理体系和治理能力总体上是好的，是有独特优势的，是适应我国国情和发展要求的”[①]，但是与时代要求、人民需要和国家发展要求相比，中国的国家治理体系和治理能力还存在短板和不足，还需要不断坚持和发展。党的十九届四中全会审议通过的《决定》总结了我国国家治理体系的十三个显著优势，也提出了十三个需要坚持和完善的方面，指出国家治理体系建设中还存在一些短板和弱项，并强调“必须坚持以马克思列宁主义、毛泽东思想、邓小平理论、‘三个代表’重要思想、科学发展观、习近平新时代中国特色社会主义思想为指导，增强‘四个意识’，坚定‘四个自信’，做到‘两个维护’，坚持党的领导、人民当家作主、依法治国有机统一，坚持解放思想、实事求是，坚持改革创新，突出坚持和完善支撑中国特色社会主义制度的根本制度、基本制度、重要制度，着力固根基、扬优势、补短板、强弱项，构建系统完备、科学规范、运行有效的制度体系，加强系统治理、依法治理、综合治理、源头治理，把我国制度优势更好转化为国家治理效能，为实现‘两个一百年’奋斗目标、实现中华

---

① 习近平：《完善和发展中国特色社会主义制度 推进国家治理体系和治理能力现代化》，《人民日报》2014 年 2 月 18 日，第 1 版。

民族伟大复兴的中国梦提供有力保证”[①]。具体来看，我国国家治理体系和治理能力的短板和不足主要体现在以下方面。

一、国家治理体系的缺位与不足

随着社会步入信息化时代，大数据和人工智能在加快各个领域的发展的同时，也改变了大多数领域的运行模式，因而对国家治理提出了新的要求。并且随着国际形势的变化和国内改革的推进，国内国外、党内党外新问题新情况层出不穷，也对国家治理提出了新的挑战。但是总体来看，我国现有的国家治理体系还存在落后于社会实践、赶不上社会发展、不能全面应对社会风险的问题，特别是与新要求和新形势相比，我国国家治理体系在某些领域甚至还存在缺位现象。因此党的十九届四中全会审议通过的《决定》中 100 次使用了“健全”字眼、128 次使用了“完善”字眼，提出了一大批需要健全、完善的制度和体制机制。

在党的领导制度体系中，党的十九届四中全会审议通过的《决定》将“不忘初心、牢记使命”制度化并形成长效机制，就是对新时代党建需要的主动回应，补足了党员干部政治品格塑造的制度需要。当然，如何推动“维护党中央权威和集中统一领导的各项制度”和“党的全面领导制度”落实落细依然需要进一步设计和规划。同时在党内法规、条例、规则等制度体系中，如何平衡实体性制度多、程序性制度少的问题，如何解决各条块的制度交错重叠的现象也需要不断思考和突破。

在中央和地方的关系上，如何积极调动中央和地方的“两个积极性”，如何化解中央集中统筹同地方分布式决策管理之间的矛盾，还需要进一步安排和细化。如何优化政府间事权和财权的划分，以建立权责清晰、相互协调、区域均衡的中央和地方财政关系还有待进一步统筹。

在国家与社会关系上，如何实现强政府强社会的双强局面，特别是如何充分发挥社会自治功能，如何解决社会自治体系同国家治理体系之间存在的“两张皮”问题，仍需进一步谋划与安排。

总体来看，我国相关体制机制仍处于缺位状态：有些虽然存在但是过于抽象笼统，只有定性的规定，没有定量的指标要求；有些缺乏具体的实

---

① 《中共中央关于坚持和完善中国特色社会主义制度 推进国家治理体系和治理能力现代化若干重大问题的决定》，《人民日报》2019 年 11 月 06 日，第 1 版。

施细则和可操作性的设计，造成了运行不畅的问题；有些相互之间交叉重复、相互冲突，需要进一步理顺。正如习近平总书记指出的："我们的制度有些还不够健全，已经有的铁笼子门没关上，没上锁。或者栅栏太宽了，或者栅栏是用麻秆做的，那也不行。"①

二、国家治理体系的过时与失灵

治理体系过时是指制度规范的设定已经落后于社会发展的需要，对现实社会问题失去了规范的意义。治理体系失灵是指既有制度丧失规范力和约束力。治理体系过时一般都会导致治理体系的失灵，如何解决治理体系失灵是问题的关键所在。

在我国治理体系失灵问题存在于多个方面，最突出地体现在"上有政策下有对策"政治生态上，表现为有令不行、有禁不止，下级在贯彻执行中央决策部署时大打折扣。具体来看，"上有政策下有对策"存在以下几种情况。第一，"添工加料"、附加条件地执行。政策执行者往往基于自身的特殊利益，而在原来的政策里添加一些符合自身利益的内容，而添加的这些内容往往与原来的政策内容相悖，缺乏应有的合理性和可行性。第二，"走过场"、象征式地执行。用做表面文章来糊弄执行甚至拒绝执行。第三，改其实质、曲解其义地执行。选择性执行，只执行对自身有利的政策，导致政策无法得到真正全面的贯彻落实。第四，表面一致、阳奉阴违地执行。面对对自身利益有损的政策，采取"狸猫换太子"的策略，用另一套执行方案代替上级政策。

究其原因，产生"上有政策下有对策"的问题一方面是由于决策机制缺乏科学性，在决策中对信息收集、处理和应用重要性认知的缺失，导致信息不畅，致使信息在传达过程中应具有的准确性、真实性、及时性未能得到很好的实现；另一方面在于决策监督或执行监督机制仍不完善，或"政出多门、政令不畅"或监督规则措辞笼统、标准和可供操作细则模糊，或忽视预防性和过程性监督等，为"上有政策下有对策"的产生提供了条件。

治理体系失灵问题还体现在"牛栏关猫"的问题上，钻制度空子和规

① 习近平：《在参加河南省兰考县委常委班子专题民主生活会时的讲话》，新华网 2014 年 5 月 9 日。http：//cpc.people.com.cn/xuexi/n/2015/0127/c385476-26456155.html，访问日期：2021 年 4 月 12 日。

避制度作用问题时有发生，使制度沦为只能管长远不能管细节的空架子。习近平谈到制度治党时强调："制度不在多，而在于精，在于务实管用，突出针对性和指导性。如果空洞乏力，起不到应有的作用，再多的制度也会流于形式。牛栏关猫是不行的！"[①]这一比喻形象地指出制度设计过大、针对性不强、不够具体细密导致"制度虚设"的结果。

"制度虚设"体现在很多方面，如在党的纪律相关制度设计中规定公务宴请严禁超标接待，但具体到某个地方、部门和单位，怎样界定"超标"？上级调研不许层层陪同，但怎样做接待工作才合情合理合规？经费报销要合乎规定，但面对不同的事由、项目等复杂情况，怎样才能做到符合实际、科学规范？倘若这些细节界定不清晰、标准不量化、规定不细化、机制不优化，就会给"只说不做"留下种种借口，给"寻找对策"留下操作空间。

防范和化解"牛栏关猫"问题从根本上需要加强制度建设，让制度像钢板一样有"密度"，像钢铁一样有"硬度"，像钢刀一样有"锋度"，"使制度成为硬约束而不是橡皮筋"，切实建起细密、结实的"篱笆"，使"猫儿"无缝可钻、无处可逃。

当然目前产生的"不贪也不干"的庸官现象背后也是治理体系失灵的结果。推动反腐倡廉体制机制改革在治理贪腐问题上取得了巨大成效，净化了政治生态，进一步维护了中国共产党的权威。但是因为在执行中有的地方没有把握正确的"度"，就可能导致部分官员产生明哲保身、不敢作为的心理和但求无过不求有功的消极情绪，从而带来"虽然不敢贪了"但是"也不敢干了"的副作用，出现想干事却不敢干或不知如何去干的懒政怠政现象。这种情况也是我们推进国家监察体制改革和完善过程中需要认真思考的问题。

三、国家治理能力的问题与不足

国家治理能力简单来说是指运用国家制度管理社会各方面事务的能力。国家治理体系和治理能力是一个国家的制度和制度执行能力的集中体现，二者相辅相成，缺一不可。有制度，无能力，那么制度就徒有虚名；

---

① 习近平：《在党的群众路线教育实践活动总结大会上的讲话》，《人民日报》2014年10月9日，第2版。

有能力，没制度，那么能力就会被滥用、泛用。国家治理能力是国家治理体系效能发挥出来的必要条件。因而习近平总书记指出，“制度的生命力在于执行”，“要强化制度执行力，加强制度执行的监督，切实把我国制度优势转化为治理效能”[①]。但从总体来看，我国不管在治理主体层面还是在具体治理环节上都仍需继续强化各方面的治理能力。在治理主体上党的领导能力、国家机构的履职能力、人民群众依法参与社会事务管理的能力都仍需进一步提升。在治理环节中，治理思维、制度执行力以及治理手段等方面都存在欠缺和不足。

具体表现在以下几个方面。从领导干部角度来看，一些领导干部制度意识不强，没有形成对制度的敬畏感，甚至将制度视为“橡皮筋”“稻草人”；不善于运用制度治理国家，不习惯在制度规定的范围内活动；同时治理能力也有欠缺，形式主义、官僚主义、享乐主义、奢靡之风“四风”问题依然突出。从政府角度来看，政府职能转变仍需进行，重审批、轻监管现象亟待纠正；某些部门软弱涣散，工作责任制落实不严，推诿扯皮、敷衍塞责、办事拖拉、工作不扎实、效率不高等问题亟须解决。从社会角度来看，社会组织发育仍不充分，治理能力依然较弱。从治理手段角度来看，在大数据、人工智能技术越来越普及的今天，党政部门和社会治理主体依然缺乏娴熟利用数字化工具推进各项工作的本领。

我们需要制度自信，也需要制度自觉。经过 70 多年的社会主义实践，我们已经创新出独具特色的现代国家治理体系和治理手段，从而快速缩小了与最发达、最强大国家在综合国力上的差距，也取得了举世瞩目的社会发展成就。诚如毛泽东所言：“社会主义制度的建立给我们开辟了一条到达理想境界的道路。”[②] 因而我们要坚持制度自信，坚定不移地在中国特色社会主义道路上、在坚持中国特色社会主义制度中完善国家治理体系和提升国家治理能力。

但同时，我们也不能盲目自信，还应该具有高度的制度自觉，就像毛泽东主席指出的：“我们不要迷信，认为社会主义国家里一切都是好的。”[③]

---

① 习近平：《坚持、完善和发展中国特色社会主义国家制度与法律制度》，《求是》2019 年第 23 期。

② 毛泽东：《关于正确处理人民内部矛盾的问题》，载《毛泽东文集》（第 7 卷），人民出版社，1999，第 266 页。

③ 同上书，第 69 页。

我们要认识到目前我们的国家治理体系和治理手段并不是完美无缺的，社会主义的制度还不完善，还有很多缺陷。良好的治理局面的形成必然是顺应时代要求不断改革治理体系和提升治理能力的结果[①]。正如习近平总书记指出的："我们全面深化改革，是要使中国特色社会主义制度更好；我们说坚定制度自信，不是要故步自封，而是要不断革除体制机制弊端，让我们的制度成熟而持久。"[②]

因而新时代我们必须严格遵循党的十九届四中全会审议通过的《决定》中提出的固根基、扬优势、补短板、强弱项的要求，使我国的国家治理体系和治理能力始终处于不断进取和发展的良好状态。我们要按照《决定》给出的具体时间表和路线图继续前进："坚持和完善中国特色社会主义制度、推进国家治理体系和治理能力现代化的总体目标是，到我们党成立一百年时，在各方面制度更加成熟更加定型上取得明显成效；到二〇三五年，各方面制度更加完善，基本实现国家治理体系和治理能力现代化；到新中国成立一百年时，全面实现国家治理体系和治理能力现代化，使中国特色社会主义制度更加巩固、优越性充分展现。"[③]

---

① 胡鞍钢：《中国国家治理现代化》，中国人民大学出版社，2014，第 105 页。

② 《党的建设大事记》，党建读物出版社，2018，第 140 页。

③ 《中共中央关于坚持和完善中国特色社会主义制度 推进国家治理体系和治理能力现代化若干重大问题的决定》，《人民日报》2019 年 11 月 06 日，第 1 版。

第三章　推进国家治理体系和治理能力现代化的目标和发展方向

实现现代化是近现代以来中国社会的根本任务，也是中国共产党人的不懈追求。推进国家治理体系和治理能力现代化，既是中国特色社会主义现代化建设的题中之意，也是中国特色社会主义现代化建设顺利进行的根本保障。国家治理体系和治理能力是决定国家兴衰的根本性因素，两者也是相辅相成的关系。没有好的治理体系，再理想的治理能力都是海市蜃楼；同样，没有好的治理能力，再先进的治理体系也徒有虚名。在中国，国家治理体系和治理能力是中国特色社会主义制度及其执行能力的集中体现。因而我们推进国家治理体系和治理能力现代化的实质是坚持和发展中国特色社会主义制度。党的十九届四中全会在“两个一百年”奋斗目标的历史交汇点上提出坚持和完善中国特色社会主义制度，推进国家治理体系和治理能力现代化，指明了如何将中国特色社会主义制度坚持好、完善好、发展好，使其更加成熟更加定型，指出了推进国家治理体系和治理能力现代化建设是关系着党和国家事业发展的根本性、全局性、长期性问题。

第一节　国家治理现代化就是推进国家治理体系和治理能力现代化

进入新时代，伴随着国内外形势的变化和社会主要矛盾的转化，中国如何推进发展的平衡、协调和可持续，如何实现社会公平公正、如何应对百年未有之大变局等问题和挑战交错叠加，凸显了制度建设和国家治理建设的重要性和紧迫性。

一、国家治理及国家治理现代化

“治”和“理”在汉语中都有很多意思，到春秋战国时期出现“治理”

一词，如有“诸侯四朝各使陈进治理之言”“是乃治理大明则民服”等表述[①]。但是从国家行政和公共管理角度来系统使用的“治理”则起源于欧美，在西方“治理”概念中，治理（govenance）和统治（government）最早源于古希腊文，都有治理、统治和管理的意思。英国学者罗伯特·罗茨将治理（govenance）归结为六种意思：①作为最小化国家的管理活动的治理，它指的是国家削减公共开支，以最小的成本获得最大的效益；②作为公司管理的治理，指的是指导、控制和监督企业运行的组织体制；③作为新公共管理的治理，指的是将市场的激励机制和私人部门的管理手段引入政府的公共服务；④作为善治的治理，指的是强调效率、法治、责任的公共服务体系；⑤作为社会控制体系的治理，指的是政府与民间、公共部门与私人部门之间的合作与互动；⑥作为组织网络的治理，指的是建立在信任和互利基础上的社会协调网络[②]。

从总体来看，西方的国家治理主要是通过社会和经济等非政府组织或者国家间组织的权威来弥补主权国家或民族国家权威不足的问题，提出多主体、多中心治理主张，甚至倡导“没有政府的治理”[③]。主张“治理”形式应该是政府分权、去中心、反权威的多主体共同治理甚至社会自治方式。

这里需要明确的是中国的治理现代化不遵循西方的语境，亦跳出西方的窠臼，中国的治理是“国家治理”。“国家治理”一词并不是西方政治术语的舶来品，它是在继承中国传统的“治国理政”理念基础上对西方治理观予以借鉴和扬弃后产生的新概念。中国的国家治理遵循了马克思主义国家理论逻辑，是把整个国家和社会都作为治理对象，追求科学理性高效地运用国家权力来实施治理。中国的国家治理，是面对中国现代化转型过程中社会日益分化和问题矛盾叠加局面，解决国家制度滞后于经济社会发展而带来的治理体系不完备和治理能力不到位的重大问题，目的在于最大限度激发国家发展的内生动力和营造良好的国际环境，从而促进“五位一

---

① 李龙、任颖：《“治理”一词的沿革考略——以语义分析与语用分析为方法》，《法制与社会发展》2014 年第 4 期。

② 罗伯特·罗茨：《新的治理》，载俞可平主编《治理与善治》，社会科学文献出版社，2000，第 87-96 页。

③ 詹姆斯·N. 罗西瑙主编《没有政府的治理》，张胜军、刘小林等译，江西人民出版社，2001，第 5 页。

体”全面发展，实现好、维护好、发展好最广大人民群众的根本利益，最大限度地保障民族独立、国家富强、人民幸福，最终实现中华民族伟大复兴。

同时中国的“国家治理”也不同于传统皇权统治者的“治国理政”概念，中国的“国家治理”追求的是治理的“现代化”，推进国家治理体系和治理能力现代化的落脚点和归宿点在于“现代化”。

现代化是人类历史不可抗拒的大趋势，亦是中国共产党人的不懈追求。“我们当前以及今后相当长一个历史时期的主要任务是什么？一句话，就是搞现代化建设。……社会主义现代化建设是我们当前最大的政治，因为它代表着人民的最大的利益、最根本的利益。”[①] 现代化是传统社会向现代社会的转变过程，亨廷顿曾从 9 个方面概括了现代化的基本特征，其中指出“现代化是同质化的过程。传统社会以不同的类型存在，相反，现代社会化却基本是相似的”[②]。的确，人类在现代化价值追求上是价值共享的，如都认同和平、发展、公平、正义、民主、自由等。在国家治理现代化上也达成很多共识，如都承认现代国家与传统国家的主要区别在于：在权力来源的合法性上强调需要经过人民的同意与接受；在权力行使的法治化上强调需要受到宪法和法律的有效约束；在权力运行的民主化上强调人民应是国家的主人，人民主权，权力服务于权利；等等。因而这就要求我们在推进国家治理现代化的过程中，必须吸纳包括西方国家在内的整个人类所创造的现代文明成果。

但现代性又是多元的、流变的，不同国家由于历史文化传统不同，在国家治理中形成的现代性也会有不同的特征。比如在英美国家自由主义在政治上长期占据着主导地位，而在欧洲大陆各国自由主义政党则基本处于边缘地位，信奉社会民主主义、基督教民主主义的政党则是政治中的主要力量。另外，即使是西方的现代性也是处在不断的流变之中的。随着科学技术和生产力的发展，随着人们反思能力的不断提高，人们的价值观念和行为方式也都在发生或多或少的变化。如孔飞力分析指出，“使得一个国家成为‘现代国家’的，是它所面临的为我们所处的时代所特有的各种挑

---

① 《邓小平文选》（第 2 卷），人民出版社，1994，第 162-163 页。

② 塞缪尔·P. 亨廷顿：《导致变化的变化：现代化，发展和政治》，载西里尔 • E. 布莱克编《比较现代化》，杨豫、陈祖洲译，上海译文出版社，1996，第 44 页。

战：人口的增长，自然资源的短缺，城市化的发展，技术革命的不断推进，等等；而最重要的，则是经济全球化”。对于同样的挑战，不同的国家由于历史经验和文化背景的不同会作出不同的反应①。

现代性有一定的标准，但是现代化之路却是各不相同的。中国国家治理现代化即国家治理体系和治理能力现代化，是继工业、农业、国防和科技现代化后提出的第五个现代化，是在中国特色社会主义道路的既定方向上，在中国特色社会主义理论的话语语境中，在中国特色社会主义制度坚持和发展的改革意义上，由中国共产党领导和带领人民进行的科学、民主、依法、有效的治国理政。

二、国家治理体系现代化

总体来说，国家治理是一项复杂的系统工程，是一个系统庞杂、涉及面广泛、利益主体多元的政治范畴。纵向上包含国家治理、地方治理、基层治理等各个层次；横向上包括经济治理、政治治理、文化治理、社会治理、生态治理、党的治理、国防治理、国际治理等各个方面。相应的国家治理体系是一个系统概念，是一个复杂有机整体。具体来看，“国家治理体系是在党领导下管理国家的制度体系，包括经济、政治、文化、社会、生态文明和党的建设等各领域体制机制、法律法规安排，也就是一整套紧密相连、相互协调的国家制度”②。

中国的国家治理现代化从根本上来说是推进国家各方面制度的现代化，从而可以更好地发挥制度优势和治理效能。国家治理体系的建设是从根本上、全局上、长期上对中国特色社会主义进行思考和布局的制度建设，是在全面深化改革不断推进的过程中对制度越来越迫切需要的回应。正如习近平总书记所说的：“今天，摆在我们面前的一项重大历史任务，就是推动中国特色社会主义制度更加成熟更加定型，为党和国家事业发展、为人民幸福安康、为社会和谐稳定、为国家长治久安提供一整套更完备、更稳定、更管用的制度体系。这项工程极为宏大，零敲碎打调整不行，碎片化修补也不行，必须是全面的系统的改革和改进，是各领域改革

---

① 孔飞力：《中国现代国家的起源》，陈兼、陈之宏译，生活·读书·新知三联书店，2013，中文版序言。

② 《习近平谈治国理政》，外文出版社，2014，第91页。

和改进的联动和集成，在国家治理体系和治理能力现代化上形成总体效应、取得总体效果。”①

从对比的角度来看，我国国家治理体系是具有很大的优势的，同世界上一些国家和地区的乱局相比，我国政治稳定、经济发展、社会和谐、民族团结，表明中国特色社会主义制度和国家治理体系是适应我国国情和发展要求的。但是与人民的美好生活需要相比，国家治理体系更需要制度化、规范化、法治化，不仅需要局部的简单修补，还需要体系性完善，整体性推进，综合配套，不断提高党科学执政、民主执政、依法执政水平，不断夯实科学管理、高效治理效果。

三、国家治理能力现代化

对于一个国家而言，治理体系完善与否影响着治理效果的好坏，但是同时，治理能力的强弱也影响着治理体系的具体实施和治理效果的最终呈现。如德国魏玛时期，《魏玛宪法》被称为20世纪最令人瞩目的宪法，其集一切先进的理念于一身，但是由于其既不符合国情又没有塑造强大的执行力，最终导致德国走向希特勒的法西斯独裁，引发德国和世界的又一场灾难。

何为国家治理能力？何增科认为，“从履行国家治理过程诸功能对执政党和政权能力的要求来看，国家治理能力应包括如下能力：接纳参与能力、政治整合能力、精英录用能力、战略规划能力、法律实施能力、资源提取能力、监管能力、再分配能力、维持团结能力、政治沟通能力、政治合法化能力、政治革新能力”②。王绍光认为，国家能力（治理能力）有四个方面的表现：“第一，汲取能力，是指国家动员社会经济资源的能力，国家汲取财政能力（简称“国家财政能力”）集中体现了国家汲取能力；第二，调控能力，是指国家指导经济社会发展的能力，随着经济发展、科技进步，经济组织日益复杂，社会化生产日益广泛，这种能力对现代国家越来越重要；第三，合法化能力，是指国家运用政治符号在属民中制造共识，进而巩固其统治地位的能力；第四，强制能力，是指国家运用暴力手

① 《习近平新时代中国特色社会主义思想三十讲》，学习出版社，2018，第98页。

② 何增科：《国家治理现代化及其评估》，《学习时报》2014年1月13日。

段、机构、威胁等方式维护其统治地位。”[①] 这两位学者从具体的角度为我们展现了国家治理能力的重要组成。从总体上看，中国的国家治理能力是一个综合能力，是运用国家制度管理社会各方面事务的能力，涉及改革发展稳定、内政外交国防、治党治国治军等各个方面。

国家治理最终需要通过执行制度的主体来实现，因而提高国家治理能力从根本上就是要提升各个治理主体的能力和水平，特别是要提高党的科学执政、民主执政和依法执政的能力和水平；在合理划分国家机构职权范围基础上提升国家机构的履职能力和国家机构工作人员的履职水平；提高人民群众依法管理国家事务、经济社会文化事业、自身事务的能力和水平。

制度现代化是中国国家治理的根本依据和前提，而“国家治理体系和治理能力是中国特色社会主义制度及其执行能力的集中体现”[②]。国家治理体系和治理能力两者是相辅相成的有机整体，有治理体系无执行能力，那么治理体系就徒有其表；有执行能力无治理体系，那么执行能力就会被泛用、滥用。相对地，有了好的国家治理体系才能提高国家治理能力，只有提高国家治理能力才能充分发挥国家治理体系的效能。

因而坚持和完善中国特色社会主义制度，推进国家治理现代化，就需要从推进国家治理体系和治理能力两方面着手。正如习近平总书记指出的：“真正实现社会和谐稳定、国家长治久安，还是要靠制度，靠我们在国家治理上的高超能力，靠高素质干部队伍。我们要更好发挥中国特色社会主义制度的优越性，必须从各个领域推进国家治理体系和治理能力现代化。”[③]

第二节　推进国家治理体系和治理能力现代化的价值追求

推进国家治理体系和治理能力现代化的关键和落脚点在于“现代化”，因而体现“现代化”的政治价值的意蕴是国家治理现代化的目标选择。梳理学界对于“现代化”的研究，不难发现，学者在“现代化”追求上达成

① 王绍光、胡鞍钢：《中国国家能力报告》，辽宁人民出版社，1993，第 6 页。

② 习近平：《切实把思想统一到党的十八届三中全会精神上来》，《求是》2014 年第 1 期。

③ 《习近平谈治国理政》，外文出版社，2014，第 91-92 页。

的共识是：科学化、民主化、法治化、制度化、多元化、协调化、复杂化、系统化、高效化等。

党的十九届四中全会审议通过的《决定》中提出了坚持党的领导、人民当家作主、依法治国有机统一的总要求以及在坚持和完善中国特色社会主义制度的根本制度、基本制度、重要制度上的十三个方面的总体任务，在其中我们看到中国推进国家治理体系和治理能力现代化正是对以上价值目标的追求。具体来看包括以下方面。

一、在治理核心上坚持权威性

国家治理是一个系统工程，面对现代化社会的不断分化、多元化和复杂化，国家治理现代化进程中离不开一定的权威来凝聚全局和把控方向。

什么是权威？所谓权威就是指使人信服的力量。国家权威就是国家使其内部成员信服的力量。简单说，它由两个方面构成。一方面是国家的权力。没有一定的权力作为基础，国家的权威就会是空话，但仅仅依靠权力也很难使成员服从。历史和现实中有不少国家、不少政府自身虽具有强大的权力，甚至能够动用武力对民众进行威胁，但是依然不能服众，可见国家仅仅依靠权力是不够的。因此就需要另一个方面，即威望。具有威望的国家才能够获得民众自愿的跟随。只有将两个方面有机结合，才会产生国家权威。国家权威往往通过一定的外在形式体现出来，一般来说构成国家权威中重要组成部分的首先是令人信服的制度权威，其次是代表国家的中央权威。

国家权威的存在是民众的安全感和发展信心的来源。纵观世界各国，缺乏权威的“强社会与弱国家”模式导致的结果是国家的软弱和社会的碎片化，稳定和发展无从谈起。如苏联的失败主要在于制度上的不完善、不稳定、不持续、不自信，放弃党的领导，放弃党指挥枪，最终导致亡党亡国。特别是在社会成分组成比较复杂的国家，如果缺乏权威，带来的结果可能是社会冲突和国家的分裂。如南斯拉夫的学者分析南斯拉夫持久的民族冲突和战争时指出，由于南斯拉夫内各个民族在铁托时期是实现了和谐相处的，所以战争的根源不是民族之间的仇恨，而是“在于人们在制度崩溃和权威破灭后所产生的一种无法排遣的恐惧”。当这种恐惧在国家中没办法得到安抚时，“人们转而向各自的民族寻求自我保护，民族间的信任从此瓦解，民族间的战争由此爆发”①。

中国共产党的领导是中国特色社会主义最本质的特征，是中国特色社会主义制度的最大优势。相较于世界其他国家的乱局，中国之治形成的最主要原因在于中国特色社会主义制度与国家治理之间贯通着中国共产党领导制度体系这个总开关。

中国作为世界上人口最多的国家，治国理政任务之艰巨、情况之复杂、责任之重大，是世界上其他任何国家都无法比拟的。推进国家治理体系和治理能力现代化，必须要有集中统一的领导，只有这样才能摆脱各自为政的非系统性行动的困境，才能避免一盘散沙的局面，才能实现万泉归流，成就中华民族伟大复兴的事业。

从实践来看，党的集中统一领导是保持政治稳定，确保国家治理始终沿着社会主义方向前进的关键所在；党的集中统一领导也是总揽全局、协调各方的组织保障；党的集中统一领导还是调动一切积极力量，实现集中力量办大事的根本所在。因而党的十九届四中全会审议通过的《决定》提出“坚决维护党中央权威，健全总揽全局、协调各方的党的领导制度体系，把党的领导落实到国家治理各领域各方面各环节”②。推进国家治理体系和治理能力现代化的关键在于确保党的领导制度体系建设的中枢地位，确保党中央作为治理主体的绝对权威性，坚持党总揽全局、协调各方的领导核心地位，形成东西南北中、党政军民学，党是领导一切的政治格局。

二、在治理主体上坚持人民性

现代国家治理与传统治理之间最本质的区别就是民主治理。民主作为一种政治形式，其核心要求是权力来源于人民、权力服务于人民、权力受人民监督。国家治理现代化是民主政治体制确立的过程，也是民主治理的实现过程，是要把人民的意志落实到社会公共生活之中，从而最大限度地实现公共利益的过程。

首先，从制度的来源看，治理的人民性要求国家治理体系安排必须保

---

① 关凯：《族群政治》，中央民族大学出版社，2007，第 91 页。

② 《中共中央关于坚持和完善中国特色社会主义制度 推进国家治理体系和治理能力现代化若干重大问题的决定》，《人民日报》2019 年 11 月 6 日，第 1 版。

障主权在民和人民当家作主，制度与政策的制定应是人民意志的体现。从现代国家建构的路径来看，中华人民共和国在成立伊始就确立了人民共和的制度，从根本上确保人民对国家权力的行使权和控制权。《中华人民共和国宪法》（以下简称《宪法》）第一条和第二条明确界定了我国的国体和政体："中华人民共和国是工人阶级领导的、以工农联盟为基础的人民民主专政的社会主义国家。""中华人民共和国的一切权力属于人民。人民行使国家权力的机关是全国人民代表大会和地方各级人民代表大会。人民依照法律规定，通过各种途径和形式，管理国家事务，管理经济和文化事业，管理社会事务。"①从而通过《宪法》的形式明确了人民在国家中的地位。同时在人民代表大会制度之外还创设了政治协商会议制度、民族区域自治制度以及基层群众自治制度等制度形式，充分保障人民意志的实现和人民权利的落实。

其次，从制度的运行与治理过程来看，治理的人民性要求引导民主参与，提升人民群众依法管理国家事务、经济文化事务和自身事务的能力，广泛发动社会组织和公民个人积极参与治理活动。中国特色社会主义国家治理的人民性不是一时一刻的，而是贯穿于国家治理的全方位和全过程的，集中体现在将党的群众路线贯彻到治国理政的全部活动中。正如习近平总书记强调的：群众路线是我们党的生命线和根本工作路线，是我们党永葆青春活力和战斗力的重要传家宝。不论过去、现在和将来，我们都要坚持一切为了群众，一切依靠群众，从群众中来，到群众中去，把党的正确主张变为群众的自觉行动，把群众路线贯彻到治国理政全部活动之中②。同时在治理效果上中国特色社会主义坚持请人民当评判人，治理好坏要及时交由群众评判，让群众打分，要用人民群众的满意度来评定治国理政方方面面的成效。

最后，从制度运行的结果来看，治理的人民性要求坚持以人民为中心，满足人民日益增长的美好生活需要，促进社会公平正义，实现发展成果全民共享。党中央着力统筹推进"五位一体"总体布局和协调推进"四个全面"战略布局，坚定不移贯彻创新、协调、绿色、开放、共享的新发展理念，大力提升发展质量，更好地满足广大人民群众在经济、政治、文

① 《中华人民共和国宪法》，中国法制出版社，2018，第 6 页。

② 《习近平谈治国理政》，外文出版社，2014，第 27 页。

化、社会、生态等各方面日益增长的需要。坚持区域协同、城乡一体，不断缩小地区差距、城乡差距、收入差距，在协调发展中拓展发展空间，在加强薄弱领域中增强发展后劲。人民日益增长的美好生活需要的重点是民生领域的需要。所以我们抓住人民最关心最直接最现实的利益问题，在发展中保障和改善民生。进入新时代，党中央继续深入贯彻以人民为中心的发展思想，推动一大批惠民举措的落地实施。覆盖城乡居民的社会保障体系基本建立，人民健康和医疗卫生水平大幅提高，保障性住房建设稳步推进，民众就业状况持续改善，义务教育投入不断加大，基本公共服务均等化水平显著提升，社会治安防控和治理体系极大加强，使人民的获得感、幸福感、安全感更加充实、更有保障、更可持续。

三、在治理方式上坚持制度化、规范化、程序化、法治化

制度化就是遵循现代国家治理要依托制度的治理原则，坚持和完善中国特色社会主义制度，将包括权力配置、权力运行、权力约束等在内的国家一切治理工作和活动都纳入制度体系中，构建系统完备、科学规范、运行有效的国家治理制度体系。规范化既是对制度体系本身的要求，也是对制度运行的要求。规范化的制度本身应该合理有效，体现现代化的价值内涵；规范化的制度运行应该通过一系列明确、具体和可操作的规则来指导治理主体及其行为，从而形成井然有序、协调高效的治理局面。程序化主要是对制度体系实施过程的要求，制度实施需要科学合理的流程，保证制度执行的每一个环节都有统一的规定，从而提高制度执行的科学性和有效性。法治化是国家治理现代化的核心和基本方式。法治是与人治相对应的，法治化要求国家治理主体运用法治思维和法治方法开展治理，要求将治国理政的全部活动纳入法治的可预测可控制的范围中。

总体来看，坚持国家治理的制度化、规范化、程序化、法治化就是要促使国家进一步从“人治社会”走向“法治社会”。通过规范权力，框定行为框架，把确定性、可预测性引入社会生活的调控中；就是在中国特色社会主义民主建设上从实质民主走向程序民主，从作风民主走向制度民主；就是在坚持党的领导、人民当家作主、依法治国有机统一的总要求下逐步实现国家治理的科学化，从而把我国制度优势更好地转化为治理效

能，为实现“两个一百年”奋斗目标、实现中华民族伟大复兴的中国梦提供有力保障。可以说，制度化、规范化、程序化、法治化既是国家治理的基本形式，也是国家治理追求的价值目标。

第三节　推进国家治理体系和治理能力现代化的总体目标

党的十九届四中全会审议通过的《决定》明确了坚持和完善中国特色社会主义制度、推进国家治理体系和治理能力现代化的总体目标。“坚持和完善中国特色社会主义制度、推进国家治理体系和治理能力现代化的总体目标是，到我们党成立一百年时，在各方面制度更加成熟更加定型上取得明显成效；到二〇三五年，各方面制度更加完善，基本实现国家治理体系和治理能力现代化；到新中国成立一百年时，全面实现国家治理体系和治理能力现代化，使中国特色社会主义制度更加巩固、优越性充分展现。”[①] 这个总目标是《决定》的一个突出亮点，对未来发展布局作出了清晰的勾勒。

一、总体目标是对历史的继承和发展

总体目标的提出为中国特色社会主义制度建设规划了明确的时间表和路线图。但总体目标的提出不是突然臆想的，而是中国共产党对制度建设认识不断深入，对制度建设事业不断坚持和发展的结果，体现出一脉相承、不断深化的特质。

坚持和完善中国特色社会主义制度、推进国家治理体系和治理能力现代化是我们党孜孜以求的宏伟目标。中国共产党自成立以来就非常重视制度建设，从中国共产党第二次全国代表大会制定中国共产党第一部党章以来，党内法规和军队纪律规范各个方面都不断得以丰富和发展。不论在土地革命时期，还是在抗日战争、解放战争时期，中国共产党都很注重制度法规的建设和实施，积累了丰富的制度建设经验。

中华人民共和国成立后，法律体系进一步得以完善。随着改革开放的不断深化，中国共产党对制度建设的认识也越来越深入。1980 年，邓小平

① 《中共中央关于坚持和完善中国特色社会主义制度 推进国家治理体系和治理能力现代化若干重大问题的决定》，《人民日报》2019 年 11 月 6 日，第 1 版。

同志在总结“文化大革命”的教训时就指出：“领导制度、组织制度问题更带有根本性、全局性、稳定性和长期性。”“制度好可以使坏人无法任意横行，制度不好可以使好人无法充分做好事，甚至会走向反面。”[①]1992年，邓小平同志在南方谈话中说：“恐怕再有三十年的时间，我们才会在各方面形成一整套更加成熟、更加定型的制度。”[②]党的十四大提出：“在九十年代，我们要初步建立起新的经济体制，实现达到小康水平的第二步发展目标。再经过二十年的努力，到建党一百周年的时候，我们将在各方面形成一整套更加成熟更加定型的制度。”党的十五大、十六大、十七大也都在制度建设上提出了明确的要求。

党的十八大以来，我们党把制度建设摆在更加突出的位置，强调“全面建成小康社会，必须以更大的政治勇气和智慧，不失时机深化重要领域改革，坚决破除一切妨碍科学发展的思想观念和体制机制弊端，构建系统完备、科学规范、运行有效的制度体系，使各方面制度更加成熟更加定型”。党的十八届三中全会首次提出“推进国家治理体系和治理能力现代化”这个重大命题，并把“完善和发展中国特色社会主义制度、推进国家治理体系和治理能力现代化”确定为全面深化改革的总目标。党的十八届五中全会进一步强调，“十三五”时期要实现“各方面制度更加成熟更加定型，国家治理体系和治理能力现代化取得重大进展，各领域基础性制度体系基本形成”。

因而党的十九届四中全会明确了坚持和完善中国特色社会主义制度、推进国家治理体系和治理能力现代化的总体目标，这是制度建设一脉相承、不断深化的体现，是在制度建设中不断坚守、不断传承并且随着形势和任务的发展变化与时俱进的体现，也展现出我们党总揽全局、稳扎稳打、锐意进取推进党和国家事业的优良传统。

二、总体目标是对“两个一百年”奋斗目标的贯彻和落实

党的十九大报告对我国现代化建设给予了细致的安排：从党的十九大到党的二十大，是“两个一百年”奋斗目标的历史交汇期。我们既要全面建成小康社会、实现第一个百年奋斗目标，又要乘势而上开启全面建设社

① 《邓小平文选》（第 2 卷），人民出版社，1994，第 333 页。

② 《邓小平文选》（第 3 卷），人民出版社，1993，第 372 页。

会主义现代化国家新征程，向第二个百年奋斗目标进军。综合分析国际国内形势和我国发展条件，从二〇二〇年到本世纪中叶可以分两个阶段来安排。第一个阶段，从二〇二〇年到二〇三五年，在全面建成小康社会的基础上，再奋斗十五年，基本实现社会主义现代化。第二个阶段，从二〇三五年到本世纪中叶，在基本实现现代化的基础上，再奋斗十五年，把我国建成富强民主文明和谐美丽的社会主义现代化强国。

从党的十九大提出的“两个阶段”发展目标来看，党的十九届四中全会提出的推进国家治理体系和治理能力现代化的总体目标正是对“两个一百年”奋斗目标的贯彻和落实。简而言之，就是到2035年基本实现社会主义现代化时，也是基本实现国家治理体系和治理能力的现代化的时期。从2035年到本世纪中叶，把我国建成富强民主文明和谐美丽的社会主义现代化强国时，也必然实现了国家治理体系和治理能力的现代化，那时一定是中国特色社会主义制度更加巩固、优越性更加充分展现的局面。总体目标的提出是与基本实现社会主义现代化、全面建成社会主义现代化强国的战略安排相配套、相衔接的，是与中华民族从站起来、富起来到强起来的历史逻辑相契合、相呼应的。

第四节　在中国特色社会主义道路上推进国家治理体系和治理能力现代化

中国国家治理体系和治理能力既具有显著的优势，也存在明显的短板和不足，需要从顶层设计层面继续推进，从而实现治理体系和治理能力的现代化。方向决定前途，方向决定成败。推进国家治理体系和治理能力现代化首先要回答好“往什么方向走”这一根本性的问题。党的十九届四中全会的主题“坚持和完善中国特色社会主义制度、推进国家治理体系和治理能力现代化”是一个完整的表达，指明推进国家治理体系与治理能力现代化的发展方向是坚持和完善中国特色社会主义制度，是坚持走中国特色社会主义道路。

一、坚持走中国特色社会主义道路是对历史唯物主义的遵循

马克思主义指出，经济基础决定上层建筑，决定上层建筑的产生、决定上层建筑的性质、决定上层建筑的变革。作为上层建筑，国家治理模式是无法摆脱经济基础以及社会历史文化条件的限制的。正如习近平总书记指出的："一个国家选择什么样的治理体系，是由这个国家的历史传承、文化传统、经济社会发展水平决定的，是由这个国家的人民决定的。"①

每个国家的地理位置、历史、文化、风俗、习惯等在世界上都是独一无二的，那么就决定了每个国家的治理方式也是天下无双的。没有普世的、普遍适用的最好的治理制度和治理方式，只有是否适用于具体国家具体时期的治理方式和治理体系。因而每个国家都应该从自身的历史和现实中去寻找最适合自己的治理路径，简单地照抄或者模仿别人的治理模式看似激进，但实际上却是懒惰的表现，而最终的结果必定是以失败而告终。德国学者兰克很形象地将治理者比喻成舵手，他说："一艘船的舵手如果不了解军舰和商船的区别，不了解它所航行的海洋的本性，不理解他所驾驶的船的本性，他就掌不好舵。"② 相应地，每个国家如果不从自己国情和社情出发来选择适合自己的治理模式，那么必定也达不到想得到的治理效果。

我们曾经照搬过本本，也模仿过别人，但是最终的结果是一次次碰壁和一次次受挫。历经千难万险才找到一条适合自己的道路，才走出一条中国特色社会主义成功之路。我们应该坚定不移地走下去，在坚持和完善中国特色社会主义制度的基础上不断推进国家治理体系和治理能力现代化。"坚持和完善中国特色社会主义制度，推进国家治理体系和治理能力现代化"这两句话组成了一个整体，"坚持和完善中国特色社会主义制度"是前一句，规定了根本方向；"推进国家治理体系和治理能力现代化"是后一句，规定了所走的路径。也即，我们全面深化改革和推进制度建设不是因为中国特色社会主义制度不好，而是要使它更好；不是要走别的什么路，而是要更好地走中国特色社会主义道路。

① 《习近平谈治国理政》，外文出版社，2014，第 105 页。

② 兰克：《论历史与政治的区别和联系》，载列奥波德·冯·兰克《世界历史的秘密——关于历史艺术与历史科学的著作选》，易兰译，复旦大学出版社，2012，第 151 页。

二、坚持走中国特色社会主义道路是对现实实践的经验总结

马克思指出，“理论在一个国家实现的程度，总是取决于理论满足这个国家的需要的程度”[①]。毛泽东也指出，“真理的标准只能是社会的实践”[②]。中国以屈辱的方式步入近代社会，如何摆脱中国积贫积弱的境地成为近代中国面临的主要历史难题。而中国共产党带领全国人民在中国特色社会主义道路上解决了这一难题，实现了中华民族从站起来到富起来再到强起来的伟大飞跃。

中华人民共和国成立以来，经过几十年的艰苦曲折探索，中国共产党带领中国人民终于找到了符合中国国情和顺应时代发展要求的中国特色社会主义道路，推动中国发生翻天覆地的历史变化，从落后的农业国一跃成为世界第一制造业大国，创造了经济发展的奇迹。到 2019 年国内生产总值增长到 99 万多亿元，对世界经济增长贡献率超过 30%。城镇居民人均可支配收入和农村居民人均可支配收入分别达到 42 359 元和 16 021 元，人均国民总收入进一步上升至 10 410 美元，高于中等偏上收入国家 9 074 美元的平均水平。2020 年，中国实现了全面建成小康社会的奋斗目标，防范化解重大风险、精准脱贫、污染防治三大攻坚战取得决定性成就，特别是扶贫事业取得长足进步，农村从普遍贫困走向整体消灭绝对贫困，成为首个实现联合国减贫目标的发展中国家，对全球减贫贡献率超过 70%。

党的十八大以来，全面深化改革不断推进，党领导人民统筹推进“五位一体”总体布局、协调推进“四个全面”战略布局，推动中国特色社会主义制度更加完善，国家治理体系和治理能力现代化水平明显提高。民主法治不断健全，全面从严治党成效显著，中国特色社会主义文化影响力不断提升，美丽中国建设成效显著，人类命运共同体理念日益赢得国际社会的赞同与支持，人民安全感、幸福感和获得感不断增强。特别是在世界面临百年未有之大变局，大多数国家经济增长放缓、环境污染严重的情况下，我国仍然保持良好的发展势头，可谓“风景这边独好”。

历史和现实的逻辑和事实都证明中国特色社会主义道路是能够持续推

---

① 《马克思恩格斯文集》（第 1 卷），人民出版社，2009，第 12 页。

② 《毛泽东选集》（第 1 卷），人民出版社，1991，第 284 页。

动中国不断进步和发展的，中国特色社会主义道路是能够确保中华民族实现“两个一百年”奋斗目标的路径选择，是适合我们的最正确的道路。

三、坚持走中国特色社会主义道路是对西方治理现代化的超越

有些人认为治理的概念来自西方，而且西方在现代化的道路上走在前列，那么国家治理现代化就应该是西方化，就应该学习西方的国家治理模式。但是“现代化不等于西方化，同样的是，国家治理现代化也不等于西方化，更不是西方化”①。将国家治理现代化等同于多党制、选举民主化，无论是在理论上还是在实践上都是片面的和有害的。

首先，西方的治理模式并不是现代化过程中经济社会发展的强大推动力，相反它是经济社会发展的结果。如果我们总结一下西方民主的发展历史，就会发现西方民主化有一个顺序问题。西方原生态民主社会演变的顺序大致可以这样概括：一是经济和教育的发展，二是市民文化和法治社会的建设，最后才是民主化。西方国家认为的好制度“其实大多数都是发达国家经济发展的产物，而不是它们经济发展的原因”②。

其次，在实践中也没有哪个非西方国家采取西方的国家治理模式后追赶上甚至超越西方国家的，反倒是一个个的“阿拉伯之春”变成了“阿拉伯之灾”。西方民主模式在发展中国家鲜有成功的例子，或者使国家陷入内战和分裂，比如阿尔及利亚、苏联、南斯拉夫和目前的乌克兰、叙利亚；或者使国家陷于周期性的政治动荡，比如泰国、埃及等；又或者使国家出现长期“无效的民主”即无效的国家治理，如菲律宾、墨西哥、中亚诸国等等。为什么会出现这样的结果？原因就在于西方的民主是需要适合生长的土壤的，如果土壤不对，那肯定就是“南橘北枳”。其实我们不难看出，西方民主政治模式成功的前提是经济发展和社会法治化，如果在发展中国家没有做好经济和社会的铺垫而直接引入西方民主模式，将顺序搞错，那么这个国家一定会付出沉重的代价。

再次，中国治理模式更优越于西方民主模式。比如在经济发展方面，西方反对国家干预，盲目崇拜市场，不能使“守夜人”——政府与市场有

---

① 胡鞍钢：《中国国家治理现代化》，中国人民大学出版社，2014，第 101 页。

② 张夏准：《富国陷阱：发达国家为何踢开梯子？》，肖炼等译，社会科学文献出版社，2009，第 130-131 页。

效配合、协同作用，导致经济危机不断出现。而中国特色社会主义主张发挥政府“看得见的手”和市场“看不见的手”的双重作用，既尊重市场在资源配置中的决定性作用，又主张更好发挥政府作用，为市场经济健康发展提供良好的市场环境以及为公民提供基本的公共产品与服务。提出“社会主义市场经济”的伟大理论创造，采取公有制为主体、多种所有制共同发展，按劳分配为主体、多种分配方式并存等经济制度，既激发了社会活力，又实现了集中力量办大事，从而引领中国经济稳步快速发展，取得了世界瞩目的成就。

在政治民主方面，西方将民主理解为表面上的选举民主、多党竞争和三权分立，导致社会割裂、族群冲突和富人胜利的结果。美国经济学家、诺贝尔经济学奖获得者斯蒂格利茨于 2012 年 6 月 29 日在英国伦敦政治经济学院的演讲时干脆说，今天的美国是“1% 有、1% 治、1% 享”。相对地，中国坚持中国共产党的领导、人民当家作主和依法治国有机统一，通过人民代表大会制度、政治协商制度、民族区域自治制度以及基层民主制度等民主安排确保人民依法通过各种途径和形式管理国家事务，管理经济文化事业，管理社会事务。国家各项工作中严格贯彻党的群众路线，密切党和人民群众的联系，让人民做评判者和阅卷人，不断解决好人民最关心最直接最现实的利益问题，凝聚起最广大人民的智慧和力量。

在文化价值方面，西方将其主张的自由、民主、人权奉为“普世价值”并向全球强制推销。特别是一些西方国家经常打着“人权”的幌子对别国人权状况指手画脚，仿佛一开始自己就站在了人权的制高点上。事实上，一部西方人权的发展史就是充满殖民主义硝烟的历史和对国内工人圈地的“羊吃人”的历史，到如今依然将人权置于资本和权力之下。如在新冠肺炎疫情面前，有些西方国家一面高举人权大旗对中国进行大肆攻击，一面无视本国民众的生命健康，提出全体免疫，甚至抛出“老人应主动为重启美国经济而牺牲”的冷血言论，导致数千万人感染，一百余万人死亡。而中国坚持把人权的普遍性原则和当代实际相结合，走符合国情的人权发展道路，奉行以人民为中心的人权理念，把生存权、发展权作为首要的基本人权，协调增进全体人民的经济、政治、社会、文化、环境权利，努力维护社会公平正义，促进人的全面发展。比如在这次新冠肺炎疫情中始终把人民群众生命安全和身体健康放在第一位，在人民生命和经济利益之间果断抉择生命至上，最终在疫情防控中交出了令人满意的答卷。

在国际交往方面，以美国为首的西方国家在外交上奉行霸权主义和强权政治，肆意干涉别国内政，损害他国利益，坚持以自我为中心，日益形成反全球化势力，主张极端民族主义。而中国共产党将“为人民谋幸福，为民族谋复兴，为世界谋大同”作为自己的初心使命，在发展奇迹中既造福中国人民，也给世界人民带来机遇，带领中国走出了一条与西方国家截然不同的现代化道路。这是一条不搞掠夺称霸、倡导合作共赢的和平发展的现代化之路；这是一条科学发展、可持续发展、包容性发展的现代化之路；这是一条共建共享、以实现人类命运共同体为价值取向的现代化之路。

当然西方治理模式有其合理和先进之处，我们应该去借鉴人类创造的一切文明成果。其实中国国家治理现代化的探索过程正是在坚持立足自身的基础上不断从西方发达国家现代化道路中取其精华、去其糟粕，不断寻优选优的过程。

习近平总书记指出：“我们走自己的路，具有无比广阔的舞台，具有无比深厚的历史底蕴，具有无比强大的前进定力。”① 推进国家治理体系和治理能力现代化就是要坚持“变”与“不变”相结合，在中国特色社会主义道路上，在坚持中国特色社会主义制度中完善国家治理体系和提升国家治理能力。

---

① 习近平：《在纪念毛泽东同志诞辰120周年座谈会上的讲话》，《人民日报》2013年12月27日，第2版。

第四章　推进国家治理体系和治理能力现代化的方法原则

国家的稳定和发展需要先进的治理体系和强大的治理能力，但是治理体系发挥优势和治理能力发挥作用必须依赖一定的方式方法。正如毛泽东给予的形象比喻："我们的任务是过河，但是没有桥或没有船就不能过。不解决桥或船的问题，过河就是一句空话。不解决方法问题，任务也只是瞎说一顿。"[①] 因而党的十九届四中全会《决定》明确提出系统治理、依法治理、综合治理、源头治理这四个重要的治理原则和方法，从而为制度优势和治理效能的发挥提供了科学的路径和选择。

第一节　系统治理

国家治理是一个复杂的整体系统工程，正如法国学者福柯的比喻："治理如同舵手，治理一艘船意味着什么？它意味着不光要对船员负责，还要对船舶和货物负责，还意味着要认真考虑风向、礁石、风暴和各种坏天气。这是一个复杂的整体的系统的概念。"[②] 单从治理内容角度来说，国家治理的系统性就体现在多个维度：从横向来看，国家治理包括国内治理和国际治理，国内治理又包括经济、政治、文化、社会、生态、党建、国防、外交等多个领域；从纵向来看，国家治理包括国家治理、地方治理以及基层治理等各个层次；从影响因素来看，国家治理还分为常态化治理和风险治理等部分。只有各项建设协调推进、互相配合，才能发挥出整体性的系统功能，才能更好地实现国家治理体系和治理能力现代化的效果。

一、"五位一体"整体推进

随着改革开放的不断推进，中国特色社会主义建设事业也日益走向全

① 《毛泽东选集》(第 1 卷)，人民出版社，1991，第 139 页。

② 米歇尔·福柯：《安全、领土与人口》，钱翰、陈晓径译，上海人民出版社，2010，第 82 页。

面深化，从“两个文明”到“三位一体”“四位一体”，再到如今的“五位一体”，展现了中国特色社会主义总体布局的演进逻辑。中国特色社会主义事业是一项系统工程，建设“富强、民主、文明、和谐、美丽”的现代化强国需要物质文明、政治文明、精神文明、社会文明、生态文明的整体推进。同时进入新时代，社会主要矛盾发生了历史性变化，人民对物质文化的迫切需要得到满足后转而追求更加全面的美好生活。自2003年以来人民网在每年全国“两会”召开之前对群众最关心的社会热点问题进行的问卷调查中可以看出，人民对民主、法治、公平、正义、安全、环境等方面的需求正在不断上升。要满足人民日益增长的美好生活需要，就必须将经济、政治、文化、社会、生态统筹发展，全面满足人民群众的各种需求。

从系统理论来看，“五位一体”总体布局本身也是一个相互联系、相互依存的有机整体，五大要素之间相互影响、相互促进，必须统筹兼顾、全面推进。其中，经济建设是基础。只有不断解放和发展生产力，持续增加社会经济总量，才能不断改善人民群众生活水平，实现人民安居乐业和国家长治久安，为政治、社会、文化、生态建设提供坚实的基础。

政治建设是保障。社会主义民主政治是党的领导、人民当家作主和依法治国的有机统一，中国现代化建设是政党主导型的，中国特色社会主义制度的最本质特征是坚持党的领导，中国共产党是实现中华民族伟大复兴的中流砥柱。人民是历史的主体，只有充分发扬民主，调动人民的积极性、主动性和创造性，才能凝聚起推动历史前进的强大动力。全面推进依法治国是关系我们党执政兴国、关系人民幸福安康、关系党和国家长治久安的重大战略问题。政治建设对“五位一体”总体布局其他要素意义重大。没有政治制度保障和政治体制改革的成功，经济建设和经济体制改革就不可能有效推进，没有中国特色社会主义民主政治的不断完善，社会进步、文化繁荣、生态良好建设也就缺少了后盾和支撑。

文化建设是灵魂。文化是民族的血脉和人民的精神家园，渗透到国家和社会发展的方方面面，成为决定经济发展、政治进步、社会和谐、生态文明实现的重要因素。文化建设为中国特色社会主义各项事业提供着源源不断的思想保障、精神动力和智力支持，因而必须发展社会主义先进文化、广泛凝聚人民精神力量，更好地构筑中国精神、中国价值、中国力量，为国家治理体系和治理能力现代化提供深厚的思想支撑。

社会建设是关键。只有保障和改善民生，才能使人民获得感、幸福感、安全感更加充实、更有保障、更可持续。只有加强和创新社会治理，形成党委领导、政府负责、民主协商、社会协同、公众参与、法治保障、科技支撑的社会治理体系，建设人人有责、人人尽责、人人享有的社会治理共同体，才能更好地激发全社会的活力和创造力，继续推动经济社会文化又好又快地发展。只有创新社会管理方法，维护社会公平正义，才能从根本上解决社会矛盾和社会稳定问题，营造和谐有序的政治局面。

生态文明建设是前提。人与社会既是自然的产物，也是自然的组成部分，人类发展离不开自然。如果生态恶劣、资源紧缺、环境恶化，那么人类生存都将成为一个大问题，而经济发展、民主建设、文化培育、社会和谐更是无从谈起。因而生态文明建设是可持续发展的保障，更是中国特色社会主义现代化建设的最基础工程。只有正确处理好人与自然的关系，推进美丽中国建设，实现人与自然和谐共生，才能为经济发展、社会进步等提供基本的发展环境和永续的发展条件。

“五位一体”总体布局是中国全面建成小康社会和实现中华民族伟大复兴的内在要求，推进国家治理体系和治理能力现代化要科学把握“五位一体”总体布局的内在关系，系统推进“五位一体”的全面落实，使中国特色社会主义制度优越性得以更充分地体现。

二、国内国际两个大局有效统筹

随着全球化的深入发展，国内与国际社会形成紧密相连、相互依存、相互影响的系统体系。首先，中国日益走近世界舞台中央，中国对外依存程度越来越高，国际环境和国际事件对国内发展的影响也越来越大，形成了中国的发展离不开世界、世界的发展离不开中国的局面。其次，随着中国国际影响力和塑造外部环境能力的不断增强，中国的一举一动也都受到国际社会的密切关注。再次，世界形势波谲云诡，我们称之为“百年未有之大变局”，周边环境复杂敏感，对国内艰巨繁重的改革发展稳定任务也产生直接的影响。因而党中央在中国同世界的关系发生了历史性变革的大背景下提出了统筹国内国际两个大局的重大战略思想。正如习近平总书记强调的，领导干部“胸中要装着国内国际两个大局”，对内大局就是“两个一百年”的奋斗目标，努力实现中华民族的伟大复兴；对外大局就是要为全面建成小康社会争取良好的国际环境，维护世界和平稳定，促进共同发展。

统筹两个大局首先要利用好国际机遇，全面发展自己。如今在西方民主主义浪潮和反全球化浪潮的影响下，世界经济正经历着深度调整，我国必须更多地依靠扩大内需、依靠内生动力来实现自我发展。但全球化虽然受挫，发展前景依然明朗，习近平总书记就强调指出：“当今世界是一个变革的世界，是一个新机遇新挑战层出不穷的世界，是一个国际体系和国际秩序深度调整的世界，是一个国际力量对比深刻变化并朝着有利于和平与发展方向变化的世界。”① 我们还必须利用好国际国内两个市场、两种资源，发展更高层次的开放型经济，积极参与全球经济治理，更好地实现我国的发展利益。首先，推进同有关国家和地区多领域互利共赢的务实合作，拓展外贸发展空间，促进国内外市场联动融合发展；积极参与全球资源配置，立足自身优势，积极引进国外优质资源，补足短板，不断提高我国在全球范围内配置资源的能力。其次，利用好国内国际两类规则，推动国际秩序向合理化方向发展，营造公开透明、平等竞争的市场环境，推动全球经济的可持续发展。再次，发扬共享理念，坚持互利共赢，推进“一带一路”倡议和人类命运共同体建设，坚持共商共建共享，使发展成果不仅仅惠及中国人民，而要与世界人民共同享有。

统筹两个大局还要防范国际风险，维护和平发展环境。正如颜晓峰教授分析指出的：实现中华民族伟大复兴的关键时期，是深受世界百年未有之大变局影响的关键时期。世界大变局具有两重性，既充满机遇，又充满风险②。首先，随着我们日益走近世界舞台中央，中国担负的国际责任和承受的压力在不断增多。其次，以美国为首的西方国家对中国的战略遏制风险在不断提升。它们不仅从贸易、科技、意识形态、外交等各领域打击和污名化中国，而且时不时通过搅动中国周边地缘政治冲突来牵制中国。再者，全球化的不断深化使中国面对的国际风险也在日益加重，“黑天鹅”既可以从本土飞往他国，也可能从他国飞来本国；“灰犀牛”既可以潜伏

① 《习近平谈治国理政》（第2卷），外文出版社，2017，第442页。

② 颜晓峰：《新时代增强忧患意识与防范风险挑战》，《中国特色社会主义研究》2020年第2期。

在一国，也可能潜伏在多国。面对种种风险挑战，我们必须统筹两个大局、用好两个大局、用国内发展来争取和平的国际环境，用争取的和平国际环境来进一步推进国家的发展。

三、顶层、中层、基层合理规划

中国作为一个超大型国家，国土广阔、人口众多，地域差别较大，在这样的复杂局势下，推进国家治理现代化必须坚持全面统筹，集中资源、整合要素、调整结构、协调功能，形成自上而下层层衔接、环环相扣的合力，既要坚持原则性又要兼顾灵活性，做到顶层布局、中层发力、基层推动系统推进。

国家治理需要顶层布局。不谋万世者，不足谋一时。不谋全局者，不足谋一域。但凡一项重大的历史性变革， 首要的任务是应从理论和制度层面确定改革的战略方向和总体目标，制定明确的方针和政策。推进国家治理体系和治理能力现代化作为全面深化改革的总目标，也必须发挥中央统揽全局的作用，紧扣中国特色社会主义的实际，立足人民的需要，擘画出战略宏图。党的十九届四中全会就是专门就如何坚持和完善中国特色社会主义制度、推进国家治理体系和治理能力现代化召开的一次重要会议，通过的《决定》是具有开创性里程碑意义的战略决策。《决定》紧紧围绕“坚持和巩固什么”“完善和发展什么”，深刻阐述了支撑中国特色社会主义制度的根本制度、基本制度、重要制度，明确了坚持和完善中国特色社会主义制度、推进国家治理体系和治理能力现代化的总体要求、总体目标和重点任务。这是党中央集全国人民的智慧而为坚持和完善中国特色社会主义制度、推进国家治理体系和治理能力现代化制定的政治宣言和行动纲领。重大的历史性变革不仅需要理论制度层面的顶层设计，亦需要在实践中做到统筹安排、整合调控、整体推进。推进国家治理体系和治理能力现代化也需要发挥党中央把握系统性、协调性、动态平衡性的统领作用。特别在中国这个内部成分复杂的大国中推进国家治理现代化，更需要党中央把控发展方向和前进目标，凝聚发展力量和形成社会共识，推进全国动员和调动一切积极因素，发挥集中力量办大事的治理优势。

国家治理需要中层发力。这里所指的“中层”是就整个国家范畴而言的概念，具体地说是指省市两级政府组织。首先，中层是顶层布局落实的关键实施者。省市是将顶层设计、战略构想、理论阐释或发展规划由虚到实、由宏观到具象、由理想到现实的转换的落实者，是顶层布局的具体化和细化。其次，中层推进顶层布局因地制宜地实现。中国地域广博、发展差异较大，东中西部之间、民族地区与非民族地区之间、沿海内陆之间等都有不同的发展模式和侧重点。中国国情的复杂性、多样性和不平衡性要求国家治理不能简单化、一刀切，各地应该坚持实事求是的原则，因地制宜规划本区域的发展。这就要求国家治理应坚持在顶层统一布局之下发挥中层的主观能动性，根据不同地区不同的发展速度、发展策略和发展节奏，规划自身具体的“时间表”和“路线图”。再者，顶层布局需要中层提供智力支持。省市级不仅推动国家治理的具体实施，而且还通过具体实践丰富、补充着最初的顶层设计， 甚至可以部分纠正顶层布局可能出现的偏差， 弥补其与生俱来的不足。比如 20 世纪 80 年代我国改革开放初期设立经济特区的“金点子”就是“中层”与“顶层”相互启发、共同谋划的结果。习仲勋“敢为天下先”， 在“复辟资本主义”的质疑声和攻击声中，将深圳、珠海、汕头等三个经济特区先后建立起来。他的主动请缨、 先行先试， 既得到了邓小平等中央领导的支持和关注， 也为邓小平设计的改革开放的“蓝图”实施提供了由点到面、次第展开的成功典范。

国家治理需要基层推进。基层处于社会治理的关口末梢，是任务落实的一线，也是各种社会矛盾集中的前沿。可以说基层是国家治理的着力点、落脚点和重要支撑点。如在这次新冠肺炎疫情应对中，基层发挥了重大作用。面对突如其来的新冠肺炎疫情，广大基层党组织和党员干部挺身而出、冲锋在前，充分发挥了战斗堡垒和先锋模范作用，社区党组织以“疫情就是命令，防控就是责任”的政治自觉和使命担当，发挥党的政治优势、组织优势和群众工作优势，有力有效发动党员、广泛组织凝聚群众、全面推行网格管理，形成了以基层党员干部为主体、广大群众积极参与的群防群治、联防联控严密防线，充分发挥了社区在疫情防控中的阻击作用。社会治理和公共服务的重心越来越向基层下移，如何有效推进基层治理现代化显得尤为重要。

我们应该将复杂性理论和系统性理论引入国家治理中，立足国家整体利益、根本利益、长远利益，根据总体设计的战略部署，在进行国家治理的过程中，系统谋划、整体推进、综合施策。如经济、政治、文化、社会、生态等各领域要互联互动、整体推进；顶层设计、中层设计、基层设计之间要无缝对接、相互协调；政党、政府、市场、社会、民众等各主体之间要构建组合机制，创新和优化国家治理的主体网络结构。实现原则性与灵活性相统一、整体性与局部性相统一、长期性与阶段性相统一、一致性与差异性相统一。

第二节　依法治理

传统与现代治理方式的最根本区别就是人治还是法治，即治理者在多大程度上受到既定法律体系和司法体系的约束。历史的经验告诉我们，以法立国、依法而治不仅可以建构有效的国家秩序，而且也是实现国家长治久安的重要保障。“依靠人治的方式，可以建立政权，可以铁腕肃贪，可以推进国家某项事业的发展，甚至实现国家的一时繁荣，历史上许多王朝或帝国的兴起就是佐证。但是，许多研究表明，国家治理的人治化往往难免陷入‘独裁暴政’和‘人亡政息’的困境。正是为了克服这种困境，国家治理的法治化才成为理性选择的结果，也成为政治文明的标志。”[①] 因此习近平指出：“法律是治国之重器，法治是国家治理体系和治理能力的重要依托。”[②]

具体来看，依法治理就是运用法治原则和方法进行的治理，是将国家治理的全部主体和活动都纳入一系列法律体系中，是将法律作为处理所有关系的基本准则，是要实现国家治理的一般可预测性。

一、制定合理的法律法规是前提

制定合理的法律法规，确保法律法规的科学性、全面性、针对性和可操作性，才能为国家治理提供坚实的制度保障。在一个法治社会，法律是社会的最高权威和基本准则，依法治理首先应该确立“法律先行”的理念。党的十八届四中全会提出“立法先行”原则，即国家的重大举措、重

① 燕继荣：《国家治理及其改革》，北京大学出版社，2015，第 26 页。

② 习近平：《关于〈中共中央关于全面推进依法治国若干重大问题的决定〉的说明》，《人民日报》2014 年 10 月 29 日，第 2 版。

大制度、重大决定都要先立法，用法律形式确定下来再实施。这具有非常大的突破性，确保了国家治理的规范性、可预测性以及普适性。依法治理的实现依赖于完备的法律体系，只有法律体系科学完备才能实现有法可依，才能为依法治理的实施提供法制保障。法治的前提是有法可治，没有立法，法治无从谈起。因而十八届四中全会提出要加强法律体系的建设，加快形成完备的法律规范体系、高效的法治实施体系、严密的法治监督体系、有力的法治保障体系，加快形成完善的党内法规体系，为全面依法治国提供法律前提。当然依法治理是依靠“良法”而推进的“善治”。科学立法是依法治理的根本前提，是严格执法、公正司法、全民守法的依据。没有科学的立法，法治中国的建设就成了无源之水。而要做到科学立法，就需要尊重规律性、反映客观性，确保立法因时而变、因事而变，不断适应和引领社会的新发展和新需要。

二、提高权力运行的法治化是关键

“按照施米特的说法，所谓依法治国的含义就是国家的全部活动都必须纳入一系列严格限定的权限，使得国家权力的一切表现都具有一般的可预测性，这种可预测性原则就包含着对权力的分配和区分，而只有实现了可预测性才能为权力的监督创造条件。”[①] 如果公权力不守法，就难以根治“超越宪法法律行使特权”的问题，做不到“法律面前人人平等”，法治国家也就无从谈起。习近平总书记指出：“……能不能做到依法治国，关键在于党能不能坚持依法执政，各级政府能不能依法行政。”[②] 因而依法治理的关键在于提高权力运行的法治化水平，坚持依法治国、依法执政、依法行政共同推进。依法执政，就是要求各级党组织必须坚持在宪法和法律范围内活动，各级领导干部要带头依法办事，带头遵守法律。各级组织部门要把能不能依法办事、遵守法律作为考察识别干部的重要条件。依法行政就是要建设法治政府，要健全依法决策机制，规范重大行政决策程序。要不断深化行政执法体制改革，推进综合执法，着力解决权责交叉、多头执法问题，建立权责统一、权威高效的行政执法体制。要坚持严格规范公正文明执法，着力解决执法不严、执法不公、执法不作为、失职渎职以及暴

---

① 刘智峰：《国家治理论》，中国社会科学出版社，2014，第 112 页。

② 习近平：《加快建设社会主义法治国家》，《求是》2015 年第 1 期。

力执法等问题。依法治国、依法执政、依法行政是一个有机整体，是相互关联层层递进的关系。依法治国要求执政党依法执政，即在宪法和法律的范围内活动，不能有超越法律法规的权力；在政务运行和工作中，要求行政机关依法行政，即各级行政部门应严格遵照法律法规履行其相应的行政职责。

三、培养全社会法治思维是核心

列宁指出："一个国家的力量在于群众的觉悟。只有当群众知道一切，能判断一切，并自觉地从事一切的时候，国家才有力量。"[①] 法国政治哲学家卢梭也曾经说过："一切法律中，最重要的法律既不是刻在大理石上，也不是刻在铜表上，而是铭刻在公民内心里的。"[②] 人民发自内心地拥护和真诚地信仰法律是实现依法治国的基石。只有人人争做法治的守护者，才能实现人人都是法治的保护者，也才能实现治理的现代化。因此习近平总书记提出：全面推进依法治国需要全社会共同参与，需要全社会法治观念增强，必须在全社会弘扬社会主义法治精神，建设社会主义法治文化。要在全社会树立法律权威，使人民认识到法律既是保障自身权利的有力武器，也是必须遵守的行为规范，培育社会成员办事依法、遇事找法、解决问题靠法的良好环境，自觉抵制违法行为，自觉维护法治权威。依法治理最终依赖于在全社会营造人人学法、懂法、知法、守法、用法、护法、尚法的良好氛围，让全社会真正形成办事依法、遇事找法、解决问题用法、化解矛盾靠法的良好习惯。只有这样才能最终促成法律面前没有特权分别、法律面前人人平等，法治之下权贵不欺民众、民众不惧权贵的风清气正的局面。

第三节 综合治理

依法治理是现代化国家治理的根本手段，但也是一种底线思维。国家治理的复杂性决定了治国理政不能单靠法律，还应该调动一切积极性，运用多种方法手段进行治理。特别是中国有追求文明和谐价值的传统，这就

① 《列宁选集》（第3卷），人民出版社，2012，第347页。

② 卢梭：《社会契约论》，何兆武译，商务印书馆，2011，第51页。

决定了中国特色社会主义国家治理必定是共治共享、和谐有序的祥和治理。因而党的十八届四中全会《决定》中提出坚持系统治理、依法治理、综合治理、源头治理，提高社会治理法治化水平。党的十九届四中全会进一步提出加强系统治理、依法治理、综合治理、源头治理，将综合治理视为国家治理的基本原则和方法。

所谓综合治理，就是多个治理主体联手、运用多种方法手段开展的治理。在治理主体上，国家治理现代化不仅需要健全和提高党的执政能力和领导水平，优化政府职责体系，还要发挥社会力量的独特价值，激发社会活力，培育和发展社会组织，提高公民的理性素养和治理能力，实现政党、政府、社会的共享共建。在治理方法上，要综合运用多种举措和手段，如法律、政治、市场、科技、行政、教育、文化等措施相互配合、相互协调，促使国家治理取得最大成效。

一、多主体有效协作

从国家统治到国家治理的转变内含着治理主体的多元化，中国特色社会主义治理是党、政府、社会组织、民众共同参与的过程。加强综合治理，就是全面坚持党的集中统一领导，发挥政府主导作用，鼓励和支持社会多元主体共同参与，实现政党、政府、社会和群众的良性互动，构建全民共建共享的治理格局。

全面坚持党的领导。中国特色社会主义最本质的特征是中国共产党的领导，中国特色社会主义制度的最大优势是中国共产党的领导。中国共产党是中国工人阶级、中国人民和中华民族的先锋队，办好中国的事情，关键在于中国共产党。党政军民学，东西南北中，党是领导一切的。推进中国治理现代化建设，必须增强政治意识、大局意识、核心意识、看齐意识，维护党中央权威和集中统一领导，提高党把方向、谋大局、定政策、促改革的能力和定力，确保党始终总揽全局、协调各方。

发挥政府主导作用。我国政府是国家权力机关的执行机关，是代表人民利益履行公共服务职能、全心全意为人民服务的机构。国家治理离不开政府作用的发挥，政府是社会有序发展的首要维护者。即便西方国家坚持“有限政府”理念，但是其政府职能仍在不断扩张，已经从提供公共产品和建立基础设施，扩大到稳定经济、收入再分配和抵御风险等方面，从中足见政府在国家治理中的重要作用。我国政府承担着按照党和国家决策部署推动经济社会发展、管理社会事务、服务人民群众的重大职责。担负着提供优质的公共服务、维护社会公平正义、实现共同社会理想、满足人民对美好生活的需要以及实现共同富裕的使命和任务。因而在国家治理中需要更好地发挥政府的主导作用。更好地发挥政府的主导作用就是要加快服务型政府建设，处理好政府与市场和社会的关系，凡是在市场和社会不能作为的领域，政府都要积极跟进，实现政府与市场和社会的无缝对接。凡是市场和社会能有效发挥作用的领域，政府都应当主动让位，让市场和社会自主运行。

激发社会治理活力。人民是历史的创造者，我国的国家治理是以人民为中心的治理，因而要不断提高人民群众依法参与治理的热情和依法参与治理的能力。特别是在中国特色社会主义进入新时代，社会主要矛盾发生转化的情况下，人民日益增长的美好生活需要越来越多样，单独依靠政府不足以满足民众的社会治理需求，这更为建立多主体共同参与的共建共治共享的社会治理格局提出了新要求。在社会治理中，社会组织是社会治理平台的搭建者、推进社会治理工作的探路者、公共服务项目的实施者，更是培育公共精神、形成社会共识的营造者。因而通过调动积极因素、落实激励机制、加强引导管理等举措促进社会组织健康有序发展，能够进一步迸发社会组织在社会治理中的参与活力。

总之，综合治理在治理主体上要求坚持和完善党的全面领导，提高国家机构履职能力，提高人民群众依法管理国家事务、经济社会文化事务、自身事务的能力，激发社会治理组织治理活力，实现党、国家、社会各项事务治理制度化、规范化、程序化，提高运用中国特色社会主义制度有效治理国家的能力。

二、多手段共同发力

国家治理是复杂的工程，采取单一措施和手段往往很难解决复杂多变的社会矛盾问题，必须采取综合治理的方法，采用多种方法手段实现国家的良好治理。

法治是根本。法治是迄今为止人类最有效的治理方式。法治是依照体现人民意志和社会发展规律的法律治理国家，要求国家的政治、经济运作，社会各方面的活动统统依照法律进行，不受任何个人意志的干预、阻碍或破坏，避免了人治的随意性和独断性。

德治是基础。国无德不兴，人无德不立。中国特色社会主义国家治理坚持法治和德治相得益彰，党的十八届四中全会明确提出，“坚持依法治国和以德治国相结合”是实现全面推进依法治国总目标必须坚持的重要原则。“如果法治是骨骼筋络的话，德治就是灵魂精神。”[①] 中国特色社会主义法治道路建设的一个鲜明特点，就是强调法治和德治两手都要抓、两手都要硬。道德和法律一样都具有规范社会行为、调节社会关系、维护社会秩序的作用，在国家治理中都具有非常重要的地位和功能，道德和法律协同发力有助于实现法安天下、德润人心的良好效果。德治建设工程是一项基础的工程，应在全社会大力弘扬社会主义核心价值观，弘扬中华传统美德，培育社会公德、职业道德、家庭美德、个人品德，提高全社会的文明程度，构建文明和谐的社会环境。

多手段齐抓共管。当然有效的国家治理还需要依赖和发挥其他手段的功能和作用。如政治手段：“用政治手段治理社会，就是要健全完善畅通有效的诉求表达机制、矛盾调处机制和权益保障机制，从根本上化解社会矛盾。”[②] 市场手段：坚持社会主义市场经济改革方向，使市场在资源配置中起决定性作用，着力构建市场机制有效、微观主体有力、宏观调控有度的经济体制，通过市场机制为社会公众提供优质服务。教育手段：古代我国强调“建国君民，教学为先”，虽然现代国家治理与古代国家治理相比发生了深刻变化，但是教育治国手段永远都不能缺位。教育方式包括直接教育和间接教育两方面，直接教育就是学校、相关教育组织的专业教育手段。同时“人是社会的存在”，人的行为必然会受到伦理道德、风俗习惯、社会舆论的影响。因而国家治理还可以通过伦理道德、风俗习惯、社会舆论等间接教育手段来引导民众行为选择和价值判断。

---

① 许耀桐：《中国国家治理体系现代化总论》，国家行政学院出版社，2016，第 141 页。

② 吴传毅：《国家治理体系和治理能力现代化视域下的现代治理理念》，《党政论坛》2020 年第 6 期。

第四节　源头治理

国家治理亦如江河治理，防洪防淤的根本手段是从源头疏导、引流而下。国家治理要想达到既定的治理目标和善治良治的效果，也必须放弃任何主观意志的、专横的干预，转向遵循事物客观规律的要求，重视源头治理。

一、立足民众需求，反映民众意愿

以人民为中心是中国特色社会主义国家治理现代化的价值导向和目标，因而源头治理首先是立足于民众需求的治理。立足于民众的需求，就是要放弃权力部门的强加意志和专横干预，尊重人民群众的客观要求，及时反映和协调人民群众的利益诉求。在治理体系的设计上问计于民、问需于民，确保每一项政策举措既符合国情、国力实际，又符合群众需求，保障基本公共服务均等化，注重制度安排的公平正义性。

立足于民众的需要也要请人民当评判人，在国家治理的制度制定与工作落实中广泛听取群众意见，将治理的结果及时交由群众评判，让群众打分，依据群众的评价定取舍、分优劣。用人民群众的获得感来检验全面深化改革的成果，用人民群众的满意度来评定治国理政方方面面的成效。

立足于民众的需要还需要形成密切联系群众的常态化局面，创新互联网时代群众工作机制，健全联系广泛、服务群众的群团工作体系，把党的群众路线融入经济社会发展的全部活动中，着力解决好发展不平衡不充分的问题，更好地满足人民在经济、政治、文化、社会、生态等方面日益增长的美好生活需要，不断增强人民群众的获得感、幸福感和安全感，增进人民福祉、促进人的全面发展。

二、找准问题症结、标本兼治、重在治本

源头治理也是找准问题症结，标本兼治、重在治本的治理方式。治标性治理是解决表面矛盾和问题的应急性治理，治本性治理是从根源、本质

上有效应对复杂的政治、经济、文化、社会、生态等问题的治理。社会发展千变万化，治标治理方式能够暂时快速缓和冲突和维持秩序，应该予以坚持和发展。但是现代化治理更应该坚持问题导向、提升精准意识，力求将问题病灶连根拔起，达到对症下药、药到病除的效果。

从矛盾论观点来看，源头治理要抓住主要矛盾和矛盾的主要方面。注重关口前移，从源头上预防和消除一些矛盾问题产生的土壤，而不是停留在“应急性”“灭火式”的管理上。比如对水资源的治理，就需要从源头上消除水资源污染的环境；又比如对腐败问题的治理，就需要从根源上强调反腐倡廉教育，需要在广大党员干部中广泛深入地开展党的基本理论、基本路线、基本纲领、基本经验教育，进行党纪党规和国家法律法规教育，进行理想信念教育、从政道德教育、党的优良传统和作风教育，从而提高党员干部的思想道德素质，增强广大党员干部拒腐防变能力。再比如在社会治理中，只有坚持以人民为中心的发展思想，真正实现发展成果人民共享，才能从根本上实现社会的和谐稳定和共同发展。为此，“必须深化收入分配制度改革……提高居民收入在国民收入分配中的比重，提高劳动报酬在初次分配中的比重”，用以增加劳动者的收入，特别是低收入群体和弱势群体的收入。增强均衡性和可及性，扎实推进共同富裕。

三、识别问题根本，做好预防性治理

善治病者，必医其受病之处；善救弊者，必塞其起弊之源。源头治理还是从根本上识别问题、解决问题，进行预防性治理。如 2003 年，时任浙江省委书记的习近平同志带领省、市、县三级领导干部到浦江县接待群众来访。习近平同志在总结接访活动时强调，“从源头做好信访工作，关键在于变群众上访为领导下访”。近年来，浦江县进一步探索建立起“简单信访马上办、一般信访快速办、疑难信访监督办”的“提速增效”工作机制。“变群众上访为领导下访”的“浦江经验”正在走出浙江、迈向全国。从浦江实践来看，领导干部下访接访制度最大限度地实现了把矛盾化解在基层、把问题解决在源头[①]。

具有前瞻性、预见性的治理能力是治理现代化的内在要求。在大数

---

① 郁建兴：《从源头治理到全面治理》，《浙江日报》2019 年 12 月 10 日。

据、人工智能时代，预先识别未来可能发生的问题已经成为可能，因而治理主体必须提升对风险矛盾进行预先管理和把控，把社会矛盾化解在萌芽和未然状态的能力，从根本上推进社会的和谐稳定。2020 年在肆虐全球的新冠肺炎疫情面前，我国发挥了集中力量办大事的制度优势，在疫情防控中交出了一份令人满意的答卷。其实防控工作能取得巨大成效的一个重要原因还在于我们做到了有效预警和预防治理。各级各地党政机关在科学总结疫情防控经验教训的基础上，适时完善应急预案体系，做到一种风险多个预案、一种危机多手对策，为有效应对新冠肺炎疫情做好了充分准备，从而在打赢疫情防控阻击战中取得了重大阶段性胜利。

第五章　中国共产党的领导和党的建设领域的治理

党的十九届四中全会把坚持和完善党的领导制度体系放在首要位置，突出了党的领导制度体系的统领地位，抓住了国家治理的关键。中国共产党的领导是中国特色社会主义最本质的特征，是中国特色社会主义制度的最大优势，决定着我国国家制度和治理体系的方向。推进国家治理体系和治理能力现代化，必须加强党的领导建设领域的制度和治理，必须坚持和完善党领导一切、坚决维护党中央权威和健全党总揽全局、协调各方的制度体系，把党的领导落实到国家治理各领域各方面各环节。坚持党的领导必须改善党的领导。新时代，要坚持党要管党、全面从严治党，增强忧患意识，不断推进党的自我革命，永葆党的先进性和纯洁性。

第一节　坚持党的全面领导

“党政军民学，东西南北中，党是领导一切的。”这是习近平总书记基于历史、理论和实践作出的一个重大结论。党的十九大审议通过的党章修正案，将这一重大政治原则写入了党章，十三届全国人大一次会议审议通过的宪法修正案，将这一原则写入了宪法。这在党和国家政治生活中是具有深远影响的重大事件。政治的坚定源于理论的清醒。只有从学理层面明白坚持党领导一切的依据，才能在实践中不断坚持和完善党的领导。

从基本内涵上来看，“党领导一切”中的“一切”，从横向来看，是指党和国家各个方面、各个领域工作的全方位；从纵向来看，是指党和国家各个方面、各个领域工作的全过程。“领导”指的是管理、服务。1985 年 5 月 19 日，邓小平同志在中共中央、国务院召开的全国教育工作会议上的讲话中，对热衷于发指示、说空话而不为群众干实事的领导作风进行了严肃的批评，他强调指出:“什么叫领导，领导就是服务。”[①] 党领导一切就是

① 《邓小平文选》（第 3 卷），人民出版社，1992，第 121 页。

践行党的宗旨，将党的路线方针政策贯彻到所有工作中去，进而实现全心全意为人民服务。党领导一切既不是党包揽一切，也不是“党政不分”，更不是党控制社会。从实质要求上来看，党领导一切意味着广大的党员干部必须积极进取，将党的宗旨、路线方针政策及时有效地贯彻到各领域、各方面。本书拟从历史逻辑、理论逻辑和实践逻辑三个维度对党领导一切做初步探讨。

一、坚持党的全面领导的历史逻辑

从历史逻辑来分析为何要坚持党领导一切，我们需要搞清楚为什么在近代以来的剧烈社会变动中，中国人民和中华民族选择了中国共产党。

（一）近代中国的政治选择

中国是被西方殖民者用枪炮拖进近代的。鸦片战争开启了列强在中国杀人放火、清政府割地赔款的百年屈辱史。为了救亡图存，中国无数先进分子在苦苦探寻着出路。农民阶级的起义、封建统治阶级的自救、资产阶级的改良虽然都引起一时轰动，但最后都不了了之。“戊戌变法”失败后，中国的先进分子在思考未来中国的道路时思路发生了集体的转向，将学习的目光转向欧美的政治体制。这可以从改良派、激进革命派与现实政治家的思想倾向当中反映出来。

1. 改良派的思想主张

百日维新失败后，梁启超将政体概念和政体思维引入中国。他认为，近代中国落后挨打的原因在于专制政体限制了中国人的政治能力，只要把专制推翻，把欧洲的政治体制引入，中国的问题就解决了。在他眼里，西方的政体是需要中国人效仿的，“自由民政者，世界上最神圣荣贵之政体也”①，“我中国自黄帝以来，立国数千年，而至今不能组织一合式有机完全秩序理顺发达之政府者，其故安在？……吾国民以久困专制政体之故，虽有政治能力，不能发达”②。

2. 激进革命派的思想主张

相比于改良派，激进革命派对中国既有体制否定得更加彻底。例如，

---

① 梁启超：《尧舜为中国中央君权滥觞考》，载《梁启超全集》（第 2 卷），北京出版社，1999，第 461-463 页。

② 梁启超：《新民说》，载《梁启超全集》（第 3 卷），北京出版社，1999，第 728-735 页。

作为激进革命派的邹容在设计未来中国的政治道路时将美国的政体确立为中国政体的“母版”，在《革命军》中谈到未来中国的立法和政府架构时，他认为，“一、立宪法，悉照美国宪法，参照中国性质立定。二、自治之法律，悉照美国自治法律。三、凡关全体个人之事，及交涉之事，及设官分职，国家上之事，悉准美国办理。皇天后土，实共鉴之”①。

3. 政治家的思想主张

相比于理论家，政治家们更加注重实践，他们与思想家相比更多出几分成熟和理性。但那时的杰出政治家孙中山同样将中国未来的政治制度锁定在西方文明身上。1904 年 8 月 31 日（辛亥革命前），孙中山用英文写就了《中国问题的真解决——向美国人民的呼吁》一文。在这篇文章里孙中山列举出清廷迫使中国人民“遭受到无数虐待”中的十个重要方面，向美国及世界各国人民阐明了中国实行革命的必然性与正义性，在文章里孙中山提出：“拯救中国完完全全是我们自己的责任，但由于这个问题近来已涉及全世界的利害关系，因此，为了确保我们的成功、便利我们的运动、避免不必要的牺牲、防止列强各国的误解与干涉，我们必须普遍地向文明世界的人民，特别是向美国的人民呼吁，要求你们在道义上与物质上给以同情和支援，因为你们是西方文明在日本的开拓者，因为你们是基督教的民族，因为我们要仿照你们的政府而缔造我们的新政府，尤其因为你们是自由与民主的战士。”② 在孙中山的心目中，美国的代议民主制度同样是中国学习的榜样。

（二）近代中国引进西方政体的结果

辛亥革命之后，封建帝制被推翻，各派皆大欢喜。革命后孙中山意气风发，他认为“中国专制政治之毒，至二百余年来而滋甚，一旦以国民之力踣而去之，起事不过数旬，光复已十余行省，自有历史以来成功未有如是之速也”③。辛亥革命成功后中国用宪法的形式将西式政体确立下来。民国元年三月十一日（1912 年 3 月 11 日）公布的《临时约法》中，美国的议会制、法国的内阁制这些西式的“好制度”都在法律文本当中确定了。

---

① 邹容：《革命独立之大义》，载《革命军》，https：//www.zhonghuadiancang.com/lishizhuanji/gemingjun/118230.html，访问日期：2020 年 9 月 1 日。

② 《孙中山选集》（上），人民出版社，2011，第 72-73 页。

③ 《孙中山选集》（上），人民出版社，2011，第 95 页。

民国伊始，西式政治的形式开始在中国出现。政党社团如雨后春笋般蓬勃兴起，仅1912年间，大小各种政党团体就曾出现300多个，如自由党、社会党、工党、统一共和党等。在民国建立后的一年左右时间中，全国的报纸由清末的约100种，迅速增加至500种，总销量达4 200万份，许多报纸以议论时政得失、评说政府官员、监督政府工作为己任。从1912年年底到1913年年初，中华民国各省进行议员的选举，初选、复选都热闹非凡，各个政党纷纷采取公开发表演说的方式开展竞选活动，使得政治性的演讲、报告会一时蔚然成风……

按理说，有这样好的法律，国家应该步入正轨，民众应该安享太平，社会应该欣欣向荣了。结果如何呢？辛亥革命之后，伴随着各种政治力量相互争斗角逐，西方的各种政体在中国都出现了：君主立宪制、议会制、多党制、总统制、内阁制等，但这些政体皆如过眼云烟，出生不久随即消亡。北洋政府期间，总统和内阁总理的更换就像走马灯一样，换了一个又一个。从1912年至1927年的15年间，北洋政府总统、临时执政、摄政等更换15人，内阁总理更换31人，其中内阁变动次数多达59次，平均几个月一次。面对民国政治的乱象，政治家和思想家们开始了深刻反思。

孙中山在《临时约法》颁布11年之后，有了新的认识。他在改组国民党的过程中指出，“综十数年已往之成绩而计效程功，不得不自认为失败……洪宪堕废，乃生无数专制一方之小朝廷。军阀横行，政客流毒，党人附逆，议员卖身……使国人遂疑革命不足以致治，吾民族不足以有为，此则目前情形无可为讳者也。窃以中国今日政治不修，经济破产，瓦解土崩之势已兆，贫困剥削之病已深。欲起沉疴，必赖乎有主义、有组织、有训练之政治团体，本其历史的使命，依民众之热望，为之指导奋斗，而达其所抱政治上之目的”①。

梁启超经过亲身从政后对民国政治大失所望。民国四年（1915年），他发出了这样的感叹：“彼帝制也，共和也，单一也，联邦也，独裁也，多决也，此各种政制中任举其一，皆尝有国焉，行之而善其治者。我国则此数年中此各种政制已一一经尝试而无所遗。曷为善治终不可睹，则治本必有存乎政制之外者，从可推矣。盖无论帝制共和单一联邦独裁多决，而运用之者皆此时代之中国人耳。均是人也，谓运用甲制度不能致治者，易

① 《孙中山选集》（下），人民出版社，2011，第558页。

以乙制度即能致治，吾之愚顽，实不识其解。”[①]1922年梁启超淡出民国政治舞台，任教于东南大学，开始重新思考中国的政治发展道路，“近而是年来，我国人汲汲欲移植欧洲政治制度，一制度不效，又顾而之它，若立宪、若共和，若联邦、若苏维埃……凡人所曾行者，几欲一一取而试验之。然而名实相谬，治丝愈棼，盖制度不移植于国民意识之上，譬犹掇邻圃之繁花，施吾家之老干，其不能荣育宜也”[②]。

在“无量头颅无量血，可怜购得假共和”的政治实践中，先进的中国知识分子意识到，与政体相比，政治传统对一个国家的治理更具有决定性意义。在新文化运动的大潮中，滥觞于西方的马克思主义思潮开始被先进的知识分子逐渐知晓。在十月革命之后，中国的先进知识分子，经过比较、思考、鉴别，最后选择了马克思主义，提出了“以俄为师”“走俄国人的路”的主张。在马克思列宁主义同中国工人运动的结合中，中国共产党应运而生。从此，中国人民有了用先进理论指导的马克思主义政党的领导，中国革命出现焕然一新的面貌。毛泽东在《论人民民主专政》中对这一历史进程做了经典表述：“自从一八四零年鸦片战争失败那时起，先进的中国人，经过千辛万苦，向西方国家寻找真理。洪秀全、康有为、严复和孙中山，代表了在中国共产党出世以前向西方寻找真理的一派人物。那时，求进步的中国人，只要是西方的新道理，什么书也看。向日本、英国、美国、法国、德国派遣留学生之多，达到了惊人的程度……帝国主义的侵略打破了中国人学西方的迷梦。很奇怪，为什么先生老是侵略学生呢？中国人向西方学得很不少，但是行不通，理想总是不能实现。多次奋斗，包括辛亥革命那样全国规模的运动，都失败了。国家的情况一天一天坏，环境迫使人们活不下去。怀疑产生了，增长了，发展了。第一次世界大战震动了全世界。俄国人举行了十月革命，创立了世界上第一个社会主义国家。过去蕴藏在地下为外国人所看不见的伟大的俄国无产阶级和劳动人民的革命精力，在列宁、斯大林领导之下，像火山一样突然爆发出来了，中国人和全人类对俄国人都另眼相看了。这时，也只是在这时，中国人从思想到生活，才出现了一个崭新的时期。中国人找到了马克思列宁主

---

① 梁启超：《政治之基础与言论家之指针》，载《梁启超全集》（第9卷），北京出版社，1999，第2 793-2 897页。

② 梁启超：《先秦政治思想史》，江西教育出版社，2018，第6页。

义这个放之四海而皆准的普遍真理，中国的面目就起了变化了。”①

（三）中国共产党成功的历史逻辑

中国共产党成立之初，只有五十多名党员。在当时中国的政治舞台上只是一支籍籍无名的力量。为什么在28年后它能奇迹般地夺取全国政权？这是西方政党理论所无法解释的。在西方，政党是近代发明的动员社会力量的先进工具。在西方，“党”是社会集团利益的代表，利益不同，政治诉求不同，组织起来就能维护自己集团的利益。所以党的英文名称是“party”，“part”乃部分之意。党在西方就是部分利益党。

西方阶级对抗的历史源远流长。马克思认为，有文字记载的全部历史都是阶级斗争史。这一判断准确地反映了欧洲的历史。自古希腊伊始，阶级对抗就是西方的政治常态，古希腊民主制的诞生就是少数自由民为镇压奴隶的反抗和瓜分奴隶的成果而达成的妥协机制。欧洲基于血缘的等级制度更是一直延续到18世纪末。但在中国历史上，明显的阶级分野和阶级斗争非常罕见。早在秦代井田制就被废除，这使得贵族等级制度早早退出了历史舞台。中国古代社会的主体是平等的自由小农家庭，没有贵族与贫民之分。除了君权继承按照嫡长子继承之外，中国古代民间实行的是家产诸子均分制。在传统社会，富贵家庭世世代代都延续富贵很难实现。因为家庭财产的均分使得富贵之家的财富在几代之内就会复归平常。科举的施行又使皇帝之下的官职全部向社会开放，这使得社会地位划分更不稳定。著名历史学家何炳棣统计，在1377年至1904年间，获取进士功名的人中42%来自下层社会。较西方而言，中国古代是一个较为平民化的社会②。

中国传统的政治文化是“致中和”，党在中国传统文化中就不是一个褒义词。在传统文化中讲求的是“君子不党”，政治乃公器，“私志不入公道”。统一的儒家政治集团是数千年来中国政体的核心，这也是维系中国大一统局面的关键要素。不管哪种体制，都需要把“贤能”之辈挑选出来并安排到合适的政治岗位之上。中国古代通过“绩优选拔”制度将优秀人才选出来，通过是否践行“民本”进行考核升调奖惩。民本主义在中国源

① 毛泽东：《论人民民主专政》，载《毛泽东选集》（第4卷），人民出版社，1991，第1 469–1 470页。

② 黄相怀等：《不忘初心：中国共产党为什么能永葆朝气》，中国人民大学出版社，2018，第44页。

远流长。《尚书》中就提到“民惟邦本，本固邦宁”“天听自我民听，天视自我民视”;《左传》也提到“天生民而树之君，以利之也”。政府若失去民心，则“天命”就会转移，合法性随即丧失，即“社稷无常奉，君臣无常位，自古以然”。民本主义要求公职人员必须超越党派利益，公正无私，以社会整体利益作为政治活动的根本准则。

中国在近代落后挨打的历史说明，奉行民本政治的松散传统儒家集团无法应对来自现代西方的挑战，因为其没有组织能力。中国共产党成功的奥秘就在于其通过列宁式的职业革命家集团将传统松散的儒家先进分子整合了起来。十月革命让中国知识界发现了列宁的职业革命家式政党。这类政党动员能力十分强大：强调类似中国“世界大同”式的理想，强调为共同理想而献身的先进性，而且奉行民主集中制，强调严格的组织纪律。近代半殖民地半封建社会的中国，为了实现民族的独立和解放，苏式政党显然是适合中国的，这也是为什么国民党、共产党都学习苏联的原因。国民党之所以败于共产党在于国民党背弃了民本主义的政治传统，被少数买办势力俘获，导致社会基础狭窄，不得不依附于列强。加上执政队伍鱼龙混杂、信念泯灭、纪律松弛、内部腐败，最后“其兴也勃，其亡也忽”。

中国共产党保留了传统儒家的统一执政集团传统。通过党的宗旨理念、群众路线将民本主义的传统很好地继承下来，通过严格的纪律将民本的措施落到实处，通过考试和党的组织部门将“贤能”人士选拔了出来，通过分工而不分权的监察体制将官员较好地制约起来。所以最后共产党取得了胜利。

二、坚持党的全面领导的理论逻辑

建设一个强大的现代国家是近代以来中华民族的历史夙愿。近代中国屡战屡败的根源就在于我们是以传统社会的组织方式去应对西方以现代财政、金融、军事为基础的现代国家。通过对现代国家成长轨迹的探寻，我们发现现代国家的建构迄今为止有三种路径[①]。

（一）社会中心主义模式

第一种路径以英、美为代表，这类现代国家是从社会中长出来的。这

① 对现代化三种路径的具体论述详见：杨光斌：《比较政治学：理论与方法》，北京大学出版社，2016，第95-120页。

种国家成长的逻辑是社会先自发孕育强大的商人阶层，商人阶层的利益诉求成为国家建构的动力。在国家建构过程中商人阶级与国家良性合作，为了商业战争，国家之间甚至不惜兵戎相见。在战争过程中以现代财政、金融、军事为基础的现代国家逐步成长起来。

英国现代国家建构的典型特征就是自发、渐进、自治。与英国相比，美国的历程同样具有自发性。美国是从地方自治成长起来的国家。美国的建国历程是先有基层政府，然后有州政府，然后有联邦国家。如在西部开发的过程中，没有政府、没有法庭，移民在多数决定原则基础上实行“自警制”，自己管理自己。与国家的成长经验一致的是一套政治理论：“天赋人权”“自然权利”“公民自治”。

（二）国家中心主义模式

第二种路径以德国、意大利、日本为代表，这类现代国家是通过政治强力建构的。与社会中心主义的自发特征相比，国家中心主义呈现出鲜明的自主特征。与英、美国家建构的外部环境无压力相比，德国、意大利、日本等国家在现代过程中外部环境已经相对严峻，世界市场和殖民地已不再是无限的，孱弱的商人阶层无法独自应对国家间更加激烈的竞争，政府的作用被突显出来。以德国为例，1648 年近代欧洲民族国家诞生的标志是《威斯特法利亚条约》，但此时的德意志共有 1 789 个拥有主权的政权，因而俾斯麦政府通过战争实现了德国的统一，结束了国内关卡林立、市场无法统一的乱局，开启了德国现代化的序幕。与社会中心主义相比，国家中心主义更强调政府的自主性和独立性。

（三）政党中心主义模式

英、美是第一波依靠商人的力量组织起来的现代国家，德国、意大利是第二波依靠国家（官僚）而组织起来的现代国家。对于像俄国、中国这样的落后国家来说，在现代化的进程中不仅没有商业力量组织国家，连国家也溃散了。一战使得俄国国家瘫痪，“二月革命”之后整个国家不是“应该由谁来统治”，而是“是否有人能统治，国家秩序是否能够重新建立起来”。近代中国半殖民地半封建社会亡国灭种的危机在不断加深，军阀混战中的中国没有强大的国家，也没有强大的商人阶层。通过政党来重建国家，然后开启现代化进程成为这些国家的必然选择。在政党中心主义的现代国家建构中，产生了人类历史上的一种新型政党，即使命型政党。

从政党政治视角来看，世界各国政党不管其名称、地域、纲领有多大差别，大致都可以将其归为两种政党类型之一。第一种类型是选举型政党，该类政党仅仅为选举而存在，此类型的政党组织松散，政党聚合性差。如美国民主党、共和党（党员注册手续简单，可跨党投票），法国社会党、保卫共和联盟、法国民主同盟；德国社会民主党、基督教民主联盟，巴伐利亚基督教社会联盟，该类型政党大都产生于现代国家建立之后，其不承担其他使命和任务，仅仅为部分群体（part）利益代言，是国家基本制度体系建立后社会利益分化的产物。另一类政党诞生于现代国家诞生之前，该类政党诞生在国家被强行拖入资本主义殖民体系，社会处于总体性危机，现代化道路受挫的背景之下。该类型政党在诞生之初就被赋予了特定的历史使命和任务，即通过政党组织现代国家，进而启动现代化进程。此类型政党可称为使命型政党，它是国家危机的产物，即不是国家秩序产生了政党，而是政党建构了国家秩序。如俄国的布尔什维克、中国共产党。“没有共产党，就没有新中国”，不仅是一种意识形态话语，而更是中华民族国家建设和制度变迁的真实写照。中国共产党是典型的使命型政党，“以党领军，以党建国”是中国的成长轨迹，党和现代化是密切联系在一起的，“党领导一切”是符合中国国家成长轨迹的理论命题。

使命型政党以政治理念为使命宗旨，政治理念像黏合剂一样赋予该类型政党高度的严密性与组织纪律性。实现共产主义和中华民族的伟大复兴是中国共产党政治理念的核心内容，这种宏伟的政治目标使其能够摆脱选举型政党追求自身特殊利益的局限，能够始终以无私无畏的博大胸怀坚持真理、修正错误，不断战胜克服各种艰难险阻，带领中国人民取得一个又一个伟大胜利。

三、坚持党的全面领导的实践逻辑

党的十九届四中全会指出，中华人民共和国成立 70 多年来，我们创造了世所罕见的经济快速发展奇迹和社会长期稳定奇迹，中华民族迎来了民族复兴的光明前景。

从经济发展来看，中国创造了经济发展史上前无古人的长期稳定增长。中华人民共和国成立之初，1950 年我国工农业总产值是 100 亿美元，当时经济最发达的美国工农业总产值是 2 800 亿美元，中国只有美国的二十八分之一。2019 年，我国经济总量达到美国的 67%。①

尤其是在改革开放之后，中国经济突飞猛进。据世界银行的相关数据显示：从 1987 年到 2017 年的 30 年里，中国的国内生产总值（GDP）增长了 36 倍；历史上，另外一个大规模、大板块的快速工业化国家就是美国，美国在南北战争之后的工业化进程中快速兴起。但是美国用了 117 年时间才让自己的国内生产总值（GDP）增长了 36 倍，也就是中国的追赶速度是美国的 3.9 倍。这就是西方媒体经常说的中国速度，在幅员辽阔的版图之上建设“奇迹”的速度。

改革之初，中国缺少任何西方人眼里成功的要素：私有的产权、竞争的市场、多元的政党，当中国引入市场经济时，许多西方学者认为中国政府未来只有两种可能，要么选择与西方并轨，实行西式三权分立多党竞争体制，要么走向崩溃。当中国主动拒绝第一种选择后，中国崩溃的声音便一直不绝于耳。然而，时至今日，崩溃的却是中国崩溃的论调。

从社会发展来看，现代化的过程是一个极容易诱发不稳定因素的过程。尤其是对大多数发展中国家来说，由于现代化的时空压缩和内外压力，现代化过程往往伴随着大规模的社会动荡。基于此亨廷顿认为，“现代性孕育着稳定，而现代化过程却滋生着动荡”②。但令世人惊羡的是，中国在现代化急速行进的同时却保持了社会的稳定。当今世界正处于百年未有之大变局之际，在局部冲突和动荡不断、恐怖主义肆虐的大背景之下，中国作为一个拥有超规模人口、超复杂结构、超内部差异的大国，能在快速发展中保持稳定是世界中独一无二的。

实践是检验真理的唯一标准。只有能促进生产力发展和人民幸福的政党制度才是好制度，而中国的政党制度正是极大促进生产力发展和人民幸福的有效制度。毛泽东同志说：“民主这个东西，有时看来似乎是目的，实际上，只是一种手段。马克思主义告诉我们，民主属于上层建筑，属于政治这个范畴。这就是说，归根结蒂，它是为经济基础服务的。”③ 因此，

① 曲青山：《坚持和加强党的领导的三重逻辑》，《中国社会科学报》，2020 年 8 月 6 日。

② 塞缪尔 ·P. 亨廷顿：《变化社会中的政治秩序》，王冠华、刘为等译，上海人民出版社，2008，第 31 页。

③ 毛泽东：《关于正确处理人民内部矛盾的问题》，载《毛泽东文集》（第 7 卷），人民出版社，1999，第 208-209 页。

能否促进生产力发展和人民幸福，是判断一个国家的政党制度是否适宜、合理、具有优越性的根本标准。近代以来中国的历史变迁及改革开放以来中国的巨大成功，无疑证明我们的政党制度是适合国情的。

1989 年，美国政治学者弗朗西斯•福山在《历史的终结》中预言，西式民主制度是“人类政府的最后形式”，历史将终结在这里。曾几何时，东欧剧变、苏联解体，似乎印证了这个论断。然而 20 多年后，历史并没有终结，反而是西式民主乱象丛生，制度危机凸显。与此形成鲜明对比的是，中国特色社会主义民主政治“风景这边独好”，中国特色社会主义制度焕发出强大的生命力。面对事实，福山不得不改口：“随着中国的崛起，所谓‘历史终结论’有待进一步推敲和完善。人类思想宝库需为中国传统留有一席之地。”①

自近代起，中国的政治体制一直被视为“特殊”，近代以来中国也一直在学习西方的“普遍性”，但西方又接受了多少非西方世界的“普遍性”呢？著名学者杨光斌曾言，在比较文明的意义上，没有哪家的传统是“普世”的，文明、传统只能是多元的，传统的普遍性与特殊性是假问题。如果非说中国的“特殊性”，那么中国的特殊性就是中国是世界上唯一连续存在了几千年的政治共同体，而这应该是任何国家都可望而不可得的“特殊性”，这恰恰是我们应该庆幸和自豪的。

第二节　马克思主义使命型政党的基本内涵、使命及特征

前文曾述，中国共产党不是西方选举意义上的政党，而是使命型政党，是以马克思主义为指导的使命型政党。使命型政党所关注的不仅仅是当下的问题，不是仅仅以获得政权为主要目标，而是基于自身意识形态有着长远宏伟的目标。要理解中国共产党的行为模式，必须理解其作为使命型政党的内涵与特征。

一、马克思主义使命型政党的内涵

政党是与现代国家关系密切的一种政治组织。现代国家建构的不同的

---

① 中共中央宣传部理论局：《新时代面对面》，学习出版社、人民出版社，2018，第 102 页。

时空条件，使得政党产生的路径差异巨大。路径依赖的差异使得不同国家的政党呈现出鲜明的差异。中国共产党虽然也称之为“党”，但与西式政党相比，差异极大，它的独特之处在于，它不仅是国家的缔造者，也是国家的建设者。

众所周知，近代以来，传统中华帝国体制逐渐解体，救亡图存成为中国人民压倒一切的任务。完成这一任务需要最大限度地凝聚起一切力量，将民众组织起来。西式的代表部分人利益的政党根本无法完成这一任务。辛亥革命后中国政治发展的最大教训和启示就是若想把中国人组织起来，就需要依靠一种全新的政治组织。孙中山晚年改组国民党就是意图重新组织中国。但由于国民党的社会基础狭窄，组织内部派系林立，组织中国的任务历史地交给了中国共产党。中国共产党自诞生之日起就将列宁的职业革命家政党作为自身建设的目标，依靠广大民众和“支部建在连上”，中国共产党获得了空前的组织能力，依靠这种强大组织能力，中国共产党将一盘散沙的中国组织成了一个坚实的实体，取得了抗日战争和解放战争的胜利。1949 年 9 月 30 日，毛泽东在受中国人民政治协商会议第一届全体会议委托起草的会议宣言《中国人民大团结万岁》中指出：“我们应当将全中国绝大多数人组织在政治、军事、经济、文化及其他各种组织里，克服旧中国散漫无组织的状态，用伟大的人民群众的集体力量，拥护人民政府和人民解放军，建设独立民主和平统一富强的新中国。”① 这既是对中国共产党革命经验的总结，也是中国共产党进行国家建设的总体原则。中华人民共和国成立之后，中国共产党通过构建计划经济体制初步建立了现代中国的工业体系，解决了中国人的生存问题，改革开放后又主动引入市场机制，激活了沉睡的社会创新活力，创造了持久的经济超常增长奇迹。在中国，无论是计划经济还是市场经济都绝不是“自发”的产物，它们都是中国共产党为了实现现代化而主动进行的战略设计。习近平总书记在十九届四中全会上指出，“新中国成立七十年来，我们党领导人民创立了世所罕见的经济快速发展奇迹和社会长期稳定奇迹”②。不论如何解读中国的两

---

① 毛泽东：《中国人民大团结万岁》，载《毛泽东文集》（第 7 卷），人民出版社，1996，第 348 页。

② 《中共中央关于坚持和完善中国特色社会主义制度 推进国家治理体系和治理能力现代化若干重大问题的决定》，人民出版社，2019，第 2 页。

个奇迹，中国共产党都是不可缺少的成功要素。党的十九大报告指出，“东西南北中，党是领导一切的”。王岐山明确指出，“在党的领导下，只有党政分工，没有党政分开”。上述判断是对新中国七十年发展经验的高度概括。在中国，共产党不仅仅是政治组织，也是经济组织，它已经深深嵌入了社会经济领域，构成了生产关系的一部分。著名经济学者孟捷将中国共产党视为“一种经济制度”。上述学者从不同角度证实了中国共产党不是西方意义上的政党，它是国家的一个组成部分，是国家的缔造者和建设者，它是一个典型的马克思主义使命型政党。

二、马克思主义使命型政党的使命与特征

马克思主义使命型政党的使命不是短暂的，不是基于当下物质利益，而是在马克思主义世界观、价值观、方法论的指导下，为其理想社会目标而共同奋斗。就中国共产党而言，其承担着三重使命，呈现出马克思主义使命型政党的鲜明特质。把握中国共产党的三大使命及三大特征是认识和理解中国共产党行为模式及运行逻辑的有效手段。

（一）中国共产党的使命任务

1. 实现民族复兴

中国是一个悠久的文明古国，在历史上曾经创造出辉煌灿烂的文明，为人类发展进步作出过巨大贡献。相关资料显示，“16 世纪以前世界上最重要的 300 项发明和发现中，中国占 173 项，远远超过同时代的欧洲”①。英国科学技术史学者李约瑟也指出，“中国在 3 到 13 世纪之间，保持了一个西方望尘莫及的科学知识水平”。但遗憾的是，近代中国在帝国主义的入侵之下逐渐沦为了半殖民地半封建社会，救亡图存、实现民族复兴随即成为中华民族的重大历史任务。在中国共产党诞生之前，无数仁人志士苦苦探寻救亡的道路，但都失败了。中国共产党就是带着这一使命任务孕育而生的。习近平总书记指出，“中国共产党的初心和使命，就是为中国人民谋幸福，为中华民族谋复兴”②。中国共产党一诞生就义无反顾地主动承担起了为民族谋复兴的历史使命。在中国共产党的带领下，中国人民经过千辛万苦，摸索出一条将马克思主义基本原理与中国实际相结合的革命道

① 赵静荣：《〈中国科学技术史〉书写辉煌的中华文明》，《光明日报》，2016 年 11 月 11 日。

② 《中国共产党第十九次全国代表大会文件汇编》，人民出版社，2017，第 1 页。

路，实现了国家独立、人民解放。经过艰辛探索，中国共产党又团结带领各族人民逐步开拓出中国特色社会主义道路，实现了国家的快速发展，迎来了民族复兴的光明前景。习近平总书记指出，新一届中央领导集体的责任就是，“接过历史的接力棒，继续为实现中华民族伟大复兴而努力奋斗”①。

2. 维护世界和平与促进共同发展

从文化传承来看，中华民族是一个高度热爱和平的民族。2017 年 1 月 18 日，习近平主席在联合国日内瓦总部发表了题为“共同构建人类命运共同体”的主旨演讲。在演讲中他指出，中华文明历来崇尚“以和邦国”“和而不同”“以和为贵”。中国《孙子兵法》是一部著名兵书，但其第一句话就讲，“兵者，国之大事，死生之地，存亡之道，不可不察也”，其要义是慎战、不战。几千年来，和平融入了中华民族的血脉中，刻进了中国人民的基因里。与西方“国强必霸”逻辑形成鲜明对照的是中国在自身发展起来之后始终致力于建构“新型大国关系”，努力构建“人类命运共同体”。谋和平、促发展是发展中国家人民的呼声和愿望。从现实需要来看，中华民族的复兴需要有一个安全、稳定的外部环境，中国共产党向世界作出了“永远不称霸”的庄严承诺。在迅速崛起的过程中，中国始终秉持互利共赢的理念，在实现自身发展的同时努力向世界分享中国的机遇。改革开放以来，中国对世界经济增长的贡献率不断增加。近年来，中国已经成为世界经济增长的引擎，对世界经济增长的贡献率始终保持在 30% 左右。十八大之后，中国提出的共建“一带一路”倡议就是旨在打造一个政治经济互补、文化包容的国家合作平台，为世界的共同发展提供支撑。

“对人类有所贡献”是中国共产党历代领导集体追寻的重要价值。1956 年，毛泽东指出，“中国应当对人类有较大贡献”；1978 年，邓小平指出，“要伴随着自己的发展，对人类作出更多的贡献”；2017 年，习近平在党的十九大报告中指出，“中国特色社会主义进入新时代……给世界上那些既希望加快发展又希望保持自身独立性的国家和民族提供了全新选

---

① 同上书，第 11 页。

择，为解决人类问题贡献了中国智慧和中国方案”[①]。作为一个热爱和平、历史悠久且文明没有中断过的国家，中国在更大范围内发展自己的同时也必将在更大的范围内造福世界。

3. 实现共产主义

实现共产主义、促进每一个人的自由全面发展是马克思主义的价值理想。作为一个马克思主义政党，中国共产党的最高奋斗目标就是实现共产主义。马克思在《哥达纲领批判》中提出，只有到了共产主义社会的高级阶段，迫使个人奴隶般地服从分工的情形已经消失，脑力劳动和体力劳动之间的对立也随之消失，劳动已不仅仅是谋生手段，而且本身已成了生活的第一需要，随着个人的全面发展，生产力有了巨大增长，集体财富的一切源泉都充分涌流，只有在那个时候，社会才能实行“各尽所能，按需分配”的原则。在马克思恩格斯看来，共产主义社会并不是人类社会的终点，它是人类摆脱动物界的生存法则之后进入到的一个新发展阶段。共产主义社会是一个社会关系高度和谐、利益共享与人的自由全面发展的社会，它是共产党人的精神灯塔和理想信念之源。习近平总书记指出：“共产党人如果没有信仰、没有理想，或信仰、理想不坚定，精神上就会‘缺钙’，就会得‘软骨病’，就必然导致政治上变质、经济上贪婪、道德上堕落、生活上腐化。”[②] 中国共产党人的使命就是要通过不断的努力为理想社会奠基。近百年来，一代又一代中国共产党人对这个崇高使命至信而虔诚、坚定而执着，中国共产党团结带领人民取得了一次又一次伟大胜利，创造了一个又一个人间奇迹，迎来了从站起来、富起来到强起来的伟大飞跃。上述三重使命是中国共产党对中华民族、对世界、对未来的责任，三重使命具有内在统一性，是中国共产党作为马克思主义使命型政党内在特质的表达。

（二）中国共产党作为使命型政党的特征

对使命的高远追求使得使命型政党的理论特质及运行体制与选举型政党呈现出鲜明的差异。李海清认为，使命型政党的特质为：伟大使命、真

① 习近平：《决胜全面建成小康社会 夺取新时代中国特色社会主义伟大胜利》，人民出版社，2017，第10页。

② 中共中央宣传部：《习近平新时代中国特色社会主义思想学习纲要》，学习出版社、人民出版社，2019，第228页。

理启示、道德纯洁、层级组织、广大信众，以及不可避免地面对世俗的不断调适与改革[①]。中国共产党作为马克思主义使命型政党呈现出以下几方面特征。

1. 人民至上

马克思在《共产党宣言》当中指出，共产党人没有自己的私利，没有任何同整个无产阶级的利益不同的利益，“他们不提出任何特殊的原则，用以塑造无产阶级运动”[②]。毛泽东也指出，“为什么人的问题，是一个根本问题，原则的问题”[③]。中国共产党作为使命型政党对于人民有一种深沉的价值承诺，这种承诺有坚实的世界观基础和深厚的历史积淀。马克思创立的历史唯物主义彻底颠覆了以往将人民大众视为草芥的历史观，科学揭示了人民在历史发展进程中的地位和作用。十月革命将马克思的上述思想落到实际，创生了人类历史上第一个将人民当家作主作为执政理念和目标的国家。虽然最终苏共亡党、苏联解体，但这种世界观、伦理观已经成为共产党人的深沉的价值追求。此外，中国数千年民本主义传统所倡导的“民贵君轻”“民为邦本”思想建构了中国共产党人的历史基因。最后，中国共产党人由小到大、由弱到强的成长史是与人民群众的信任和支持密不可分的。“为人民服务”不仅仅是中国共产党人的宗旨，也是中国共产党成功的依靠。坚守数十年的“三大纪律八项注意”为中国共产党赢得了人民的信任，老百姓将“最后一碗米、最后一尺布、最后一个儿子”都交给了中国共产党。

改革开放之所以能创造出诸多世界奇迹，源于改革是基于对人民现实利益的高度关切，旨在不断满足人民日益增长的物质文化需要。党的十八大以来，“以人民为中心”的理念不断被提及，“全面小康”“共同富裕”的旗帜被高高举起。在党的十九大报告中，“人民”一词出现203次，解决“人民日益增长的美好生活需要和不平衡不充分的发展之间的矛盾”成为新时代中国共产党人的中心任务。

---

① 李海清等：《砥砺前行：引领民族复兴的马克思主义使命型政党》，中国人民大学出版社，2019，第3页。

② 《马克思恩格斯选集》（第1卷），人民出版社，2012，第413页。

③ 《毛泽东选集》（第3卷），人民出版社，1991，第857页。

2. 遵循历史规律

社会主义提倡社会合作、社会和谐、社会平等及每一个人的自由全面发展，这些价值理念是人类人文精神的集中体现，马克思之前的社会主义者们虽然提倡社会主义，但仅仅是从应然的角度去认识社会主义，找不到社会主义的实践主体及历史必然性。马克思主义与其他社会主义流派的最大区别就在于，马克思、恩格斯将社会主义的考察置于坚实的基础之上，从规律层面探求无产阶级的解放，把社会主义由空想变为科学。恩格斯指出："正像达尔文发现有机界的发展规律一样，马克思发现了人类历史的发展规律，即历来为繁芜丛杂的意识形态所掩盖着的一个简单事实：人们首先必须吃、喝、住、穿，然后才能从事政治、科学、艺术、宗教等等；所以，直接的物质的生活资料的生产，从而一个民族或一个时代的一定的经济发展阶段，便构成基础，人们的国家设施、法的观点、艺术以至宗教观念，就是从这个基础上发展起来的，因而，也必须由这个基础来解释，而不是像过去那样做得相反。"① 马克思主义科学揭示了人类社会的发展规律，让真理的阳光照进了人类历史发展领域，为人类探求社会发展规律提供了科学思维。中国共产党成立之后，不断推进马克思主义中国化，不断深化对人类社会发展规律、社会主义建设规律、共产党执政规律的认识，开辟了马克思主义发展的新境界。前文曾提到，是否承认规律是马克思主义与其他社会主义流派的最大区别，但马克思主义的规律观并不是机械的、僵死的、忽视人的能动性的决定论，它是辩证的历史决定论②。中国共产党人的使命任务是用马克思主义规律观考察中国社会发展的具体实际。换言之，中国共产党的历史使命并不是基于自身的主观认定，而是基于对人类历史发展规律的科学认识。

3. 勇于自我革命

共产党是无产阶级的先进组织。从政治立场上来看，"共产党人不是同其他工人政党相对立的特殊政党。他们没有任何同整个无产阶级不同的利益"③。共产党的政治立场决定了共产党人没有自己的私利，这种大无畏的立场赋予了共产党人大无畏的革命精神，使共产党人具备了进行自我革

---

① 《马克思恩格斯选集》（第3卷），人民出版社，2012，第1002页。

② 沈江平：《经济决定论的历史唯物主义评判》，《中国社会科学》2020年第7期。

③ 《马克思恩格斯选集》（第1卷），人民出版社，2012，第413页。

命的勇气。从指导思想来看，共产党人的指导思想是马克思主义，马克思主义与其他社会主义思潮的区别在于，马克思主义不是用幻想欺蒙人民，而是“仅仅运用自己的知识去探讨人民自己进行的社会运动”①。这种科学的认识就是唯物辩证法，“辩证法在对现存事物的肯定的理解中同时包含对现存事物否定的理解，即对现存事物的必然灭亡的理解；辩证法对每一种即成的形式都是从不断的运动中，因而也是从它的暂时性方面去理解；辩证法不崇拜任何东西，按其本性来说，它是批判的和革命的”“这种批判不怕自己所作的结论，临到触犯当权者也不退缩”②。唯物辩证法内蕴的革命精神的鲜明体现就是他们对待自己的理论学说的态度，在《共产党宣言》1872年德文版序言中恩格斯写到，“不管最近25年来的情况发生了多大的变化，这个《宣言》中所阐述的一般原理整个说来直到现在还是完全正确的。某些地方本来可以作一些修改。这些原理的实际运用，正如《宣言》中所说的，随时随地都要以当时的历史条件为转移，所以第二章末尾提出的那些革命措施根本没有特别的意义。如果是在今天，这一段在许多方面都会有不同的写法了”③。唯物辩证法的彻底批判精神是人类进步的依赖，马克思用它将人类社会的有关事实整理得井然有序，对人类社会形态作出了严格的科学解释并给予了生动的描绘，为认识和分析人类社会的历史奠定了方法论基础。尽管唯物辩证法在今天受到不少质疑，但它通过分析经济基础去研究社会现象的方法至今不可逾越，它被许多社会科学家，包括许多不赞成马克思主义的学者一直沿用。雷蒙·阿隆曾指出，“马克思试图通过经济基础，即生产力状况、科学技术知识、工业和劳动组织，理解全部社会。从经济组织出发了解各种社会，尤其是现代社会是完全正确的。这样做，作为一种方法也许还是最好的了”④。当代著名分析马克思主义学派的代表人埃尔斯特也认为，“我相信，有一种特殊的、研究社会现象的马克思主义方法，即一种可以被广泛运用甚至能为那些不赞成马克思基本观点的人所运用的方法。实际上，这种方法在今天得到了如此广泛的运用，以致很少有人提到它是‘马克思主义的方法’。然而，历史地看，

---

① 《马克思恩格斯选集》（第3卷），人民出版社，1995，第290页。

② 《马克思恩格斯选集》（第2卷），人民出版社，1995，第112页。

③ 《马克思恩格斯选集》（第1卷），人民出版社，2012，第377页。

④ 雷蒙·阿隆：《社会学主要思潮》，葛智强、胡秉诚、王沪宁译，上海译文出版社，2005，第193页。

马克思是运用这种方法的一个先驱。甚至在今天，他的全部洞见仍未曾枯竭”[①]。阿隆与埃尔斯特在此处所高度评价的马克思研究社会现象的方法就是唯物辩证法。唯物辩证法的上述理论品格赋予了共产党人自我革命的科学方法。勇于自我革命使中国共产党敢于刀刃向内、敢于刮骨疗伤、敢于壮士断腕，使中国共产党在历经沧桑之后仍然屹立于世界政党之林。

第三节　新时代的伟大工程

党的领导与党的建设相辅相成、相互促进，坚持党的领导必须推进党的建设。把党的建设作为一项伟大工程来推进，是我们党的一大创举。1939 年，毛泽东同志在《〈共产党人〉发刊词》中强调，要赢得革命的最终胜利，就必须把中国共产党建设成为“一个全国范围的、广大群众性的、思想上政治上组织上完全巩固的布尔什维克化的中国共产党”，强调建设好这样的党，是一项伟大工程，要赢得革命的最终胜利，必须抓好这个伟大工程。党的十八大以来，以习近平同志为核心的党中央之所以能够解决许多长期想解决而没有解决的难题，办成许多过去想办而没有办成的大事的重要原因，就在于通过全面从严治党将党这个中国特色社会主义事业的领导核心锻造得坚强有力。

习近平总书记在十九大报告中指出，新时代党的建设总要求是：坚持和加强党的全面领导，坚持党要管党、全面从严治党，以加强党的长期执政能力建设、先进性和纯洁性建设为主线，以党的政治建设为统领，以坚定理想信念宗旨为根基，以调动全党积极性、主动性、创造性为着力点，全面推进党的政治建设、思想建设、组织建设、作风建设、纪律建设，把制度建设贯穿其中，深入推进反腐败斗争，不断提高党的建设质量，把党建设成为始终走在时代前列、人民衷心拥护、勇于自我革命、经得起各种风浪考验、朝气蓬勃的马克思主义执政党。新时代党的建设总要求是我们党作为马克思主义政党建设和发展的内在需要，只有坚持全面从严治党，创新党建模式，不断提高党的建设科学化水平，我们党才能更好地领导人民进行伟大社会革命，完成三大使命。

---

① 乔恩 • 埃尔斯特：《理解马克思》，何怀远等译，中国人民大学出版社，2008，第 4 页。

一、党的政治建设

党的十九大首次把党的政治建设纳入党的建设总体布局并摆在首位，这是党的建设理论和实践的重大创新。党的政治建设是党的根本性建设，决定着党的建设方向和效果。政治属性是政党第一位的属性，政治建设是政党建设的内在要求。只有加强党的政治建设，才能统一全党意志，为实现党的目标和纲领而共同奋斗。党的思想建设、组织建设、作风建设、纪律建设最终必须落实到政治建设上。政治建设抓好了，对党的其他建设可以起到纲举目张的作用。注重抓党的政治建设也是党的十八大以来全面从严治党的成功经验。党的十八大以来，党中央在强化党的领导、严肃党内政治生活、强化党内监督、加强党内教育、整顿作风和反腐败斗争等方面采取了一系列重大举措，这些举措力度空前，取得了显著成效，党的面貌、党在人民群众中的形象发生了历史性变化。上述成就的取得正是着眼于从政治上建设党。党的政治建设的基本内容是：保证全党服从中央，坚持党中央权威和集中统一领导，是党的政治建设的首要任务。全党要坚定执行党的政治路线，严格遵守政治纪律和政治规矩，在政治立场、政治方向、政治原则、政治道路上同党中央保持高度一致。

加强党的政治建设必须加强政治纪律建设。党的政治纪律是各级党组织和全体党员在政治方向、政治立场、政治言论、政治行为方面必须遵守的规矩，是维护党团结统一、实现党领导一切的根本保证。政治纪律的建设水平直接关系着无产阶级政党能否保持先进、承担起历史使命。习近平总书记在十八届中纪委二次全会上指出："苏联解体前，在所谓'公开性''民主化'的口号下，苏共放弃了民主集中制原则，允许党员公开发表与组织决议不同的意见，实行所谓各级党组织自治原则，一些苏共党员甚至领导层成员成了否定苏共历史、否定社会主义的急先锋，成了传播西方意识形态的大喇叭，苏共党内从思想混乱演变到组织混乱。最后，这样一个有着九十多年历史、连续执政七十多年的大党老党就哗啦啦轰然倒塌了……很重要的一个原因是政治纪律被动摇了，谁都可以言所欲言、为所欲为，那还叫什么政党呢？那是乌合之众了。"[①] 马克思主义政党是靠严格

---

① 《十八大以来重要文献选编》（上），人民出版社，2014，第 133-134 页。

的纪律组织起来的，纪律严明是我们党的光荣传统和独特优势。新时代加强党的政治纪律建设，必须加强对党员遵守政治纪律的政治教育，必须让广大党员干部牢固树立“四个意识”、坚决做到“两个维护”；必须建立健全保证政治纪律落实执行的组织体系、制度体系，始终保证党总揽全局、协调各方。

加强党的政治建设必须坚守人民立场、夯实党的政治根基。政治立场事关党的政治建设根本。人民立场是马克思主义政党的根本立场和力量源泉，一旦离开了人民群众，马克思主义政党就会像古希腊神话中的英雄安泰离开大地母亲一样，立刻败下阵来。习近平总书记指出，人民群众的支持和拥护是我们党最可靠的力量源泉。我们党来自人民、植根人民，始终保持同人民群众的血肉联系，是我们党战胜各种困难和风险、不断取得事业成功的根本保证，也是我们党跳出“其兴也勃，其亡也忽”历史周期率的依靠。

加强党的政治建设必须树立正确的选人用人标准，营造良好政治生态。政治生态建设是党的政治建设的基础性工作。在政治生态建设中，选人用人是风向标，直接影响着政治生态走向。用什么样的人，就有什么样的干部作风，就有什么样的党风。对于马克思主义政党来说，选人用人事关党的事业薪火相传，事关国家长治久安，是党和国家事业发展的百年大计。习近平总书记在全国组织工作会议上要求，要始终把选人用人作为关系党和人民事业的关键性、根本性问题来抓。新时代加强党的建设，必须要继续弘扬五湖四海、任人唯贤的优良传统，建立健全完善的选人用人机制，依靠科学优化的方法，实现公道对待干部、公平评价干部、公正使用干部，营造风清气正、海晏河清的政治生态。

加强党的政治建设必须提高党员从政治上分析问题、解决问题的能力。政治属性是政党的第一属性。马克思主义政党承担着重大的政治使命，马克思主义政党及其成员只有从政治上分析问题才能看清本质，只有从政治上解决问题才能抓住根本。在党员干部的所有能力中，政治能力是第一位的，政治能力的丧失意味着政党生命的衰竭。马克思主义自诞生之日起就引起了资本主义的仇视，十月革命胜利伊始，新生的社会主义政权就遭到了国内外各种敌对力量的摧残和破坏。冷战开始后，西方不仅凭借军事压力围堵苏联，更试图通过政治转基因战略对苏联进行“和平演变”。

令人遗憾的是，苏共后期主要领导人思想麻痹，政治敏锐性丧失，在与西方接触中逐渐放弃了政治上的抵抗。戈尔巴乔夫上台后，按照“民主”“人道”的民主社会主义思潮不断削弱党的领导，将改革变成改向，在短短的6年左右的时间里就葬送了74年的苏联社会主义事业。习近平总书记在新进中央委员会的委员、候补委员和省部级主要领导干部学习贯彻习近平新时代中国特色社会主义思想和党的十九大精神研讨班上指出，领导干部必须做到观察分析形势要把握政治因素，筹划推动工作要落实政治要求，处理解决问题时要防范政治风险。新时代，党建模式创新必须不断加强广大党员干部的政治能力训练和政治实践历练。广大党员干部只有不断提高政治能力，才能永葆共产党人的政治本色，才能承担起为党分忧、为党尽责、为民造福的政治责任。

二、党的思想建设

思想建设是党的基本建设。中国共产党近百年由小到大、由弱到强，不断发展壮大的重要经验之一就是注重学习和思想建设。习近平总书记指出：“理论上的成熟是政治上成熟的基础，政治上的坚定源于理论上的清醒。从一定意义上说，掌握马克思主义理论的深度，决定着政治敏感的程度、思维视野的广度、思想境界的高度。”①

习近平总书记在十九大报告中指出，“要把坚定理想信念作为党的建设的首要任务”。对共产党人来说，丢掉了理想信念就失去了前进的方向。习近平总书记指出，对马克思主义的信仰、对社会主义和共产主义的信念，是共产党人的政治灵魂，是共产党人经受住任何考验的精神支柱。对共产党人来说，理想信念动摇是最危险的动摇，理想信念滑坡是最危险的滑坡，苏共这方面的教训极为惨痛。习近平总书记在新进中央委员会的委员、候补委员和省部级主要领导干部学习贯彻习近平新时代中国特色社会主义思想和党的十九大精神研讨班上指出，“苏共拥有20万党员时夺取了政权，拥有200万党员时打败了希特勒，而拥有近2 000万党员时却失去了政权。我说过，在那场动荡中，竟无一人是男儿，没什么人出来抗争。

① 中共党史和文献研究院、中央“不忘初心、牢记使命”主题教育领导小组办公室编《习近平关于“不忘初心、牢记使命”论述摘编》，中央文献出版社、党建读物出版社，2019，第45页。

什么原因？就是理想信念已经荡然无存了”[①]。理论上清醒，政治上才能坚定。坚定的理想信念必须建立在对马克思主义的深刻理解和对历史规律的深刻把握之上。新时代加强党的理想信念建设必须加强党员的理论学习，要教育广大党员自觉加强对马克思主义基础理论、毛泽东思想和中国特色社会主义理论体系的学习，尤其是对习近平新时代中国特色社会主义思想的学习。只有强化理论武装，广大党员干部才能树立正确的世界观、人生观、价值观，才能强筋健骨，自觉地为新时代党的历史使命而不懈奋斗。

三、党的组织建设

组织力是领导力的重要体现，组织建设是党的建设的重要内容。党的组织建设主要包括民主集中制建设、党的基层组织建设、党员队伍建设等内容。民主集中制是我们党的根本组织原则，它体现着巴黎公社的精神、承接着中华民本主义，能将现代化国家的治理体系转化为现代化国家的治理能力，是我们党区别于西式代表部分人利益政党的显著标志[②]。新时代，我们必须完善和落实民主集中制的各项制度，既充分发扬民主，又善于集中统一。要坚决防止和反对个人主义、分散主义、自由主义、本位主义、好人主义，坚决防止和反对宗派主义、圈子文化、码头文化，坚决反对搞两面派、做两面人，也要不断发展党内民主、拓宽民主渠道、扩大民主参与，坚持民主基础上的集中和集中指导下的民主相结合，将这一制度的优势充分发挥出来。

基层组织是党组织的细胞。党的基层组织是党在社会基层组织中的战斗堡垒，是党的全部工作和战斗力的基础，党支部是党的基础组织，担负着直接教育党员、管理党员、监督党员和组织群众、宣传群众、凝聚群众、服务群众的职责。党的十八大以来，党中央认识到，党组织工作最坚实的支持力量在基层，社会发展最突出的矛盾和问题也在基层，必须将基层党组织建设作为党组织建设的重点，促进人、财、物的下移。基层党组

---

① 习近平：《推进党的建设新的伟大工程要一以贯之》，《求是》2019 年第 19 期。

② 著名政治学者杨光斌认为，民主集中制不仅仅是中国共产党和国家的本体论性质的组织原则，也是我国的政体，也是中国模式的同义语。我们认为，这种观点精辟地解释了中西的政体差别与中国模式的本质特征。参见杨光斌：《比较政治学：理论与方法》，第六章：民主集中制政体，北京大学出版社，2016。

织建设必须不断推进基层党组织设置和活动方式创新。基层党组织的设置要适应经济社会结构和生产生活方面的变化，要以利于加强党的领导、密切与群众的联系为原则；基层党组织的活动方式要创新，要激发党员的积极性，扩大党员参与的领域，努力将党的影响力渗透进各类社会群体和组织当中，要加强基层党组织队伍建设，健全基本制度，提升组织力，努力把基层党组织建设成为宣传党的主张、贯彻党的决定、领导基层治理、团结动员群众、推动改革发展的坚强战斗堡垒。

党的组织建设必须加强党员队伍尤其是干部队伍建设。党员是党的肌体细胞，党的组织建设要不断壮大党员的队伍，为党组织吸纳更多的新鲜血液。要注重从产业工人、青年农民、高级知识分子群体和非公经济、社会组织中发展党员；要关注党员思想动态，加强思想教育，注重对党员的思想引导，帮助党员解决思想疑惑；要加强党内的激励、关怀与帮扶，及时发现党员在生活、工作中的困难，并给予积极帮助和扶持；要开展积极健康的思想斗争，积极开展批评与自我批评，纠正错误思想倾向，帮助党员树立正确的思想观念，决不给错误思想可乘之机。

四、党的作风建设

中国共产党自成立以来就始终重视作风建设，始终将全心全意为人民服务作为党的宗旨。在艰苦漫长的革命进程中，党同人民群众建立起了血肉联系，正是靠着广大人民群众的支持，中国革命才取得最终的胜利。然而，改革开放以来，形式主义、官僚主义、享乐主义、奢靡之风在党员尤其是在部分领导干部中出现。在2007年前后，我国每年公款吃喝花掉2 000亿元，公车支出花掉3 000亿元，公费考察花掉2 000亿元，行政支出占财政支出的比重远远高于世界平均水平①。党的十八大以来，为了消除“四风”，党中央出台了“八项规定”，习近平总书记率先垂范，以身作则，及时遏制了“四风”蔓延的势头，党在人民群众心中的形象得到重塑。习近平总书记指出，“党的作风是党的形象，是观察党群干群关系、人心向背的晴雨表。党的作风正，人民的心气顺，党和人民就能同甘共苦。实践证明，只要真管真严、敢管敢严，党风建设就没有什么解不了的问题。作

① 杨光斌：《比较政治学：理论与方法》，北京大学出版社，2016，第87页。

风建设永远在路上”①。

加强党的作风建设要发扬钉钉子精神，一锤接着一锤敲，驰而不息，不能有喘口气、歇歇脚的念头，要抓住一些重要时间节点进行检查、抽查，保证“四风”不回潮。加强党的作风建设要践行党的群众路线，加强党同人民群众的血肉联系。我们党来自人民、根植于人民，一旦脱离群众就会失去生命力，要增强党员干部的群众观念、群众感情，要督促党员干部真正坚守人民立场，把人民群众的根本利益放在首位，真抓实干，吃苦在前、享乐在后，践行全心全意为人民服务的宗旨，厚植党执政的群众基础。

五、党的纪律建设

根据十八大以来管党治党的新经验，习近平总书记在党的十九大报告中将党的纪律建设首次纳入党的建设总体布局，凸显了纪律建设在党的建设当中的重要地位。严明纪律是马克思主义政党的本质属性。资产阶级政党对其党员也有一定要求，但这种要求一般是松散的。马克思主义政党是无产阶级的先进部队，是靠严格的纪律组织起来的，纪律建设好坏直接关系着无产阶级政党能否保持先进性，能否承担起历史使命。列宁曾精辟地指出，无产阶级在争取政权的斗争中，除了组织，没有别的武器，它之所以能成为不可战胜的力量，就是因为它根据马克思主义原则形成的思想一致是用组织的物质统一来巩固的。办好中国的事情，关键在党。新时代，加强纪律建设是保证党中央的权威和集中统一领导，保证党经受“四大考验”、克服“四种危险”的有力举措。

加强纪律建设要坚持纪在法前，纪法贯通。党的先进性决定了党纪必须严于国法。中国共产党是中华民族的先锋队，从应然层面来看，党员应是先锋模范，因而对党员的要求必须高于普通公民。2015 年党中央修订印发了《中国共产党纪律处分条例》，按照纪严于法、纪在法前的原则，去除了与法律重复的相关内容；2018 年，党中央根据形势发展的需要再次修订了《中国共产党纪律处分条例》，结合党的纪律建设的理论与实践将党的纪律整合为六大类，即政治纪律、组织纪律、廉洁纪律、群众纪律、工

① 习近平：《在庆祝中国共产党成立 95 周年纪念大会上的讲话》，人民出版社，2016，第 23 页。

作纪律和生活纪律，这为新时代党的纪律建设提供了基本的依据。现实中，违纪违法经常是连在一起的，纪在法前的畅通运行要求实现纪法衔接，将党内监督与党外监督、纪检与监察有机结合，尤其是在国家监察体制改革，纪委与监委合署办公之后，纪法贯通的要求更加迫切。

加强纪律建设要强化纪律教育与执行。加强纪律教育就是加强党员的纪律意识，加强纪律的执行就是要使纪律成为带电的高压线，而不是纸老虎、稻草人或束之高阁的一纸空文，要让党员干部知敬畏、存戒惧、守底线。要运用好监督执纪“四种形态”，把纪律和规矩挺在前面，抓早抓小，充分发挥党的纪律所具有的惩戒作用，化解党的建设中“要么是阶下囚，要么是好同志”的困境。加强纪律建设还要抓好领导干部这个“关键少数”，要让领导干部率先垂范，成为践行政治纪律和政治规矩的模范，形成良好示范。

在十九届中央纪委二次全会上，习近平总书记将我们党历史上管党治党行之有效的好经验，将十八大以来我们对管党治党规律的认识、创造的新经验，归纳为“六要”：一要坚持思想建党和制度治党相统一，既要解决思想问题，也要解决制度问题，把坚定理想信念作为根本任务，把制度建设贯穿到党的各项建设之中；二要坚持使命引领和问题导向相统一，既要立足当前、直面问题，在解决人民群众最不满意的问题上下功夫，又要着眼未来、登高望远，在加强统筹谋划、强化顶层设计上着力；三要坚持抓“关键少数”和管“绝大多数”相统一，既对广大党员提出普遍性要求，又对“关键少数”特别是高级干部提出更高更严的标准，进行更严的管理和监督；四要坚持行使权力和担当责任相统一，真正把落实管党治党政治责任作为最根本的政治担当，紧紧咬住“责任”二字，抓住“问责”这个要害；五要坚持严格管理和关心信任相统一，坚持真管真严、敢管敢严、长管长严，贯彻惩前毖后、治病救人的一贯方针，抓早抓小、防微杜渐，最大限度防止干部出问题，最大限度激发干部积极性；六要坚持党内监督和群众监督相统一，以党内监督带动其他监督，积极畅通人民群众建言献策和批评监督渠道，充分发挥群众监督、舆论监督作用。“六要”是我们党对自身建设规律的新认识，也是新时代全面从严治党制度化和常态化的基本遵循。

第六章　中国特色社会主义政治建设领域的治理

在2017年“两会”期间，时任中纪委书记的王岐山在参加北京代表团的审议时指出，“中国历史传统中，‘政府’历来是广义的，承担着无限责任。党的机关、人大常委会机关、行政机关、政协机关以及法院和检察院，在广大群众眼里都是政府”。该讲话虽意在强调构建党统一领导的反腐败体制，实现监督全覆盖、无死角，但讲话中所提到的“广义政府”这一新概念的意义却远远超出了纪委系统。笔者认为，“广义政府”这一概念从政治文化基因这个角度回答了中西方之间的政府差异，为破解新中国70年所创造的经济快速发展奇迹和社会长期稳定奇迹提供了新的视角。遗憾的是，上述讲话发表以来并没有引起学界的关注和阐释。笔者尝试从政治文化基因视角对这一概念做初步探讨。

从生命科学视角看，基因储存着生命孕育、成长、凋零等过程的全部信息，决定着生命的基本结构和功能。文化基因是指相对于生物基因而言的非生物基因，它主要通过信念、传统、价值观等表现出来。在人类文明演进的谱系中，文化基因起着关键性的作用，文化基因的不同使得各民族的发展道路呈现出巨大差异。政治文化基因是一股强大的力量，它虽不像正式政治制度那样“外显”，却更真实地左右着人们的实际政治行为。探究广义政府的政治文化基因有利于我们深化对中国特色社会主义政治发展道路历史合理性的认识，这也是推进国家治理现代化的内在要求。

第一节　广义政府的中华文化场景

笔者认为，“广义政府”是中国的政治文化基因，也是理解中国政治的核心概念。在当代中国的语境中，广义政府包括执政党和国家机关整体。中国共产党是国家政权的领导核心，它缔造了国家机关的核心价值、执政理念和战略选择，是广义政府的枢纽，而政府则是将上述价值理念和战略转化为具体实践的执行部门。从形式上来看，广义政府是指由各级人大、人民政府、人民政协、人民法院、人民检察院，以及中国共产党的各级机关组成的整体。从内容上看，广义政府的行为呈现积极进取态势，其影响力渗透到了社会生活的方方面面，对社会发展具有广泛而深远的影响，在某些时间节点上它甚至可以重塑社会分工体系，进而再造生产关系。譬如，仔细观察社会主义市场经济在中国的发展历程便不难发现，在建立和完善市场经济的每一个关键节点上，政府都发挥了重要作用。而正是得益于在政府权力主动施为之下成长起来的新经济体制，蓬勃的发展活力和持久的财富增长才被空前激发出来。

广义政府是一个基于本土的具有延伸性和内在张力的概念，它与西方的政府概念形成了巨大差异。在西方的历史和语境中，政府只是从社会中分离出来的一个领域，它的角色和职能是单一的，即仅仅维护基本的社会秩序，通过立法保障个人的权利免受侵犯。王岐山语境中的广义政府不仅维护基本的社会秩序，它还承担着与民众福祉相关的无限职责。广义政府的生成与中国的历史文化传统密切相关。在中国的文化传统里，政府不只是社会的一个角色，它承担着与人民生活相关的一切职责。我国现存最早的历史文献《尚书》在论述治国之道时就提出国家有八种职能，即“八政”:“一曰食，二曰货，三曰祭，四曰司空，五曰司徒，六曰司寇，七曰宾，八曰师”。其意指国家要承担管理粮食生产、财务、祭祀、民居住行、教育、司法、宾客接待、军务的职能。上述八个方面涉及了几乎与民众生活相关的所有领域。秦汉以来，由于政府长期承担干预市场、救荒救灾、化解纠纷、维系社会公正等责任，民众对政府形成了极高的期待和要求。民众有难找政府、社会有问题找政府成为中国社会的一大特点，为民伸张正义、为社会解决问题成为政府的基本责任。

从文明的结构层面看，广义政府文化传统的形成与中华文化所处的生态环境密切相关。古代中国地理环境与西方差异明显，中华文化呈现出明显的内陆性、封闭性与合作性特征。中国的地理环境异常封闭，东部的大海、北部的沙漠与西伯利亚寒带、西面的青藏高原、南面的热带丛林形成了巨大的地理屏障，阻隔了与外部世界的深入交流，地理环境的封闭性使得中华文明在成熟以前极少从其他文明获得异质营养，只能在封闭的环境中发展自己。在闭塞的内陆，只有黄河、长江流域一带土地平坦、肥沃，适合农业耕作，小农生产的单一性决定了人们生产、生活方式的同质性。黄河、长江流域一带缺乏彼此长期隔离的地理屏障，散布在大河流域的诸多同质性的共同体在思想与观念上的交往因而异常自由，“孔子、商鞅、韩非子周游列国，从来用不着随身带着翻译……当欧洲大地异质性的共同体发展成为不同的语言、风俗、宗教的国家时，中华大地形成了同质性的华夏文明”①。这种同质化效应最终形成了中华民族走向大一统的趋势。

从大一统国家的政权运转逻辑来看，小农社会的农业生产关乎国家的稳定，中国历史上的王朝更替多直接起因于农业歉收，但靠天吃饭的农业抗灾能力却极差。因此，大一统国家秩序稳定的前提是政府必须承担起兴办相应大型公共工程（如兴修水利）的职能。马克思在对东方社会进行考察时就注意到了这一现象。他认为，“亚洲的一切政府都不能不执行一种经济职能，即举办公共工程的职能。这种用人工方法提高土壤肥沃程度的设施靠中央政府管理，中央政府如果忽略灌溉或排水，这种设施立刻就会废置，这就可以说明一件否则无法解释的事实，即大片先前耕种得很好的地区现在都荒芜不毛”②。大型公共工程耗资大、周期长、牵涉广，政府必须呈现出积极有为的态势，才能筹集资金、统筹协调，承担起这一职能。

从大一统国家的治理逻辑来看，以土地为劳动对象的小农社会内在排斥流动和迁徙，呈现出鲜明的静态特征。静态的农业社会崇尚安居乐业，祖祖辈辈定居一地，世代繁衍，家族往往成为村落、郡县的载体，个体生活在以“家”“族”形式建构起来的人际网络关系中。与建立在亲情血缘关系基础上的“家”“族”关系相协调的是扶弱抑强、守望相助的集体主义价值理念。在“家”“族”的复杂关系网络中，个人对家族承担的责任是无限的，光宗耀祖既是个体的使命，也是个体的价值。马克思认为，国家治理、制度建构与血族关系存在关联，“劳动越不发展，劳动产品的数量，从而社会的财富越受限制，社会制度就越在较大程度上受血族关系的支配”③。建立在血族关系基础之上的社会是“家国同构”的，“修身齐家治国平天下”也是联系在一起的。“家国同构”型国家的治理必然会带有深厚的家族特性，个人对家族承担的无限责任也必然会投射到国家观念上。

---

① 萧功秦：《中国的大转型》，新星出版社，2008，第26页。

② 《马克思恩格斯选集》（第1卷），人民出版社，1995，第762-763页。

③ 《马克思恩格斯选集》（第4卷），人民出版社，1995，第2页。

“为民做主”“爱民如子” 既是百姓对官员执政的期许，也是官员的价值目标。“父母官”的责任是无限的，它必须照看好与民众生活相关的一切事务，解决好民众生活中遇到的一切困难。

大一统国家的政权运转逻辑和社会治理逻辑孕育了广义政府的政治文化基因，政府承担责任的无限性和政府行为的积极进取性构成了广义政府的鲜明特质。习近平总书记曾指出，政治文化是政治生活的灵魂，对政治生态具有潜移默化的影响。一个社会的政治制度安排必然包含着内在的政治文化传统。基于数千年历史文化积淀而形成的“广义政府”传统构成了中国道路的政治文化基因，这一传统的形成具有历史合理性，它对中国政治发展道路具有持久而深远的影响。

第二节　广义政府政治文化基因的内涵

在政治学研究中，离开了文明的底色，再严密的逻辑推导与论证都会失真、出错。中国的政治文化传统与西方有着巨大的差异，不同的历史文化传统孕育了双方各自迥异的政府形式和政治发展道路。若非要依西方的政治学理论来认识、比对中国，极易陷入认知陷阱。改革开放之初，当中国依靠政府的强大渗透力与掌控力引入市场经济时，许多西方学者认为中国政府未来只有两种可能，要么选择与西方并轨，实行西式三权分立多党竞争体制，要么走向崩溃。当中国主动拒绝第一种选择后，中国崩溃的声音便一直不绝于耳。然而，时至今日，崩溃的却是中国崩溃的论调。西方学者之所以一再误判中国政治发展，与他们忽视了中国的文明结构，尤其是忽略了广义政府的政治文化基因有关。笔者认为，广义政府的政治文化基因包含以下三方面内涵。

一、责任本位的权力观

中西方不同的文明结构使两者在看待政治权力方面呈现出明显的差异。西方发达的商业文明孕育出了契约精神以及极强的个人主义意识。个人主义提倡个人享有其“他者”不能侵犯的权利，在个人主义的视角下，外物皆为“他者”，私有财产、隐私权、投票权、问责制、个人持有枪支等制度安排是防范“他者”入侵的必要条件。基于个人主义而形成的“权利本位”思想构成了西方社会运行的逻辑起点。中华农业文明内在追求安居乐业，中华文化孕育的发达的家庭形式将个体整合进了复杂的人际关系网络之中。基于血缘的人际关系和社会靠伦理、责任来维系是最节约管理成本的，“三纲五常”折射了中国社会的“责任本位”思想，“责任本位”是中国社会运行的逻辑起点。

在“权利本位”视野下，权力是“把自己的意志强加在其他行为者之上”① 的一种力量。因此，国家的权力是需要警惕的，国家的责任仅仅是维护秩序。在“责任本位”的视野下，权力是和德行、责任联系在一起的。在古代中国，甚至连最不崇尚德治的法家都认为，“欲用天下之权者，必先布德于诸侯”②。在“责任本位”的视野下，国家的责任除了维护秩序之外，还要促进社会发展。自秦汉以来，为了促进社会发展，古代中国政府在治理过程中承担着许多职责，国家的责任本位意识无处不在：为了防止土地兼并和社会的两极分化，政府需要对土地政策作出不断调整，汉代的“假公田”，唐代的“均田制”，宋代的“方田均税”，明清的“一条鞭、摊丁入亩”，都是为了维系社会的平等和公正；为了抑制市场波动对民众的生活造成不利影响，政府需要对商品市场进行干预和调节，如为了保持粮食市场的稳定，从春秋战国时代开始政府就开始设立“常平仓”，在粮食丰收、粮价走低时大量采购，阻止“谷贱伤农”，在粮食歉收、粮价走俏时低价卖出，防止“谷贵伤民”；为了以利民生，从汉代开始政府就设立平准机构，运用手中掌握的大量物资和经济力量保障物价稳定，当市场上某种商品的价格上涨时，平准官低价抛售商品平抑物价，当价格过度滑落时，平准官收购商品使物价保持稳定；为了防止水旱灾害，中国很早就发展出了一套灾前防御、灾中勘按、灾后救济的“荒政”制度体系。

对政府功能的不同认知和定位导致了中西方之间不同的权力观。著名学者马丁·雅克曾精辟论述了上述差异。在中国，“国家在干预社会生态和经济问题的同时，还要调节人民的生活。这是他们的职责……中国人眼中‘国家’的责任与欧洲的都大相径庭，欧洲人在随后的几个世纪中都认

---

① 米勒：《布莱克维尔政治学百科全书》，邓正来译，中国政法大学出版社，1992，第 596 页。

② 李山：《管子译注》，中华书局，2009，第 144 页。

为，国家的责任仅仅是立法……中国的发展是独特的”[①]。从社会发展角度来看，“权利本位”意识虽有助于保障个人自由，但权利意识走向绝对化就会导致个人权利极度膨胀和个人责任退化。美国学者玛丽·安·格伦顿哀叹，在美国，个人主义至上导致了“权利的封闭性、权利拥有者的孤立性”和“社会责任感的缺失”[②]。“责任本位”意识虽然在自然经济时代有束缚个性发展之嫌，但随着社会生产力进步为个性发展提供条件的不断增加，上述弊端会逐渐克服。“责任本位”所强调和重视的权利与义务的平衡、不同权利之间的平衡，保证了社会合作的延续，它代表着人类社会走向高度融合，结成日益紧密的命运共同体、责任共同体之后的应然趋势。

二、私志不入公道的行政观

行政是政治权力运行的重要环节，行政过程是一个利益再分配过程，它背后反映的是社会各阶级力量的对比。在阶级分野明显的社会，行政过程就是各阶级之间就利益展开博弈的过程。西方阶级对抗的历史源远流长。马克思认为，有文字记载的全部历史都是阶级斗争史。这一判断准确地反映了欧洲的历史。自古希腊伊始，阶级对抗就是西方的政治常态，古希腊民主制的诞生就是少数自由民为镇压奴隶的反抗和瓜分奴隶的成果而达成的妥协机制。欧洲基于血缘的等级制度更一直延续到18世纪末。但在中国历史上，明显的阶级分野和阶级斗争非常罕见。早在秦代井田制就被废除，这使得贵族等级制度早早退出了历史舞台。中国古代社会的主体是平等的自由小农家庭，没有贵族与贫民之分。除了君权继承按照嫡长子继承之外，中国古代民间实行的是家产诸子均分制。在传统社会，富贵家庭世世代代都延续富贵很难实现。因为家庭财产的均分使得富贵之家的财富在几代之内就会复归平常。科举制度的施行又使皇帝之下的官职全部向社会开放，这使社会地位划分更不稳定。著名历史学家何炳棣统计，在1377年至1904年间，获取进士的人中42%来自下层社会。较西方而言，中国古代是一个较为平民化的社会。

在社会高度同质化、阶级分野模糊的社会，政治通常是协调社会整体

① 马丁·雅克：《当中国统治世界》，张莉、刘曲译，中信出版社，2010，第70页。

② 玛丽·安·格伦顿：《权利话语：穷途末路的政治言辞》，周威译，北京大学出版社，2006，第88页。

利益的手段。在阶级分野明显、社会利益高度分化的社会中，政治就是各阶级、集团利益分肥的工具，行政过程往往“夹带私货”，照顾本阶级、集团的利益理所当然。阶级政治的传统在西方延续至今。在当代，“利益集团”可以合法地“游说”议员，利益集团代表的“党争”具有合法性。这种安排为“集团利益”披上“国家利益”的合法外衣提供了条件，也为利益集团绑架国家提供了机会。《经济学人》杂志曾刊文指出，美国国会的每一名议员平均有超过二十名说客，数以千计的说客让美国国会的立法过程变得缓慢、难产。2010 年，美国联邦最高法院又废除了利益集团支持总统竞选的捐款上限，这让热衷政治的大富豪们变得更加活跃，也更慷慨。在中国，行政机构中源远流长的价值观是“私志不入公道”。“公正廉明”“大公无私”“为官一任、造福一方”是官员的美德。这种行政观带有强烈的道德色彩，它能确保行政队伍始终占据道义制高点，也为政治系统摆脱政治集团恶斗的西式传统提供了方向。

三、民本主义的政绩观

所有的政治权力都面临认同问题。在个人主义的视野下，政府权力被认同建立在行政首脑的选举产生之上，而政党则是选举的工具。由于西方社会利益高度分化、阶级分野明显，“党”便成为利益诉求不同、政治倾向不同集团间博弈的载体。建立在党争基础上的所谓民主政府的政绩就是满足各利益集团的利益诉求。与西式靠党争民主建立政府认同不同，大规模、同质化的中国古代社会的行政系统由思想、行为高度统一的儒家政治集团构成。它存在的理由和任务是照看全体人民的福祉，其政绩观是民本主义。中国古代的民本主义思想源远流长。《尚书》中就提到“民惟邦本，本固邦宁”“天听自我民听，天视自我民视”；《左传》也提到“天生民而树之君，以利之也”。政府若失去民心，则“天命”就会转移，合法性随即丧失，即“社稷无常奉，君臣无常位，自古以然”[①]。

民本主义要求公职人员必须超越党派利益，公正无私，以社会整体利益作为政治活动的根本准则。近代以来，中国共产党之所以能够由小到大、由弱至强的根本原因，就在于它用现代化的组织模式延续和继承了中

① 李梦生：《左传译注》，上海古籍出版社，1998，第 1 205 页。

国的民本主义政治传统，代表了中国人民的根本利益。改革开放以来，“按照现行贫困标准计算，我国7.7亿农村贫困人口摆脱贫困；按照世界银行国际贫困标准，我国减贫人口占同期全球减贫人口70%以上”①。民本主义在当代的升华和体现就是共产党人提倡的“权为民所用，情为民所系，利为民所谋”，就是“把人民满意不满意、支持不支持作为一切工作的出发点和落脚点”。当下，中国共产党人深入偏远山村、深山老林进行精准脱贫、延续的就是民本主义的政治传统。

第三节　广义政府政治文化基因的当代价值

基于数年历史文化积淀而形成的“广义政府”传统不仅仅具有历史合理性，而且在推进国家治理现代化的进程中具有重要的现实意义。

一、为坚守国家治理现代化的社会主义方向提供文化自觉

国家治理现代化的目标是坚持和完善中国特色社会主义。社会主义所倡导的消灭剥削压迫、实现人人平等的价值理念具有历史进步性。在马克思生活的时代，资本主义的弊端是直接的、可感知的。因而，社会主义的价值理念的合理性同样是直接、具体、易感知的。但现代资本主义的发展使得社会主义的价值合理性变得间接、抽象、不易感知。当下，占全球人口65%的国家都选择了西式发展道路；在人口过亿的9个发展中国家，除了中国外，其余8个（印度、巴基斯坦、孟加拉国、印尼、菲律宾、尼日利亚、墨西哥、巴西）都施行了西式多党竞争、三权分立制度。虽然选择西式发展道路的发展中国家治理绩效并不理想，虽然改革开放以来中国的发展成就斐然，但西方资本主义的话语霸权依然占据优势。在资本主义还处于强势、在中国特色社会主义仍将长期处于初级阶段的情况下，要坚守社会主义价值理念，没有一种文化自觉是很难做到的。曾带领中国走上社会主义道路的“老大哥”苏联在改革陷入困境后就主动放弃了社会主义道路。

广义政府政治文化基因中“不患寡而患不均”“大道之行也，天下为

① 习近平：《在全国脱贫攻坚总结表彰大会上的讲话》，《人民日报》2021年2月26日，第2版。

公”“先天下之忧而忧，后天下之乐而乐”的政治理想与社会主义的价值理念非常契合，这使它容易认同并坚持社会主义的理想。中国改革伊始，邓小平就提出“共同富裕”和“公有制”[①]是改革必须坚守的原则。共同富裕是社会主义价值目标的现实体现，而公有制是社会主义价值目标实现的物质基础，坚守上述两大原则就是坚守了改革的社会主义方向。尽管改革的进程异常复杂，不同的声音此起彼伏，但上述两大原则我们坚守到了今天。在全面深化改革的进程中，虽然我们摒弃了平均主义的分配方式，但“全面建成小康社会”的目标为共同富裕的实现奠定了坚实基础。虽然我们强调“深化国有企业改革”，但前提仍是“公有制的主体地位”不能动摇；中华文明作为世界上唯一不曾中断过的古老文明形态，其孕育的广义政府政治文化基因为其在改革中坚守社会主义提供了超强的文化定力和文化自信。

二、为创新市场经济的运用方式提供思想底蕴

国家治理现代化的一个重要领域是处理好政府与市场的关系，但要成功找到双方之间的平衡点并非易事。苏联与东欧社会主义国家在经济体制改革问题上数十年都没有跳出计划与市场二元对立的怪圈。改革开放以来，中国迅速崛起与政府对市场经济运用方式的创新密不可分，而广义政府的政治文化基因则为创新市场经济的运用方式提供了思想底蕴。

在广义政府的文化传统中，“经济”的中心不是以最小的投入换取最大的产出，不是让大众遥望少数人的施舍，而是经国治民、是普惠民生、是天下太平。这种天下情怀为市场经济走出私有制的狭隘视野提供了高远的立意。诺贝尔经济学奖获得者诺斯在《经济史上的结构与变迁》中论述过文化理念对制度变迁的重要作用。诺斯认为，文化理念不仅可以降低交易成本，也可以增强政策合法性，“维持现存秩序的成本与现存制度的合法性有关。在参与者相信制度是合理的范围内，实施规章和产权的成本由于以下简单的事实而大幅下降，这就是甚至当私人资本收益算计认为不服从规则或违反产权是合算时，个人也不会这么行动”[②]。换言之，制度变迁的路径依赖性使得市场经济在中国的道路势必会呈现出与西方不同的走

① 《邓小平文选》（第3卷），人民出版社，1993，第142页。

② 道格拉斯·诺斯：《经济史上的结构和变革》，厉以平译，商务印书馆，1992，第62页。

向。随着经济金融化趋势的到来，法治对这一领域监管的难度与日俱增，经济金融化日益凸显出道德的经济价值。道德可以通过制约心灵而实现制约行动的目的，发达的道德力量可以增强人们抵御外部不良诱惑的能力，进而降低经济运行的总体风险。广义政府内蕴的悠久道德文化与道德资源，为我们全面认识市场经济，进而创新市场经济的运用模式提供了思想底蕴。

三、为避免权力介入市场后走向自肥提供道德约束

建设高效、廉洁的政府是国家治理的题中之义。但对转型期国家而言，廉洁与高效很难兼得。对转型期国家而言，一个强大的政府是转型成功的前提，但强势政府是一把双刃剑，它既可以给予政府在面对错综复杂改革局面时所必需的权威和掌控力，但也为处于新旧制度转换期还没有形成有效制度规约的政治权力走向自肥提供了巨大空间。拉美、东亚、东南亚诸多发展中国家的政治权力在转型期陷入政治衰朽的现实说明，处于新旧制度转换期还没有形成有效制度规约的政治权力要避免陷入衰朽，必须具备相关的文化底蕴支撑。改革开放至今，中国政府的积极进取与主动作为态势之所以能避免衰朽并创造发展奇迹，与中国独特的历史文化传统所孕育的广义政府的文化基因密不可分。

在中国，市场经济是靠政府权力一手培育起来的，在改革中权力寻租的空间异常广阔，但中国之所以没有出现政治动荡的重要原因之一就是广义政府的政治文化基因为处于新旧制度转换期存在权力硬制约缺陷的社会提供了软制约方式——以道德制约权力。现实中显性的权力制约方式包括以权力制约权力、以权利制约权力、以法律制约权力，其作用主要还是在行为层面，具有滞后性，华尔街的金融大亨们在法律的层层阻隔下依然还是将美国推入了金融风暴。道德对权力制约的最大特点和优势在于它着眼于从行为产生的心理机制和精神结构方面发挥作用，而不是仅仅停留在外在的行为层面，这一优势是其他权力制约方式所不具备的，它呼唤人们从内心出发规范自己的外部行为，它能够避免权力制约、法律制约导致权力运行的形式主义倾向，保证权力运行的公共取向，这是社会治理的最高境界。

在广义政府的政治文化基因中，以道德制约权力的传统源远流长，儒家提倡的“为政以德，譬如北辰。居其所而众星拱之”[①]的主张是历朝历代统治者所遵循的治国大纲。广义政府政治文化基因中“自省”“克己”“慎独”“宽人”的思想因子和对“官德”的强调为中国走出新旧制度转换的无序期提供了道德资源。以道德规范为核心的广义政府传统是我们的重要文化遗产，发掘、利用好这份厚重的文化遗产，我们完全有可能向世界开出权力制约的中国方案。

综上所述，广义政府的效能与作用改变了人们对政治与经济之间关系的传统认知。广义政府的政治文化基因告诉我们，不同的政治文化基因决定了不同的制度建设的模式，任何新的制度只有和本土文化基因融洽结合在一起，才能顺畅地运转。在推进党和国家治理体系现代化建设过程中，我们要尊重几千年来中国人形成的政治传统，必须立足于本土去探求中国特色社会主义政治发展道路。广义政府存在的历史逻辑和实践逻辑早已超出了西方自由主义的狭隘理论视阈，它是解码中国七十年来取得巨大成功的关键。中国的学者应在广义政府的基础之上去重新认识权力制约的中国道路、建构自己的国家理论，只有这样才能阐释好中国道路，讲述好中国故事。

① 《论语：中华经典藏书》，张燕婴译注，中华书局，2006，第12页。

第七章　中国特色社会主义经济建设领域的治理

中国特色社会主义是科学社会主义理论逻辑与中国社会发展历史逻辑的统一，它的历史进程始于1978年开始的改革。时至今日，中国改革已走过40年，一个拥有14亿人口的大国在超过三分之一世纪的时间里实现了经济体制转型与经济持续高速增长。著名经济学家罗纳德·科斯在研究中国经济转型时称中国的上述变化是人类历史上不曾有过的情景，“是我们这个时代最伟大的故事”①。诺贝尔经济学奖获得者斯彭斯认为，改革开放以来中国的经济增长是所有高增长案例中增长幅度最大、速度最快的，这种增长速度和规模是史无前例的②。这个伟大故事的书写者正是信奉马克思主义的中国共产党，其运用的手段是市场经济。

马克思认为，“经济运动是最强有力的、最本原的、最有决定性的”③。据此可以判断，市场经济体制是中国改革在实践领域的最大突破，正是它唤醒了千百万人沉睡已久的创新欲，激发出蓬勃的创造活力和持久的财富增长速度。然而，著名经济学家皮凯蒂在其《21世纪资本论》中令人信服地证明，常规市场经济很难实现持久繁荣。因为市场会产生持久的不平等，而不平等反过来会侵蚀经济增长的动力。而且，从横向比较看，许多追寻现代化的国家与中国一样都选择了市场经济体制（如俄罗斯、乌克兰、阿根廷、印尼等国家），但这些国家都没能延续超长的经济增长。显然，中国奇迹诞生的原因不仅仅是由于中国简单地选择了市场经济体制。面对人类经济史上的这一增长奇迹，我们应探寻中国经济成功的奥秘及其所具有的世界意义。

---

① Michale Elliott，“ Thirty years after Deng：the Man Who Changed China”，《时代周刊》2008年12月10日。

② 吴敬琏等主编《中国经济50人看三十年：回顾与分析》，中国经济出版社，2008，第43页。

③ 《马克思恩格斯选集》（第4卷），人民出版社，2012，第614页。

第一节　中国经济奇迹的密码探寻

在解释中国经济超长、高速增长的动因时我们常会遇到以下三种解释。

第一种解释是，中国经济增长得益于改革开放前几十年积攒的人口红利。毋庸置疑，依靠劳动力密集型的出口导向型经济，中国为自己的超长经济增长奠定了初步基础。但是东南亚的泰国、菲律宾、印度尼西亚等国在转型中同样拥有巨大人口红利，但这些国家的经济情势与中国差异极大。因而这一解释显然不够全面。

第二种解释是，中国在改革开放前的经济格局是一个有人受损、无人受益的局面，这种格局存在着巨大的改进空间。换言之，正是改革前的极其落后造就了改革后所有改革举措的向好结局。但起点比中国差的许多发展中国家（如非洲国家）经济转型的成果却与中国差距巨大。因而这种解释同样存在缺陷。

第三种解释是，中国存在威权政府[①]，而威权政府有益于促进经济转型。“亚洲四小龙”的成功受益于威权体制，中国的崛起与“亚洲四小龙”的成功在形式上有某种程度的相似性，威权体制也的确拥有集中人力、物力、财力办大事的优势。但这种归纳过于片面，因为东亚的威权体制在国家转型中表现较好，而南美威权体制的表现却极其糟糕。将威权体制作为中国奇迹成功的动因显得过于简单，因为它无法说明为什么有些威权体制成功而另一些却失败了。“亚洲四小龙”的成功与这些国家彼时政府的较强政府职能密切相关，但这些国家经济增长的长期性与稳定性与中国相去甚远。对历史的解释决定了对未来的路径选择。如果将中国市场经济成功的原因归结为“威权政府”（由于中国经济的超常增长及影响力的与日俱增，西方学者近来又用“软性威权政府”“变革性威权政府”“灵巧型威权政府”等新概念描述中国），那么中国改革开放以来形成的经济制度必然

① 威权政府是西方研究现代化的学者用来描述拉美、东亚国家二战后在现代化过程中产生的独特政府形式的词汇。威权政府在经济上以追求经济高速增长为目标，在政治上强调政治秩序、低度政治参与，在社会上强调稳定，反对动员民众及民众运动。西式学者认为，威权主义具有集中力量办大事的特点。参见许瑶：《威权主义：概念、发展与困境》，《国外理论动态》2013 年第 12 期。

会被视为某种过渡性安排，其前景必然会趋近西式市场经济体制。因为，按照西方学人的逻辑，“威权政府”并不是一种定型的政权组织形式，其最终会转向基于私有企业的市场经济制度，基于多党竞争的议会民主体制①。中国经济近40年的稳定增长足以说明这一新事物存在内在稳定性、规律性与合理性。这是任何过渡性概念所不能描述的。

通过上述分析不难发现，支撑经济发展的经济要素许多转型国家都具备，甚至在某些方面还优于中国，但这些国家都没有实现经济的长时段稳定增长。马克思主义认为，经济问题与政治问题不可割裂，任何经济学都不是简单的经济学，其实质是政治经济学。在现代市场经济体制中，政治与经济高度融合，对经济的分析离不开对政治的研判。显然，探究中国经济奇迹的密码不能简单地从初始条件、劳动力等经济要素中寻找答案，而应该深入观察经济发展背后以政府职能为主的政治要素的转变。换言之，中国经济奇迹的密码隐藏在政治领域。

第二节　社会主义市场经济成功的政治条件原理

笔者认为，中国之所以能够克服西式市场经济的周期性波动，实现超长时间的增长，除了得益于低成本的人口红利、改革前存在的巨大改进空间外，更核心的原因在于中国改革开放以来形成的经济体制超越了西式自由市场经济体制，建立了独具特色的社会主义市场经济模式。这一模式的最大特色在于政治权力介入市场经济的日常运行。在这一体制下，政府与市场“看不见的手”与“看得见的手”协力驱动、相互融通，有效化解了西式市场经济的诸多缺陷。这是中国在市场和政府关系的探索中所取得的重大突破，也是中华民族为人类发展贡献的中国方案。认识权力介入市场的必要性及可能性是理解中国特色社会主义创新市场经济模式的关键。

一、政治权力介入市场运行的必要性

将中国的经济奇迹归因在政治领域意味着政治权力介入市场既是必要

① 威权主义的鼓吹者，美国政治学家亨廷顿认为，威权政权是一种过渡形态，从威权主义转向西式民主是时代不可遏制的潮流。参见塞缪尔·亨廷顿：《变化社会中的政治秩序》，王冠华、刘为 等译，沈宗美 校，上海人民出版社，2008，第v、ix、34页。

的，亦是可能的。这一判断与流行于国内政治、经济学界的自由主义信条存在重大差异。自由主义认为，市场的参与者是无数怀揣着个人目的的原子式个体。因而只有彻底私有化的，独立自由运行、自我调节的市场经济体制才能最有效地保障个人自由，最大限度地调动起个人的积极性，进而实现财富增长。拒斥政治权力介入市场运行的自由主义是赤裸裸的意识偏见而非科学。自由主义主张的自我调节的市场在逻辑建构与实践表现上存在巨大缺陷。

首先，在逻辑建构上，自由主义只强调程序正义而忽视了个体在运用程序方面的差异。自由主义认为，市场是最符合程序正义的制度，因为市场中的任何交易都是基于自愿的，且市场规则都是透明和简洁的。但现实中，市场的参与者在地位、资源、知识上是极为不对称的，将存在巨大差异的个体抽象为完全同质化的个体加以无差别对待的结果就是程序平等往往由于实质不平等而遭到扭曲，“我们从一个平等的抽象世界开始，达到的却是一个实质极不公平的活生生的世界”[①]。所谓程序正义在多数情境下往往成为强者的辩护词，

其次，在实践表现上，自由市场无法解决贫富分化问题。在一个自由放任的市场体制中，贫富分化是否难以避免？法国学者皮凯蒂在《21 世纪资本论》一书中已经给出了确切答案：“现代经济增长与信息传播虽然规避了马克思理论演进结果的发生，但是并未改变资本深层结构与社会不平等的现实……21 世纪的今天依然重复着 19 世纪上演过的资本收益率超过产出与收入增长率……资本主义不自觉地产生了不可控且不可持续的社会不平等”[②]。20 世纪西方国家的确出现过经济增长与分配所得同时改善的库兹涅茨曲线现象，但据皮凯蒂考证，这是战争、国有化及再分配机制共同限制资本收益率过快增长的结果，而非市场自发的产物。

再次，自由主义视国家与市场为零和关系，阉割了国家与市场的合作维度。市场自由调节论者将国家完全排除在市场之外，甚至对于最弱意义上的政府干预也反对。市场自由调节论者将市场摆放在同国家对立的地位与其对人性的认知相关。市场原教旨主义认为，人性是恶的，“尘世间的

---

① 鄢一龙等著：《大道之行：中国共产党与中国社会主义》，中国人民大学出版社，2015，第 181 页。

② 托马斯·皮凯蒂：《21 世纪资本论》，巴曙松等译，中信出版社，2014，第 1-2 页。

一切政府都有人类弱点的痕迹，都有腐化和堕落的胚芽，其狡诈会显露，其邪恶会逐渐展现、蓄积和增强。任何政府，当它完全被托付给人民的统治者，都会变质”[①]。这种对人性的静态认知阻滞了市场原教旨主义者对市场与政府关系的认识。实质上，任何市场都是嵌入国家与社会关系之中，并深受其影响的。世界上没有纯粹的市场经济，“市场是由法律、规章和制度共同塑造的，每一部法律、每一条规章、每一项制度安排都对分配造成影响”[②]。换言之，政府可以通过能够体现自身价值偏好的法律、规章、制度来塑造市场。

无论从历史还是从现实来看，国家对市场的干预始终是一种常态。自我调节的市场理念是彻头彻尾的乌托邦。政治权力介入市场运行这种现象的产生与现代国家的职能变化相关。马克思认为，国家职能具有二重性，即政治统治与社会管理，“政治统治到处都是以执行某种社会职能为基础，而且政治统治只有在它执行了它的这种社会职能时才能持续下去”[③]。现代国家的发展使国家的社会管理职能日益凸显，提供公共产品如稳定的秩序、较好的社会福利、良好的自然生态等成为各国政府的重要职能。此类公共需求的不断提升成为政治权力介入市场运行的内在动因。

最后，在发展趋势上，自由主义忽视了大数据时代的到来对当代国家经济和政治制度的影响。

互联网经济的兴起意味着经济主体的生产、交换、分配、消费以及金融机构和政府职能部门等主体的经济行为都越来越多地依赖数据信息。在信息日益成为资本的时代，数据的基础资源作用和创新引擎作用日益凸显。基于此，许多国家都纷纷制定、出台大数据战略。大数据具有大规模、基础性的特征，它内在要求政商结合。因为，数据基础设施的建立、数据资源的整合、数据的开放共享、数据的安全保障是任何一个企业都无法单独承担的，它要求国家必须承担起相应职能。大数据时代的到来预示着国家的诸多行为会越来越多地具有企业性质，这意味着国家与市场之间的高度融合，也意味着自由主义的关于政治与经济的理论范式需要更新。

可以说，完全不受国家干预的自由市场（即纯粹运用市场组成国家的

① Thomas Jefferson，*Jefferson Writing*，(New York：Library of America，1984)，247.

② 约瑟夫·E. 斯蒂格利茨：《不平等的代价》，张子源译，机械工业出版社，2015，第 49 页。

③ 《马克思恩格斯选集》（第 3 卷），人民出版社，2012，第 559-560 页。

生产与分配系统）经济形式从未有过，未来也不会有。正如林毅夫所言，“政府不干预也并不代表政府不会去干预，因为现实政治运转体系中有利益集团的存在。利益集团最终会左右政治决策，不干预往往是被利益集团绑架的结果。以美国为例，金融自由化、放松监管是华尔街推动的，这种不干预对华尔街有利,但付出的代价是美国和全球的金融危机”①。如果说，马克思时代资本主义与社会主义在经济体制方面的区别在于自由市场还是权力计划。那么当代资本主义与社会主义的区别已不在于干预与否，而在于“为谁干预，何时干预，如何干预”。

二、政治权力介入市场运行的可能性

现代市场经济运行的实践逻辑说明，不受权力干预的市场经济只存在于想象中。现实中国家权力在介入市场时的价值理念、时机选择、手段方式、干预程度是区分不同市场经济体制的标志。市场自由调节论者的立场使他们即使是在需要权力介入市场时也保持着对权力的高度戒备，在他们看来，政府干预扮演的是“救火”的角色，危机一旦消除，最弱意义上的国家又成为常态。自由主义对权力具有根深蒂固的怀疑并非毫无根据。现实中诸多国家的政府权力在介入市场后往往被利益集团捕获，成为特殊利益集团政策的制定者。社会主义市场经济让政治权力介入市场成为常态，因为只有依靠政治权力，市场才能规避周期性波动，克服两极分化，实现长期繁荣。

从逻辑上分析，让政治权力介入市场成为常态且避免被利益集团捕获的唯一可能就是让介入市场的权力保持中立性，从而使政府具有强大的自主性。因为，只有保持权力的中立性，政府才能关注国家与社会的长期利益而不是短期利益，才能关注国家与社会的整体利益而不是局部利益。中立政府的存在需要特定的政治和社会基础及文化土壤。很多发展中国家的“威权政府”在介入市场之后出现政治衰朽、经济下滑等趋势，与这些国家介入市场的政治权力无法保持中立性密切相关。“亚洲四小龙”的崛起使世界认识到政府在经济发展中的作用，并引发人们对政治权力的经济职能探讨；而南美“威权政府”的失败让人们意识到权力失去中立性的严重

---

① 张五常等著：《国家与市场》，译林出版社，2013，第28页。

后果。“中国经济奇迹的密码隐藏在政治领域”这一论断之所以成立就是因为中国国家政治权力在介入市场后能够并且较好地保持了中立性。

首先，中国国家政治权力拥有保持中立性的政治基础。

第一，中国共产党是组织国家政权建设的核心和主导力量，它属于列宁主义政党体制。这种政党体制属于现代民族国家建设进程中国家组织失效后由政党担当起实现国家现代化任务的政党中心主义类型[①]。该类型的政党以政治理念为使命宗旨，政治理念像黏合剂一样赋予该类型政党高度的严密性与组织纪律性。实现共产主义和中华民族的伟大复兴是中国共产党政治理念的核心内容，这种宏伟的政治目标使中国共产党在革命、建设与改革时期都具有高度使命感，能专注于民族的整体和长远利益。第二，改革开放伊始，大力发展生产力，满足人民的物质生活需要必然要求执政党将注意力放在国家的整体和长远利益之上。第三，改革开放后中央与地方之间关系调整及财政分权制度的确立一方面加剧了地方政府之间的竞争，使地方政府更加注重制度创新，采纳有利于经济增长的制度，另一方面使中央政府成为地方竞争的协调者，这种身份特征使中央政府获得了相对于地方的中立性，使自己能更好地发挥宏观战略调控作用[②]。

其次，中国国家政治权力存在保持中立性的经济基础。

在一个相对平等的社会里，各社会集团易达成共识，也更易为了长远利益而忍受短期的痛苦。近代以来的辛亥革命、新民主主义革命、社会主义革命除了流血牺牲之外还产生了一个较为平等的社会，这为中国政府成为一个中立政府提供了社会土壤。此外，政府保持着强大的国有经济部门，国有经济部门的存在使中央政府有比较独立的财政收入来源和宏观经济调控手段，避免了对社会中强势利益集团的依赖，这为国家政治权力保持中立性提供了经济基础。

再次，中国国家政治权力具备保持中立性的历史文化基础。

历史上，中国作为一个统一的中央集权大国长达两千多年，这一制度安排适应并且反映了中国所特有的自然地理环境及历史变迁的客观需要。中国两千多年的历史就是一部防止水旱灾害和抵制游牧民族入侵的历史，

---

① 杨光斌：《比较政治学：理论与方法》，北京大学出版社，2016，第 110-119 页。

② 胡鞍钢等：《中国国家治理现代化》，中国人民大学出版社，2014，第 181-186 页；姚洋：《中国道路的世界意义》，北京大学出版社，2011，第 20-27 页。

提供跨地域性的超大规模公共产品的客观需要，如兴修水利、防灾救灾、抵御外敌等活动，使中央集权政府呈现出诸多现代国家的特征。与上述职能匹配的价值观和文化体系即是儒家道德教化。儒家文化推崇的人性本善、仁君仁政、集体至上的道德责任使任何统治者都面临着极强的道德约束。著名学者马丁·雅克认为，中国与欧洲之间的差异在于两者政治构成的本质存在着深刻的不同，古代西方认为宇宙由神明创造，现实中国家权力是“君权神授”，而古代中国认为“天子”承“天命”而治，“天命意味着国家在干预社会生态和经济问题的同时，还要调节人民的生活。这是他们的职责”[①]。独特的历史和文化使中国国家权力拥有了悠久的中立传统。

正是由于上述因素的存在，中国走出了自由市场调节论者智识上的贫困。改革伊始，没有哪一个西方的经济学家认为中国经济会实现超长时间的增长。因为中国缺少任何一项西方经济学教科书视为经济增长之必要条件的要素：完备的市场、私有的产权及有效的法治。但中国改革却造就了世界上绝无仅有的超长经济增长。可以说，政治权力介入市场是中国创造新型市场经济模式的依靠。

第三节　权力介入市场的中国方案：样态及优势[②]

常规市场经济体制通常只存在两大市场主体，即政府和企业。在社会主义市场经济体制中除了政府和企业两大主体之外，还存在着另一个经济主体，即竞争性的地方政府。在中国特色社会主义市场经济体制里，中央政府调控方向、地方政府搭建平台、微观企业搞活市场，三者有机融合，使市场经济在中国呈现出了鲜明的实践样态与优势。

一、社会主义市场经济体制的实践样态

在中国新型市场经济模式中，地方政府不同于西式市场经济体系中的地方政府，它不仅需要履行地方政府的基本职能，它还作为一个竞争性的

① 马丁·雅克：《当中国统治世界：中国的崛起和西方世界的衰落》，张莉等译，中信出版社，2010，第 70 页。

② 此部分内容的写作受到复旦大学新政治经济学研究中心史正富教授，北京大学中国经济研究中心姚洋教授著作与文章的启发，在此向他们表示衷心感谢，本书当然文责自负。

主体参与到市场竞争中，这与西方形成鲜明差异[①]。按照西式市场经济的逻辑，在现代市场经济体系中，中央政府的主要作用是市场监管、宏观调控、公共服务、社会管理。地方政府的职能在于落实中央政府的各项决策，并不介入市场的具体运行中。但中国的地方政府却作为微观的经济主体参与到了改革开放以来市场经济制度创新过程之中。这种状况的出现有以下几方面原因。

第一，中央与地方之间税收分享的财政制度使得地方政府有巨大动力推动地方经济发展与制度创新。现代国家最重要的特征就是国家的财政汲取能力，这是现代国家能力建设的基础。近代中国积贫积弱的重要根源之一就是国家财政汲取能力极差，无法通过强有力的国家财政系统调动资源推动现代化。中华人民共和国成立之后形成了超强的国家财政汲取能力，为国家初期建设提供了重要保障。但“中央过大”的状况将地方统得过死，又阻碍了地方积极性的发挥。20 世纪 90 年代分税制的形成使中央与地方之间的关系具有了稳定性、规范性与预期性，这是改革开放前后中国政治体制变动最大、也最具特色的地方。分税制的确立找到了央地关系的平衡点，比较稳定地建立了中央与地方之间分享税收的机制，一方面它极大地提高了国家汲取财政收入的能力；另一方面又激发了地方政府发展经济的积极性，形成了中央与地方之间的“双赢”格局[②]。分税制的实施使地方政府对于本辖区经济发展成果的分享权有了比较稳定的预期。稳定的收入预期最终产生稳定的行为，地方政府因此产生了内生的强大而持久的经济增长动力。

第二，地方政府拥有西式地方政府所欠缺的发展本地区经济需要的权力与资源。计划经济时代所有的企业都归属于中央与地方政府，在 20 世纪 50 年代至 70 年代中央调整央地关系的过程中，中央直属企业大量下放给地方。虽然 70 年代末又重新集权，但中央与地方之间的经济关系已经由高度的中央集权转变为相对地方分权，这在一定程度上消解了苏联计划经济的弊端。与原苏东国家相比，中国实行的并不是严格意义上的僵化的

---

① 西方国家的地方政府的主要职能是税收与办理有限的公共事务。在推动地方经济发展方面，地方政府既无意愿又无资金、资源条件。参见文森特·奥斯特罗姆等：《美国地方政府》，井敏译，北京大学出版社，2004。

② “分税制”于 1994 年开始实施，它将税收划分为中央固定收入、地方固定收入、中央与地方共享收入三类。

计划经济体制，这使得中国的地方政府在经济体制改革中更易于转向市场经济。此外，国有企业下放使地方政府在改革中拥有了庞大的资产去兴建基础设施、引导产业发展，从而为招商引资创造了条件。

第三，中国共产党的干部人事制度及地方官员之间的竞争使地方政府在推动本地区经济发展方面有持久压力。中国共产党是中国特色社会主义事业的领导核心，其重要体现就是党掌控各级领导干部的选拔与任命。干部提拔任命制度使上级部门确立的考核指标对下级部门的工作方向起到指挥棒作用。研究表明，改革开放以来，政府官员提拔的重要指标是实际业绩，官员的提拔与其所在地域的经济发展情况有直接关联。在现行的干部人事制度下，官员面临的淘汰是极其严酷的，中国共产党虽有 8 900 多万党员，但只有 700 万干部、3 000 多名高级干部、200 名左右中央委员，各级官员要想不被淘汰，实现职务晋升的最佳选择就是寻求制度创新，发展经济。地方政府在制度创新中拥有中央政府不可比拟的一手信息优势，这使得地方政府的创新能向着提升效率的方向发展。

上述原因使中国的地方政府除了履行政府的一般职能之外，还拥有更多的动力与资源推动本辖区经济发展。这一特性使地方政府构成了市场体系中除企业与中央政府之外的另一主体，使市场经济的中国模式呈现出与西方不同的实践样态。

二、社会主义市场经济体制的优势

总体而言，社会主义市场经济的独特优势可以从三个角度来概括。

第一，战略性中央政府。第二次世界大战之前，欧美国家均奉行自由放任的经济政策，国家仅仅在国家安全、公共秩序、产权保护等方面履行职能。二战之后，虽然凯恩斯主义盛行，西方国家大都加强了政府的宏观经济调控职能。但从本质上看，西方国家的宏观调控具有反周期性、短期性的特征，且以间接调控为主要方式。与之相比，中国中央政府的宏观调控手段灵活多样，其深度、广度、力度都远超西式的反周期性宏观调控。在中国，中央政府可以顶层设计长远的国家级发展战略，还可以通过中长期规划、产业政策及具体调控手段推动国家级发展战略的实现。与西式市场经济相比，我国能够超越短期宏观调控进行国家发展管理；

与韩国等传统意义上的“威权”模式国家相比，我国除了能够在赶超阶段制定正确的产业政策以引导经济发展之外，还能够提供长期、持续、系统化的战略领导[①]。

第二，竞争性的地方政府。在社会主义市场经济体制中，地方政府拥有双重身份，它既履行一般意义上的政府职能，又是市场的内在参与者；它不仅仅干预经济，更是促进经济发展的推手。由于存在稳定的税收预期，地方政府不仅通过搭建基础设施平台、产业链平台实现招商引资，甚至会帮助企业获得银行的资金扶持，协助企业组织招聘、引进人才，推销产品。竞争性地方政府的存在一方面为微观企业提供了稳定的预期，降低了交易费用，进而提高了它们的投资意愿；另一方面，地方政府间的竞争又加速了制度创新的速度，孕育了地方政府间差异化的发展特色与模式。

第三，超规模的动员能力。在市场经济体制的中国版本中，中央及地方掌控的国有企业创造着规模庞大的资产，引领着重大技术创新，占据着国民经济命脉行业，它们“如同一支召之即来、来之能战的国家经济部队，平时是推动国家战略目标实现的主力，危机时候则是应对危机的主力”[②]。在常规时段，国有经济不仅能够为经济的长期增长提供直接动力，而且庞大的国有资本还能够间接撬动巨量的社会投资，形成超规模的动员能力。在非常规时段，以商业银行为代表的国有大型企业还是抵御西方寡头企业经济侵略，维护国家主权、安全的有力屏障。以金融安全为例，在当下的全球化进程中，全球金融交易空前膨胀，世界金融市场上充斥着大量游资。“现在，世界金融市场每天的交易额为 3 万亿美元，但其中 98% 以上都与商品贸易无关，这些金融交易都是短期投资，大约为 30 天，有的只有 1 天”[③]，面对上万亿美元的投机资本每天进出，如果发展中国家没有强大的国有企业很容易被西方金融寡头洗劫一空。

社会主义市场经济的上述特征及优势使其在处理政府与市场之间的关

---

① 日本、韩国政府除了对市场经济进行一般的宏观调控之外，还通过制定国家产业规划，提供财政、金融补贴等手段影响经济发展。但由于缺乏竞争性的地方政府及庞大的国有资产体系，其产业政策通常只在赶超阶段发挥作用，工业化与城市化一旦完成，其上述政策就难以为继。（参见史正富：《超常增长：1979—2049 年的中国经济》，上海人民出版社，2013，第 140 页。）

② 鄢一龙等著：《大道之行：中国共产党与中国社会主义》，中国人民大学出版社，2015，第 197 页。

③ 林光斌：《市场经济与软约束——对市场经济微观基础的反思》，《政治经济学评论》2011 年第 3 期。

系上提供了与西式市场经济迥异的新理念、新答案：政府和市场“两只手并不一定是互相排斥、互相对立的，他们是可以互相促进、互相补充的”[①]。中国特色社会主义市场经济与西式市场经济相比存在巨大优势，但作为制度创新的产物它还处在进化之中，甚至还存在着较大问题和改进空间，譬如，对于如何让政治权力在介入市场后保持持久的干净、如何在新的历史条件下保持政府的中立性、如何防止党内形成利益集团等问题，我们还需要在全面深化改革的进程中进一步探索。但中国改革开放以来的实践足以证明，市场经济还存在着非资本主义的更高级形态。中国特色社会主义市场经济的出现标志着人类对市场经济的认知从“自发”阶段走向“自为”阶段。面对这一崭新的发展模式，中国的马克思主义者需要做的则是立足于唯物辩证法总结其经验、建构其理论，向世界展示理论中的中国。

① 鄢一龙：《目标治理：看得见的五年规划之手》，中国人民大学出版社，2013，序言，第3页。

第八章　中国特色社会主义文化建设领域的治理

文化是人类生命活动特有的现象，它是人类本质对象化的产物，是人历史地凝结成的生存方式，是人的“第二自然”，也是人类文明进步的重要标志。恩格斯指出，“文化上的每一个进步，都是迈向自由的一步”①。一个民族的文化是一个民族生存和发展的重要力量。习近平总书记指出，“中华民族有着五千多年的文明史，近代以前中国一直是世界强国之一。在几千年的历史流变中，中华民族从来不是一帆风顺的，遇到了无数艰难困苦，但我们都挺过来、走过来了，其中一个很重要的原因就是世世代代的中华儿女培育和发展了独具特色、博大精深的中华文化，为中华民族克服困难、生生不息提供了强大精神支撑”。推进文化建设是新时代国家治理体系和治理能力现代化的内在要求。

第一节　文化建设在国家治理中的重要作用

一、国家治理体系的内在支撑

从广义的视角来看，人类所创造的一切都属于文化的范畴。就文化的本质规定而言，文化并不局限于具体的文化形式，它内化到人的活动与社会活动各领域之中；从文化的历史方位来看，文化并不仅仅是经济、政治的附属物，它是人类一切活动领域和社会存在领域中内在的东西，它从深层制约着每一个个体的生存方式。文化虽然是观念性的，但它并不存在于人的头脑中；虽然它是非物质性的，但也并非超然存在，它与政治、经济的关系并非二元分立，而是水乳交融。在许多情况下，经济运行与政治体制所遇到的问题实质上并不是具体的经济和政治问题，而是深层的文化机

① 《马克思恩格斯选集》（第3卷），人民出版社，1972，第154页。

制问题。一个社会的政治、经济制度安排包含着内在的文化逻辑。美国学者郝大伟、安乐哲在分析美国的自由民主体制为何在发展中国家频频失败时指出，“政治与经济同是文化的表述，他们的效能必须与其他的文化价值观一起来评估。而且特别需要指出的是，我们认为自由主义的、个人主义的和以权利为基础的民主以及自由企业资本主义，都是西方现代性历史发展的具体产物。因此，任何试图将这些东西在各种文化中普遍化的做法都是愚不可及的”①。

就文化的构成形态而言，文化体系由三个部分构成，即物质文化、制度文化与精神文化。物质文化是人的劳动所创造的物质生活资料。物质文化的形成过程就是人的本质对象化的过程，“动物只是按照它所属的那个种的尺度和需要来建造，而人却懂得按照任何一个种的尺度来进行生产，并且懂得处处都把固有的尺度运用于对象”②。

制度文化是人类为组织、维系劳动而形成的各种规范体系。为了组织和维系劳动，“人们相互之间便发生一定的联系和关系；只有在这些社会联系和社会关系的范围内，才会有他们对自然界的影响，才会有生产”③。在一定意义上讲，文明的发展就是一个社会关系逐渐制度化的过程。诺斯认为：“制度是一个社会的游戏规则，是决定人们相互关系的系列约束。制度是由非正式约束（道德的约束、禁忌、习惯、传统和行为准则）和正式的法规（宪法、法令、产权）组成的。”④制度的变迁虽与生产方式的变化密切相关，但制度又具有相对稳定性，制度一经确立就会在相当长的时间内制约、影响着人们的行为，即使社会存在发生变化，它还会在一定时期内发挥作用。正是由于制度的稳定性维系着人类历史文化的延续，制度的创新既受制于生产活动的发展，也受制于思想观念的发展，因为制度是在一定的价值观念指导之下形成的。精神文化是与社会存在对应的社会意识，它是人“自由自觉”本性的直接体现。

精神文化包括个人及社会群体的所有精神活动及其成果，它最能体现出人的创造性与超越性，它的核心和灵魂是思想理论。与自然界相比，人

① 郝大维、安乐哲：《先贤的民主》，江苏人民出版社，2004，第 16 页。

② 《马克思恩格斯选集》（第 1 卷），人民出版社，1995，第 47 页。

③ 同上书，第 344 页。

④ 道格拉斯·C. 诺斯：《制度、制度变迁与经济绩效》，刘守英译，格致出版社、上海三联书店、上海人民出版社，1994，第 3-4 页。

类的历史非常短暂，但人类却在不长的历史中创造了一个与动物界形成鲜明差异的精神世界。正是精神文化的纵向积累及横向传播，使人类历史呈现出进步性质。

在文化体系的三个部分中，物质文化是最基本的构成要素，精神文化在人类文化体系中处于核心地位，制度文化以物质文化为基础，体现出精神文化的理念。缺乏精神文化支撑的制度文化是没有生命力的，在推进国家治理体系现代化的进程中我们必须建构、保护与现代国家制度体系相匹配的精神文化资源。

二、社会主义建设的内在要求

实现每一个人的自由全面发展是马克思主义的价值目标。马克思认为，实现上述目标需要两个条件，其一就是物质产品的极大丰富，其二是精神境界的极大提高。我们党在成立初期就强调精神改造的重要性。李大钊曾明确指出，“不改造经济组织，单求改造人类精神，必致没有效果。不改造人类精神，单求改造经济组织，也怕不能成功……我们主张物心两面的改造，灵肉一致的改造”①。中华人民共和国成立后，我们党高度重视文化建设，在党的八大上党就提出了在社会主义改造完成后，社会的主要矛盾就是“人民对于经济文化迅速发展的需要同当前经济文化不能满足人民需要的状况之间的矛盾”。改革开放初期邓小平就明确指出，“物质贫困不是社会主义，精神空虚也不是社会主义”。随着党对社会主义建设规律认识的不断深化，文化建设成为社会主义建设总体布局当中的重要领域。党的十七大报告指出，“当今时代，文化越来越成为民族凝聚力和创造力的重要源泉、越来越成为综合国力竞争的重要因素，丰富精神文化生活越来越成为我国人民的热切愿望”②。党的十八大报告指出：“让人民享有健康丰富的精神文化生活，是全面建成小康社会的重要内容。要坚持以人民为中心的创造导向，提高文化产品质量，为人民提供更好更多精神食粮。”③党的十八大以来，以习近平同志为核心的党中央高度重视文化建设，先后召开全国宣传思想工作会议、文艺工作座谈会、哲学社会科学工作座谈

① 《李大钊全集》（第3卷），河北教育出版社，1999，第251页。

② 《十七大以来重要文献选编》（上），中央文献出版社，2009，第26页。

③ 《十八大以来重要文献选编》（上），中央文献出版社，2014，第24页。

会、高校思想政治工作会议、学校思想政治理论课教师座谈会等一系列会议，就新时代如何满足人民群众的文化需要、如何做好新时代文化体制改革以及新时代文化工作的基本遵循等方面做了安排，党的十九届四中全会对文化制度作出新的部署，为推动社会主义先进文化守正创新、建设社会主义文化强国奠定了更加坚实的制度基础。

第二节 加强马克思主义在意识形态领域的指导地位

意识形态是社会的思想上层建筑，是一定社会或一定社会阶级、集团基于自身根本利益，对现存社会关系自觉反映而形成的理论体系；这种理论体系包括一定的政治、法律、哲学、道德、艺术、宗教等社会学说、观点；意识形态是该阶级、该社会集团政治纲领、行为准则、价值取向、社会理想的思想理论依据。从这一定义中我们不难发现，意识形态通过理论言说的方式维护特殊群体的利益，它能够给人们提供一套认识世界的世界观和方法论，能够指导人们的言行。研究意识形态的著名学者俞吾金认为："一个试图逃避意识形态教化的人只可能是自然存在物，而不可能是社会存在物。也就是说，与一种意识形态认同正是人们在任何特定的社会中从事任何实践活动的前提。"① 直言之，人们只能选择意识形态而无法脱离意识形态而存在。因此选择什么样的意识形态对于个人和国家是极其重要的。习近平总书记指出，"经济建设是党的中心工作，意识形态工作是党的一项极端重要的工作"②。

一、马克思主义是立党立国的根基

恩格斯曾指出，"一个民族要想站在科学的最高峰，就一刻也不能没有理论思维"③。马克思主义的诞生是人类思想史上的大事记，它犹如一轮壮丽的红日，驱散了世界的黑暗，照亮了人类解放的道路。

马克思主义是科学的理论。马克思曾说："批判的武器当然不能代替武器的批判，物质力量只能用物质力量来摧毁；但是理论一经掌握群众，

① 俞吾金：《意识形态论》，人民出版社，2009，第 131-132 页。

② 习近平：《论党的宣传思想工作》，中央文献出版社，2020，第 14 页。

③ 《马克思恩格斯选集》（第 3 卷），人民出版社，2012，第 875 页。

也会变成物质力量。理论只要说服人，就能掌握群众；而理论只要彻底，就能说服人。所谓彻底，就是抓住事物的根本。”① 因为马克思主义科学揭示了自然界、人类社会和思维发展的基本规律，指明了人类社会的前进方向，所以马克思主义由滥觞于西欧一隅的小小思潮成为磅礴于世界的理论体系。

马克思主义是人民的理论。马克思创立的历史唯物主义彻底颠覆了以往视“人民群众”为草芥的历史观，将“人民群众”从历史的角落里解放了出来，科学地揭示了“人民群众”在历史进程中的地位和作用。这与世界上其他形形色色的主义、理论形成了鲜明差别。

马克思主义是实践的理论。马克思主义不仅致力于科学解释世界，更致力于改造世界。在马克思主义诞生之后，各国无产阶级在马克思主义的指导之下掀起了波澜壮阔的社会运动，深刻改写了人类的历史进程。从理论到运动，从西方到东方，马克思主义在发展进程中始终与时代共命运、同呼吸，在实践中不断完善、更新自己的理论形态。

坚持马克思主义的指导地位，是中国人民和中国共产党在近代以来探索民族复兴艰难征程中得出的正确结论。从党史、新中国史、改革开放史、社会主义发展史中我们不难看出，正是因为有了马克思主义，中国人民才拨开重重历史迷雾，找到了民族解放的正确道路，迎来了民族复兴的光明前景。近代以来，在民族解放的征程中，马克思主义已经与中国共产党、中国人民的命运紧紧联系在了一起，成为我们立党立国的根本指针。新时代国家治理现代化必须通过制度形式将马克思主义的指导地位落实到意识形态改造的各个方面、全部领域。意识形态领域是中国共产党一块极其重要的阵地，这块阵地的牢固程度关乎党的事业的兴衰成败。

二、当下意识形态领域存在的问题

改革开放以来，伴随着社会主义建设和改革事业的成功推进，整个社会呈现出一系列结构性变化，新情势、新现象，世情、国情、党情、舆情正发生着巨大而深刻的变化，党的意识形态工作面临着巨大挑战。

首先，意识形态工作面临的世情发生了巨大变化。20 世纪 90 年代初

① 《马克思恩格斯选集》（第 1 卷），人民出版社，2012，第 9-10 页。

期，东欧剧变、苏联解体的发生使世界社会主义遭到巨大挫折，社会主义运动在世界范围内陷入低潮。资本主义借助其在军事、政治、经济、科技领域的优势不断向发展中国家推销其发展模式。当下，占全球人口65%的国家都选择了西式发展道路；在人口过亿的9个发展中国家，除了中国外，其余8个（印度、巴基斯坦、孟加拉国、印尼、菲律宾、尼日利亚、墨西哥、巴西）都施行了西式多党竞争、三权分立制度。虽然选择西式发展道路的发展中国家治理绩效并不理想，虽然改革开放以来中国的发展成就斐然，但西方资本主义的话语霸权依然占据优势。在"两制关系"发生重大变化的今天，重新确认社会主义的必然性，对全球化条件下发展中国家的社会主义道路作出新的说明，对马克思关于人类社会的发展规律作出新的认识，进而为思想政治教学奠定科学的基础理论，成为思政理论工作者面临的巨大难题。这一基础理论难题不攻克，意识形态工作的效果将大打折扣。

其次，意识形态工作面临的国情发生了巨大变化。20世纪70年代末，为发展生产力，中国选择了改革开放。改革开放以来，中国社会经历了翻天覆地的巨变，其中生产关系领域最重要的变化是由单一公有制向多种所有制共存的转变；由计划经济向市场经济的转变。不经历上述变革，中国就不可能成为世界第二大经济实体。但与此相关的是，所有制多元化必然导致利益的分化，利益分化必然带来思想、价值观的多元化；市场经济强调的竞争及利益导向原则容易向社会其他领域渗透，滋生"一切向钱看"的不良倾向。这些事实折射到社会层面，使得价值观的个体本位、多元化趋势日益明显。社会个体主体意识不断凸显，追求个体利益、个性发展和自我价值的实现。主体意识的觉醒改变了计划经济时代主体被客体化、整体化的状态，有利于社会的整体进步。但在这个转变过程，个人的自我中心主义倾向也逐步显现。在处理个人与社会之间的关系时，更容易把满足个人要求与实现个人理想放在较高的位置上。相比于改革开放之前的时期，人们在道德行为选择和利益取舍的场合，更注重以物质利益衡量行为收益。价值观的非统一性及多元化使得传统的意识形态遇到了巨大挑战。

再次，意识形态工作面临的党情发生了巨大变化。改革开放以来，新社会阶层不断涌现，为扩大中国共产党的执政基础，党组织开始向各个阶层开启大门，党员人数迅速增加。当下，中国共产党已成为一个超大规模的政治实体。截止到2020年，中共党员人数超过九千万，超过德国的总人口，若组成一个国家，其在世界上按人口统计排名第16位。这样一个巨型政治组织给党的治理带来巨大挑战。在市场经济的大潮中，部分党员受市场经济滋生的“一切向钱看”的不良倾向影响，走向腐化堕落，一些地方和基层党组织甚至出现整体性溃败和坍塌。这些现象的出现极大影响了党的形象，对社会价值观念形成了巨大冲击。

最后，意识形态工作面临的舆情发生了巨大变化。互联网、新媒体出现前，单向度的思想宣传改造基本可以解决社会思想领域的问题。但互联网的出现，改变了人类信息、文化传播的方式。它催生出的“微时代”（微博、微信、微电影等）为多元化思潮、价值的传播提供了新的平台与媒介，这给意识形态工作带来机遇的同时也带来了挑战。随着“微时代”的出现，传统单向度的宣传已经难以契合意识形态工作的实际。与此同时，“微时代”的各种载体上还暗藏着高雅与低俗、科学与愚昧、积极向上与娱乐至死的争夺及复杂的意识形态斗争。在“微时代”如何有效引导社会舆论、抵制不良社会思潮，提高自身鉴别力是意识形态工作面临的新课题①。

三、加强阵地建设，守好意识形态阵地

尽管当下意识形态领域的思想土壤、政治土壤、传播媒介都发生了重大变化，面临着各种挑战，但矛盾并非不可消解。我们需要审时度势，紧随时代脉搏，做到因事而化、因时而进、因势而新，守好意识形态阵地。

首先，强化社会主义基础理论研究，为党的意识形态工作奠定坚实的理论基础。舆论宣传不论采用何种手段和形式，其核心内容都是马克思主义及其中国化成果。马克思主义只有与时俱进，不断与时代特征相结合，使之适应时代变化，符合时代要求、回答时代问题，才不会因时代发展而丧失生命力。“现实社会主义革命及社会主义国家的出现虽具有历史必然

① 沈壮海、葛大伟：《莲发藕生 必定有根——论高校思想政治理论工作的育才铸魂作用》，《中国社会科学报》2016年12月23日。

性，但在理论上远远超出原创马克思主义的规定”[①]。现实社会主义革命的原因、前提条件、革命主体、力量配备，现实社会主义国家的建设模式都与马克思、恩格斯的设想有很大不同。在世界社会主义依然处于低潮的环境下，理论研究必须深化对共产党执政规律、社会主义建设规律、人类社会发展规律的认识，回答现实社会主义取代资本主义的必然性及落后国家的社会主义建设模式的合理性。只有回答好上述基本理论难题，才有助于引导社会舆论正确认识中国特色，全面客观认识当代中国、看待外部世界，找准中国的历史方位。

其次，利用好现代媒介，创新传播手段，做好思想宣传工作。互联网的出现改变了人类信息、文化传播的方式，“微时代”的信息传播呈现信息传播全方位、碎片化，信息交流便捷化、去中心化，信息表达个性化、隐匿化等特征。信息传播方式的这种变化很大程度上改变了人们的思维方式。一方面，“去中心化”的倾向，使得大众从新闻传播的末端，转为参与到舆论传播的全过程；另一方面，舆论的话语权不再仅仅属于传统的权威媒体，也被新媒体分享。这要求传统权威媒体转变形式，积极利用网络阵地，利用新媒体阵地弘扬主旋律、传播正能量。马克思主义是由一系列概念、原理构成的系统理论体系，理论性、抽象性明显。宣传思想工作在展开时必须实现由抽象到生动的转化。必须贴近客体的实际生活，通过通俗易懂的案例、喜闻乐见的形式宣传马克思主义及其中国化成果。此外，在弘扬主旋律的同时应积极回应社会关切。尤其是不能回避热点社会问题，如腐败、教育不平等、分配不公平等。聚焦问题不是释放负能量，而是要用马克思主义的理论方法引导客体寻找社会问题的产生原因，并探索求解办法。宣传思想工作应该加强人文关怀，努力在润物细无声中实现目标。

再次，抓好青年一代的思想政治教育。青年兴则国家兴，青年强则国家强。习近平总书记指出：“青年的价值取向决定了未来整个社会的价值取向，而青年又处在价值观形成和确立的时期，抓好这一时期的价值观养成十分重要。就像穿衣服扣扣子一样，如果第一粒扣子扣错了，剩余的扣

---

① 张光明：《社会主义由西方到东方的演进——从马克思到邓小平的社会主义思想史考察》，云南人民出版社，2004，第35页。

子都会扣错。”① 一个有远见的民族和政党应当把关注的目光投向青年。思想政治工作的任务就是通过各种手段，千方百计帮助青年学生扣好人生的第一粒扣子，帮助其树立坚定的理想信念、积极向上的精神状态和爱党爱国的情怀。只有这样，青年人才会相信党、听党的话、坚定跟党走，我国的社会主义事业才能兴旺发达，我们党才能立于不败之地。换言之，我们培养的“人”只有拥有了坚定的政治立场，才能成为我们需要的“才”。没有坚定的政治立场或者站错了立场的人，即使拥有再高深的知识、再聪慧的头脑，也不可能成为“人才”，而只能成为“庸才”“蠢材”“危才”。“庸才”“蠢材”“危才”不仅无助于社会进步，有时甚至会成为社会进步的绊脚石。党的十八大以来，习近平总书记对思想政治工作的根本性质和方向，提出了一系列具有方向性、根本性、全局性、战略性的问题，为做好新时代青年思想政治工作提供了根本遵循和行动指南。我们必须以此为基本遵循，积极推动新时代青年思想政治工作的改革创新，开创新时代青年思想政治工作的新局面，将我们党的思想政治工作优势转化为我国国家发展的优势。

第三节　坚定文化自信

改革开放四十多年来，中国取得了举世瞩目的发展奇迹，人民生活水平实现了大幅提升。国家实力的变迁和个人生活境遇的改变既提升了人民群众对先进文化的需要，也让中国人民逐渐找回了近代由于不断落后挨打而丧失的自信。习近平总书记指出，文化自信是道路自信、理论自信、制度自信的基础。坚定文化自信是发展先进文化、满足人民群众对文化需要的前提。

自信是一个心理学概念，意指人们在适应社会生活过程中的一种自然心境，即人们相信自身的经验和知识结构能够从容面对陌生环境的挑战。自信不是自大，更不是骄傲，而是信任自己、相信自己。文化自信是一个国家、一个民族、一个政党对自身文化价值的充分肯定，对自身文化生命力的坚定信念，它是在文化认同和情感归属的基础上，主体对自身文化价

① 《习近平谈治国理政》，外文出版社，2014，第 172 页。

值和生命力的肯定与信任①。中国特色社会主义文化，源自于五千多年文明历史所孕育的中华优秀传统文化，熔铸于党领导人民在革命、建设、改革中创造的精神文化和社会主义先进文化，根植于中国特色社会主义伟大实践。坚定文化自信必须弘扬优秀传统文化、传承革命文化、发展先进文化。

一、弘扬优秀传统文化

中华文明是人类文明史中唯一没有中断的文明。中华民族在长期生产生活实践中产生和形成的优秀传统文化，为中华民族的生息、发展和壮大提供了丰厚的精神滋养，对维护和巩固多民族和合一体的大家庭，对形成和丰富中华民族精神发挥了十分重要的作用，也蕴藏着解决当代人类面临难题的重要启示。中华优秀传统文化是中华文明的结晶，是中华民族的独特标识。习近平总书记指出，中华优秀传统文化体现着中华民族世世代代在生产生活中形成和传承的世界观、人生观、价值观、审美观等，其中最核心的内容已经成为中华民族最基本的文化基因。因而树立文化自信必须弘扬优秀传统文化。

弘扬优秀传统文化首先要系统梳理传统优秀文化资源，让收藏在禁宫里的文物、陈列在广阔大地上的遗产、书写在古籍里的文字都活起来。其次，弘扬优秀传统文化要做好创造性转化和创新性发展。弘扬优秀传统文化并不是要复古。习近平总书记指出，“当代中国的伟大社会变革，不是简单延续我国历史文化的母版”②。因而要按照时代的特点和要求对那些在今天依然具有重要借鉴价值的传统文化表现形式加以改造，赋予其新的特点和表达形式，要按照时代的发展要求，补足、拓展、完善、增强优秀传统文化的影响力、感召力。党的十八大以来，一系列展示优秀传统文化的节目如“国家宝藏”“我在故宫修文物”“习近平用典”等“火”遍了大江南北。这些节目用现代的语言、形式，现代的传播媒介展示了优秀传统文化的深刻内涵和价值意蕴。再次弘扬优秀传统文化还要通过制度推动优秀传统文化融入各级各类学校的教材，要加强对优秀传统文化的科学研究和宣传，推动优秀传统文化走入社区、机关、单位，让优秀传统文化的素养

① 石文卓：《文化自信：基本内涵、依据来源与提升路径》，《思想教育研究》2017 年第 5 期。

② 习近平：《哲学社会科学座谈会的讲话》，人民出版社，2016，第 21 页。

在当代中国人身上得到传承和延续。

二、传承革命文化 ①

革命文化是近代以来中国人民在中国共产党的领导下同帝国主义和国内反动势力作斗争的过程中所创造的，以争取民族独立、人民解放为主旋律的文化，譬如井冈山精神、长征精神、抗战精神、延安精神、沂蒙精神、西柏坡精神等，它们是激励中国人民革命前行的动力，也是激励当代中国人为实现中国梦不懈奋进的精神支撑，是极具中国特色的先进文化。坚定文化自信必须发扬革命文化。

发扬革命文化首先要努力挖掘和梳理革命文化。当前我们对革命文化资源的挖掘和梳理还不够全面和丰满，偏重对重大事件、领袖人物、革命圣地的研究，而对微观、普通个体的研究不足；革命文化中蕴含的集体主义，正确的财富观、权力观是干部教育的极好素材，是克服市场经济带来的物质主义、利己主义、金钱至上等负面影响的有力武器，要将这些资源激活，让它们成为干部成长的丰厚滋养。其次，要促进革命文化的“品牌化”，革命文化不仅具有历史、文化、教育的价值，也具有重要的经济价值。随着人民日益增长的美好生活需要，革命文化的经济价值日益凸显。从 2004 年至 2013 年，全国红色旅游景区共接待游客 33.46 亿人次，年接待游客以 2004 年的 1.4 亿人次，增长到 2013 年的 7.9 亿人次，红色旅游已经走入普通百姓的生活中。通过“品牌化”战略可以实现红色资源的差异化发展，避免同质化竞争，将众多的红色资源激活。

三、发展社会主义先进文化

社会主义先进文化是中华人民共和国成立以来，尤其是改革开放以来中国共产党带领中国人民在社会主义现代化过程中所创造的，以马克思主义为指导，以“三个面向”为方针，以社会主义共同理想为主题，以培养“四有”新人为目标的民族的、科学的、大众的文化。社会主义先进文化是反映时代要求、代表当代中国发展进步的先进文化。

发展社会主义先进文化必须推动中国特色哲学社会科学的建构。当代

① 本部分内容的写作参阅了田克勤教授的相关研究成果，在此向作者表示衷心感谢。

中国正经历着我国历史上最为广泛而深刻的社会变革，也正在进行着人类历史上最为宏大而独特的实践创新。这种前无古人的伟大实践，给理论创造提供了强大动力和广阔空间。习近平总书记指出，这是一个需要理论而且一定能够产生理论的时代。当下，加快建构中国特色哲学社会科学前需要在以下两个方面重点发力。一是要加强对习近平新时代中国特色社会主义思想的研究和阐释。习近平新时代中国特色社会主义思想开辟了马克思主义的新境界，是当代中国的马克思主义，21 世纪的马克思主义，是具有原创性贡献的科学理论体系，贯穿着科学的思想方法和工作方法。二是要讲好中国故事。习近平总书记指出："在解读中国实践、构建中国理论上，我们应该最有发言权，但实际上我国哲学社会科学在国际上的声音还比较小，还处于有理说不出、说了传不开的境地。"我们必须要用别人听得懂的语言、道理向世界展示理论中的中国，推动哲学社会科学走出去。

发展先进文化必须推动社会主义核心价值观建设。作为一种社会意识，价值观是一定社会的经济、政治和文化等状况的集中反映，是人们认识事物、辨别真相的标准。核心价值观是在一个国家和社会中居中心地位、起着主导作用的价值观念，它决定着文化的属性和特质，引领着文化建设的方向和路径。社会主义核心价值观是当代中国先进文化的集中体现。党的十九届四中全会提出，要坚持以核心价值观引领文化建设的制度。当下，社会主义核心价值观建设已经取得初步成效。但是社会主义核心价值建设的针对性还有待将强，必须突出社会主义核心价值观教育的层次性，对不同群体教育的重点、内容、手段都应有所区别；必须加强教育的渗透性，杜绝大水漫灌，提高精准度，将核心价值观教育渗透于日常的生活和工作中，实现润物无声；必须加强教育的协创同新，社会主义核心价值观教育是系统工程，社会、学校、家庭、单位、网上、网下都是教育的主场域，各方要互相"补台"，而非"拆台"，要发挥多方合力、增强教育的协同性和一致性。

四、保障公民基本文化权益

文化的受众问题一直是具有重大争议的问题。在文化史上，直到 19 世纪之前，精英文化与大众文化的区别是非常明显的，前者高雅而被赞誉为“阳春白雪”，后者粗俗而被菲薄为“下里巴人”。法国17世纪古典主义时代，著名学者布瓦罗在崇尚宫廷艺术的同时，对民间审美趣味却不以为然。在布瓦罗看来，莫里哀那种投合人民的喜剧是“低级趣味”，违背了“高雅”“高尚”“节制”的宫廷要求[①]。我们认为，精英文化与大众文化的选择，反映了不同的阶级立场。唯物史观认为，大众是人民的基本构成，马克思主义文化理论的必然旨归是服务大众。

建设社会主义先进文化必须满足人民群众的基本文化权益。而公益性文化事业是满足人民基本文化权益的主要途径。党的十八大以来，以习近平同志为核心的党中央坚持以人民为中心的发展理念，不断加大财政投入，为保障人民群众基本文化权益提供了坚实的法制保障和物质保障。十八大以来，我国的文化立法工作取得突破性进展。公共文化服务保障法、公共图书馆法、博物馆条例颁布实施，为保障人民群众基本文化权益提供了强有力的法治保障。数据显示，2017年，全国文化事业费855.8亿元，比1979年的5.84亿元增长了140多倍，占国家财政支出的0.42%。全国人均文化事业费从1979年的0.6元增加到2017年的61.57元，增长了100多倍。截至2017年，全国共有公共图书馆3 166个、文化馆3 328个、文化站41 193个、博物馆4 721个，分别比1979年增长了91.7%、17.2%、961.4%、1 252.7%，初步形成了健全的公共文化设施网络[②]。当下，推动社会主义文化建设需要继续提供优质公共文化产品的供给能力，提高文化惠民力度，健全城乡文化发展协同机制，推动公共文化服务均等化水平。

建设社会主义先进文化要建立把社会效益放在首位、社会效益和经济效益相统一的文化创作生产体制机制。社会主义先进文化将社会效益放在首位，也就要求文化艺术的生产，首先要确立马克思主义的指导和社会主义核心价值观的引领，实质上就是对中国当下文化艺术的生产提出价值观教育的要求，不能无为而治，文化不能当市场的奴隶，不能沾满铜臭气。应该说，这个要求，一方面与中华文化精神有渊源关系，另一方面与中国近代的历史道路选择有直接关系。当代中国的伟大社会变革不是简单延续我国历史文化的母版，不是简单套用马克思主义经典作家设想的模版，不是其他国家社会主义实践的再版，不是国外现代化发展的翻版。

---

① 黄力之：《牢牢把握社会主义先进文化前进方向》，《文汇报》2019年12月11日。

② 《努力探索保障人民群众基本文化权益的特色之路》，《中国文化报》2018年12月12日。

第九章　中国特色社会主义社会建设领域的治理

人是社会性的动物。马克思认为："社会的性质是整个运动的普遍的性质。正像社会本身创造作为人的人一样，人也创造着社会。人的活动及其成果的享受，无论就其内容或就其存在方式来说，都具有社会的性质，都是社会的活动和享受。只有在社会中，人的自然存在才能成为人的属人的存在。"[①] 人的生存需要的满足、自由发展都离不开社会。按照高放先生的理解，所谓社会主义就是要以社会为主义，为社会而主义，由社会出主义，靠社会显主义，并由此充分促进每一个个体的发展。社会治理作为社会主义国家治理的重要组成部分，关乎社会安定有序、人民安居乐业、国家长治久安。社会治理的质量也是检测、衡量我国"社会主义"程度的重要维度和指标。十九届四中全会作出的《中国中央关于坚持和完善中国特色社会主义制度 推进国家治理体系和治理能力现代化若干重大问题的决定》(简称《决定》)，从新时代国家发展的战略高度回答了新时代我国社会治理的主要目标、基本原则、体系保障、主要任务。

第一节　新时代社会治理场景：我国社会治理面临的挑战

改革开放以来，我国社会经历着从计划到市场，从传统到现代的转变，我国社会治理面临着多重压力。

一、资源有限与责任无限的矛盾

马克思主义认为，物质资料的生产方式决定着人类社会发展的状况和走向，也构成了国家治理的先决条件。改革开放以来，我国城市与农村的社会经济环境发生了巨大变化。在城市，随着社会主义市场经济的建立，

---

① 马克思：《1844 年经济学哲学手稿》，人民出版社，1979，第 75 页。

企业成为独立自主、自负盈亏的市场主体，计划经济时代的单位制逐步解体，企业办社会逐步成为历史，原来由单位承接的社会管理职能逐步从企业中剥离出来，转由基层政府及其派出机构承担。在农村，计划经济的终结使得人民公社体制退出历史舞台，人民公社承担的诸多的社会管理职能也转由基层政府及其派出机构承担。这一重大社会转型带来的结果就是作为行政组织单元末梢的基层政府成为公共服务的载体，不得不承担起大量事务，但矛盾的是基层政府承担的公共资源并没有因此而增加。相反，随着市场化进程的推进，体制外力量开始崛起，并掌握了越来越多的社会经济资源，而基层政府掌握的社会经济资源占比却不断下降。作为社会管理末梢的基层政府扮演着社会管理"第一责任人"的角色，在中国的治理场景中，其承担的责任是无限的，但其行政编制、管理权力及财政资源却极其有限。这种权责不匹配，资源有限与责任无限的悖论是新时代社会治理必须克服的制度顽疾。

二、权利意识增强与基层服务水平和能力有限之间的矛盾

公民在社区生活的时间远远高于工作时间，基层社会治理是社会治理的重要内容。改革开放以来，伴随着社会生产力的巨大发展和人民生活水平的提高，公众的权利意识迅速觉醒，公众对社区环境和服务的质量不断提高。此外，国家民主政治建设步伐的加速、公众受教育水平的提升使得公众的参与意识、知情意识不断增强，公众对其正当诉求的表达及维护合法权益的能力大幅提升。但与此相对应的是由于资源有限，基层政权对人才的吸引力不强，对民众的诉求回应不足。"生面千条线，下面一根针"，基层社会治理任务的繁杂与基层治理能力的欠缺之间的矛盾成为制约新时代社会治理水平提升的短板。民众对美好生活的向往是由诸多日常的小事和具体事务构成的，满足人民群众对美好生活的向往必须提升基层的社会治理能力，完善基层治理体系，真正做到"民有所呼，我有所应"。

三、条块分割体制与整合治理的矛盾

前文曾言，社会治理涉及的事务千头万绪，繁杂的事务涉及诸多公共部门。社会主义市场经济条件下的社会治理内在要求部门之间的行政资源

整合，从而提升治理的整体性、协同性，进而提高治理的精准性。但在现行体制下，上下级政府机构设置依据对口领导的历史沿革形成了上下对口、纵向贯通的“蜂窝型”治理结构。作为行政组织体系末梢的基层行政组织既要接受“条条”领导，也要接受“块块”的归口管理。在具体运行过程中，由于“条条”在资源的配置方面居于主导地位，上级部门的决策能较快落实，由于不具备单独处理某些公共事务的完整权限，跨部门之间的协同机制尚未完善，横向壁垒较多，“块块”之间很难实现有机融合与互动，一些需要跨部门协作的难题往往得不到及时解决。社会治理的整体性、系统性内在要求在党的领导下实现整合治理。

第二节　超越“二元对立”思维的新时代社会治理理念

在如何建设一个健康的社会的问题上，中国共产党人的认识有一个逐步深化的过程，从2002年党的十六大到2012年党的十八大的十年间，党中央对于社会建设一直采用的是“社会管理”一词，从2013年党的十八届三中全会起，“社会管理”一词在党中央文件层面被“社会治理”取代。两者之间虽然只有一字之差，但它反映的是新时代党的治国理念与思维的转变。

两者之间存在以下几个差别：首先是主体不同，社会管理的主体是单一的政府，强调的重点是作为主体的政府对作为客体的社会管制；而社会治理的主体是多元的，治理要想达到目标必须积极调动其他主体的力量。其次，社会管理是单向度的由上而下的纵向控制，而治理强调的是多主体间的多向度互动。再次，在手段层面，社会管理靠刚性的行政命令，而社会治理除了运用行政手段之外，更加强调对话、协商。党的十九届四中全会通过的《决定》勾勒了新时代我国社会治理的基本框架：首先是明确了社会治理的目标是建设人人有责、人人尽责、人人享有的社会治理共同体；其次是健全了社会治理的构成要件，将社会治理的构成要件扩充为“党委领导、政府负责、民主协商、社会协同、公众参与、法治保障与科技支撑”；再次是明确了新时代社会治理的五大主要任务：防范化解人民内部矛盾、社会治安防控、公共安全、基层社会治理、国家安全体系建设。

我国社会治理理论与实践模式的选择与西方的社会治理有着明显的区别。传统的治理理论来自20世纪90年代初世界银行专家对于南撒哈拉沙漠国家的政策设计。在研究南撒哈拉国家出现的普遍性国家失败原因时，他们认为，“国家失败的根源在于无能为力的政府，而替代性方案就是加强非政府组织、各种社会组织乃至个人的作用。世界银行甚至还以‘投资人民’为主题，强调个人和社会的替代性作用。伴随着1990年作为新自由主义宣言的‘华盛顿共识’的节拍，强调社会作用以去政府化的治理理论迅速在全世界流行开来，‘无政府的治理’成为治理主义者的信仰，认为去政府化的治理才能实现公正透明，才会有政治合法性”[①]。西方的治理理论多是在国家与社会关系的理论框架下分析社会治理问题，这种分析框架将国家与社会看作二元对立的关系，它们之间充满张力，时常处于对抗状态。在西方治理理论中，国家和社会之间是零和博弈关系，社会是抗衡国家权力侵蚀的重要力量，社会的成长意味着国家权力的收缩，社会力量的成长是与国家力量争夺权力的结果，只有国家让渡权力，社会才能成熟与发展。这种治理理念是新自由主义甚嚣尘上之时的产物。在新自由主义话语中，“去国家化”是经济社会发展的必然要求，“小政府、大社会”是理想的社会发展模式。而从现代国家建构的历史进程看，国家不仅在消极意义上是维持人类所需要的安全和秩序之必须，它还在积极意义上是社会经济发展的主导者。新自由主义的治理理念不仅不能解释许多发达国家的社会治理模式变迁，更不能解释二战之后发展中国家的经济社会发展的现实[②]。

新时代我国社会治理与西方社会治理的最大不同之处在于“国家”的角色问题。我国的社会治理是在“国家治理体系与治理能力现代化”的命题下的领域治理，它背后体现的理念是中国人的价值理念与文化传统。由于广义政府的历史文化传统，中国人成为天然的国家治理主义者，我们早

---

① 杨光斌：《国家治理论超越西方治理论》，《北京日报》2020年1月6日。

② 米格代尔等学者基于发展中国家的发展经验将国家与社会的关系划分为四种模式：第一是国家完全控制社会，第二是国家对既有社会势力的吸纳，第三是既有社会势力吸纳国家，第四是国家在努力渗透时完全失败。米格代尔认为，诸多发展中国家发展失败的原因在于国家力量被社会势力吸纳，因为社会势力的存在，使国家能力受到限制和阻碍，社会碎片化的形态使国家成为“失败的国家”和“无效的国家”。参见乔尔·米格代尔等主编：《国家权力与社会势力：第三世界的统治与变革》，郭为桂、曹武龙等译，江苏人民出版社，2017，第34-35页。

已经认识到，国家不仅仅是社会秩序的维护者，而且国家还深深嵌入人们的经济社会生活当中，除了强制关系外，国家还可以通过赋权、整合、形塑、协商等手段建构与社会的关系。例如，在社会主义市场经济体制当中，国家权力可以直接构成生产关系，从而成为经济基础的一部分，进而建构上层建筑。这个原则不仅适用于社会主义政党——国家的实体化方面，而且适用于其非实体化的或主观的方面。从社会主义市场经济在中国的成长以及各国抗击新冠肺炎疫情的实践中我们可以发现国家与社会的关系可以呈现出管制、服务、合作等多种样态，这种样态的差别意味着社会治理模式的差异。诚如波兰尼所言，“历史其实是与社会变革相适应的，国家的命运也直接与它变革过程中所扮演的角色相关。这种共生关系长久存在于事务的本性之中”①。这意味着国家与社会的关系完全可以从二元对立走向积极合作，也意味着党和政府在新时代中国的社会治理当中不可或缺的地位。

第三节　新时代社会治理模式：一核多元的复合治理

改革开放以来，市场经济的发展使得社会结构日益复杂，社会运动的整体特征日益明显，社会诸领域从领域合一逐渐走向领域分离②，社会建设逐渐成为社会主义建设总布局的重要一维。作为整体当中的一个独立领域，我国的社会治理模式的建构必须适应我国所处的历史方位及国情。从历史方位来看，中国社会处在全球化、工业化、城镇化、信息化叠加变迁的快速现代化历史进程中，经济转型、城市化进程加速、社会结构变迁带来的利益分配格局的改变与相关利益分配规则的缺失会带来诸多社会问题。我国所处的历史方位决定了我国社会治理承担着在经济、政治、社会极速变迁中调整利益关系、化解矛盾冲突、维系社会共识、维护社会安全的重任。

从我国所处的国情来看，改革开放四十多年使得中国社会传统的“两阶级一阶层”的社会分层结构发生了重大变化，具体表现如下。

---

① 卡尔·波兰尼：《大转型》，刘阳、冯钢译，浙江人民出版社，2007，第 23 页。

② 王南湜认为，市场经济的发展会带来深层的社会转型，社会诸领域会从领域合一走向领域分离。（参见王南湜：《从领域合一到领域分离》，山西教育出版社，1998。）

首先，传统社会逐渐解体，公民的原子化、个体化倾向不断加强。费孝通先生曾言，传统中国社会是一个“熟人社会”，但是随着城市化和市场经济的快速发展，对集体依附性极强的个体从熟人社会中逐渐解放出来，个体的社会流动和迁徙加速，个体的异质性及原子化倾向日益突出，传统的以血缘为纽带的人际关系网络逐渐被以职业、行业为纽带的社会网络所代替，在市场竞争大潮中，以绩效为特征的职业、行业纽带深刻改变了人与人之间交往方式，职业的多元化使得社会的碎片化特征日益明显。如何将这些碎片化的个体重新有机联结起来，是新时代社会治理模式建构必须面对的问题。

其次，职业多元化及竞争性的市场使得社会阶层的分化日益明显，利益分化带来了利益诉求的多样化，公众的社会需求呈现出内在的差异性、多元性特征。如何将复杂多样的利益诉求有机整合，如何保证利益分配的正义性是新时代社会治理模式建构必须面对的问题。

再次，社会的碎片化、个体的离散性在一定程度上是现代化的必然结果，但这与社会治理内在要求的“组织化”之间存在张力，如何维护两者之间的动态平衡也是新时代社会治理模式建构必须考虑的问题。

基于党的十八大以来我国社会治理的经验和新时代社会发展态势，新时代我国社会治理的路径应是以党的建设为引领，发挥多元主体的力量，构建一核多元的治理模式。

推进整合之治。前文曾言，新时代我国社会治理面临的挑战之一是人民日益增长的美好生活需要，尤其是人民日益增长的经济、政治、文化需求，有赖于公共服务体系和治理体系的对接与回应，与社会治理面临的条块分割，与基层治理人财物不足存在着矛盾。要化解上述难题，必须推行整合之治，即在权威部门的主导下整合各部门之间的行政资源，推动各部门之间的合作，从而提升治理的整体性、协同性与精准性。办好中国的问题关键在党。党在社会治理体系中处于核心地位，在推动整合治理中具有特设功能和地位。 党的领导是引领和统合多元利益诉求，对各领域各层级的公共部门进行整合，形成上下贯通、执行有力的跨部门组织体系的核心力量。因而，在推进整合之治的进程中要充分发挥党的政治、组织优势，尤其是基层党组织的优势，促进人、财、物向基层党组织倾斜。

推进协商之治。体制外力量的兴起与公民权利意识、参与意识的觉醒要求政府部门必须转变自身的角色定位，由“划桨者”转变为“掌舵者”，积极推动相关社会组织、利益人参与决策的制定和执行。社会组织的非营利性、自愿性、非政府性能够在很大程度上弥补“市场失灵”和“政府失灵”。政府可以通过设置协商议题、制定议事规则及搭建议事平台促进社会组织、利益人主体的有效参与，将社会资本有效调动起来服务于社会治理，这也是化解资源有限与责任无限矛盾的有效手段。党的十九届四中全会提出，“要坚持社会主义协商民主的独特优势”，将协商民主纳入社会治理体系中，意味着政府部门必须积极吸纳体制外力量和资源，统筹推进基层协商和社会组织协商，这是丰富“有事好商量、众人的事情由众人商量”的社会主义民主的有效路径，也是践行党的群众路线的要求。

推进规则之治。法治是现代国家治理的内在要求。传统国家治理手段多采用人治、礼治或权势术之治。如柏拉图主张“哲学王”之治，孔子主张“德治”。现代国家治理手段的选择不仅要考虑其有效性，而且要考虑其正当性和文明性。现代国家治理的方式要求程序化、规范化，而程序化和规范化离不开法治。现代国家治理目标是以人为本，追求人的可持续发展、自由、幸福。而法治是保障人尊严的最有效、最持久的方式。在现代社会的条件下，由于政治文明的进步，再加上科学技术特别是互联网的发展，人民直接参与国家治理不仅显示出越来越明显的必要性，而且展示出越来越广泛的可能性。国家治理主体愈益多元化。各种社会组织、团体通过法律提供的途径和形式直接参与国家治理，或者通过国家向社会转移部分公权力而获得国家治理权，进而成为公共治理主体，国家治理主体的这种多元化趋势内在要求法治。以法治精神来引领社会治理，以法治规范来规制社会治理主体的行为，既是落实依法治国的内在要求，又是实现社会治理现代化的内在需要。推进社会治理法治化首先应该在完善中国特色社会主义法治体系的总要求下推动社会领域的立法，尤其是基层社会治理领域的法律法规，筑牢社会治理的法治保障；其次要通过法治规范推动协商之治，不断推进依法行政，建设法治型政府，推进文明执法，保证执法公平合理，始终如一，为社会组织和公众参与社会治理提供制度保障；最后要推动法治治理宣传与教育，让普通民众理解规则、遵守法制、敬畏法律。

推进智慧之治。随着云计算、大数据、5G、人工智能、区块链、万物互联等数字技术的逐渐发展和融合，一个数字社会正在形成，这些新科技革命成果为社会治理走向便捷化、智慧化提供了科技支撑。数字社会带来了新业态、新行业、新岗位，相应地带来大量新的决策、规划、管理、监督和安全等方面的工作，这就需要相应的职业道德、规则和法律予以规范和治理，数字化治理应运而生。实现社会治理现代化必须善于运用互联网技术和信息化手段。应该增强民生领域的信息化建设，让信息数据在不同部门之间共享流动，推动建设智慧医疗、智慧教育、智慧家政、智慧社区建设，要善于利用信息技术收集民众诉求、把握舆论动向，提升社会治理的精准性。实现社会治理现代化还应提升社会安全领域的信息化建设，要善于利用大数据和科学技术提升对社会风险的预判能力和处置能力，给社会安全保障插上智慧翅膀。

第四节　新时代社会治理的共享目标

为什么人的问题，是检验一个政党、一个政权性质的试金石。我们党作为马克思主义政党区别于其他政党的显著标志，就是把人民立场作为根本政治立场，把人民利益摆在至高无上的地位。习近平总书记指出，人民对美好生活的向往，是我们党始终不渝的奋斗目标。我们党百年的发展历程，就是为中国人民谋幸福、为中华民族谋复兴的奋斗历程。共享是践行以人民为中心发展理念的必然要求。

坚守共享发展必须走共同富裕的道路。共同富裕是社会主义的本质，也是新时代我国经济社会发展的重要目标。党的十九大和十九届五中全会都对这一目标进行了确认，党的十九大指出，2035 年共同富裕要迈出坚实步伐，2050 年要基本实现共同富裕。共同富裕在社会建设领域的现实体现就是做到改革发展成果由全体人民共享。

当下，人民群众对美好生活需要同不平衡不充分发展之间的矛盾的一个重要表现就是经济社会发展的成果没有很好地惠及每个家庭和个人，在一些地区，贫富差距、城乡差距还较大，实现社会的公平正义是当前我国社会的主要诉求，“共享”是公平正义理念在社会建设领域的体现，也是社会主义本质的内在要求。实现共享发展内在要求社会治理的制度安排必须体现发展依靠人、发展为了人、发展成果由人民共享。共享发展的实质就是在不断把“蛋糕”做大的基础上，把“蛋糕”分好，让人民群众有更多获得感与幸福感。坚守共享发展必须增加劳动者特别是一线劳动者的劳动报酬，提高劳动报酬在初次分配中的比重。必须健全完善以税收、社会保障、转移支付等为手段的再分配调节机制，健全完善相关制度，合理调节城乡、区域、不同群体之间的分配关系，努力发展慈善事业，充分发挥第三次分配的作用。

坚持共享发展必须保障和改善民生。增进民生福祉是发展的根本目的。随着经济体制深刻变革、社会结构深刻变动、利益格局深刻调整，很多深层次问题和矛盾日益凸显，教育、医疗、就业、社会保障等民生领域的热点难点问题不断增多，人民群众的利益诉求越来越呈现出多样化、集中化的趋势。如果不能及时回应群众利益诉求，有效解决各种民生难题，经济社会就会失去持续发展的动力。保障和改善民生对于巩固党的执政地位、提高群众生活水平、维护社会和谐稳定具有重要意义。党的十八大以来，以习近平同志为核心的党中央始终把人民对美好生活的向往作为奋斗目标，在民生领域取得一系列开创性成就。新时代我国社会治理的重要目标就是进一步补齐民生发展的短板，在幼有所育、学有所教、劳有所得、病有所医、老有所养、住有所居、弱有所扶上继续发力。

但与此同时，我们也必须注意到，保障和改善民生也是一项长期、系统、艰巨、复杂的工程，必须通盘考量与协调解决。党的十九大报告提出了“既尽力而为，又量力而行”的辩证工作方法。尽力而为就是在使命感和责任感的推动下，守住民生底线，尽心尽力为之。我国民生领域还有不少短板，很多方面发展还不充分。各级党委、政府和干部要把老百姓的安危冷暖时刻放在心上，以造福人民为最大政绩，想群众之所想，急群众之所急，把为人民造福的事情真正办好办实，常抓不懈，以钉钉子精神落实到底，让人民生活更加幸福美满。同时，民生问题的解决又要量力而行。群众民生领域的诉求很多，民生问题需要在我国既有能力范围内有效解决。要坚持实事求是原则，不许超出预期的诺言，不提不切实际的目标，不定达不到的标准，不做超出能力范围的事情。更不能将民心工程干成“政绩工程”“面子工程”。解决民生问题不能一蹴而就，要“一件事情接着一件事情办，一年接着一年干”，通过完善公共服务体系，不断满足人民日益增长的美好生活需要。

第十章　中国特色社会主义生态文明建设领域的治理

人与自然界的关系是人类面临的基本关系。在漫长的自然经济时期，人类改造自然界的活动都不足以破坏生态环境的基本稳定。但是自20世纪60年代始，随着工业化的发展，生态环境恶化逐步严重影响到人们的生活。当代生态问题已经发展到十分严峻的程度。英国学者马克·林纳斯在其《六度的变化：一个越来越热的地球未来》(*Six Degrees*：*Our Future on a Hotter Planet*)一书中用清晰的数据向人们警示，当地表温度再提高六摄氏度后人类将从地球上消亡，届时地球上只有霉菌能存活。世界权威的气象部门——英国气象办公室将2015年1月至9月的地表均温与1850到1900年观测到的地表温度作了对比之后发现，当前地表温度相比工业革命前的水平已上升了1.02摄氏度。考虑到发展中国家的巨大人口数量及迫切的发展需要，温室气体的排放在未来势必增加，因此这种地表均温升高的进程还会逐渐加快。据权威气象学家考证，相对于1750年工业化前的水平，全球平均气温升高2摄氏度是人类社会可以容忍的最高升温。如果温度升高超过2摄氏度，人类就会对全球气候失去控制，陷入危险中。英国的这项研究结论表明，目前地表气温升高幅度已经达到了警戒线，人类采取行动已经到了刻不容缓的时刻。但从《京都议定书》到《巴黎气候协定》的执行来看，人类的每一次努力都未取得预想的结果。显然，人类的生态文明之路需要呼唤新的思想资源、探求新的发展模式。

第一节　生态问题的马克思主义的释读

当生态问题成为一个全球性问题，当“生态文明”的口号响遍全球、响彻寰宇时人们很少想起马克思。的确，由于马克思所处的历史时代的限制，他没有、也不可能提出自觉的生态文明理论。但是，当时资本主义所带来的人与人、人与自然的种种不和谐已为他所敏锐觉察。在《1844年经济学哲学手稿》（以下简称《手稿》）等著作中马克思在批判资本主义制度的弊端、论述未来共产主义社会时，就已经提出了一系列关于人与自然和谐相处的精辟论断，显露出了生态文明思想的萌芽。

一、从本源上讲：人是自然的产物、自然是人生存发展的基础

马克思认为：人“直接地是自然的产物”“就是自然界”[①]，是“现实的、肉体的、站在坚实的呈圆形的地球上呼出和呼入一切自然力的人”[②]。如今科学已经毫无疑问地证明，自然的存在先于人的存在，人只是自然界在长期物质运动过程中的产物。人类作为自然存在物，它的生命活动源于自然，它的生存同样依赖于自然。人作为有机的生命体，其生存和发展所需要的生活与生产资料直接或间接地都来源于自然。正是在这一点上，马克思在《手稿》中指出：人，“把整个自然界——首先作为人的直接生活资料，其次作为人的生命活动的对象和工具——变成人的无机身体。自然界，就它本身不是人的身体而言，是人的无机身体。人靠自然界生活。这就是说，自然界是人不致死亡而必须与之处于持续不断的物质交互作用过程的、人的身体”[③]。“人只有靠这些自然产品才能生活，不管这些产品是以实物、燃料、衣着的形式还是以住房等等的形式表现出来”[④]。这深刻地说明，人与自然界是高度一体的，要坚决摒弃“那种关于精神和物质、人类和自然、灵魂和肉体之间对立的荒谬的、反自然的观点”[⑤]。

二、在实践中看：人与自然是能动与受动的统一

人是通过劳动即实践，在自然界中确证自己的存在。而人的实践，既有主动的一面，又有受动的一面。马克思认为：“人们作为自然存在物，而且作为有生命的自然存在物，一方面具有自然力、生命力，是能动的自然存在物；这些力量作为天赋和才能、作为欲望存在于人身上；另一方面，人作为自然的、肉体的、感性的、对象性的存在物，同植物一样是受

---

① 马克思：《1844年经济学哲学手稿》，人民出版社，2000，第105页。

② 同上。

③ 同上书，第56页。

④ 同上书，第105页。

⑤ 《马克思恩格斯选集》（第4卷），人民出版社，1995，第384页。

动的、受制约的、和受限制的存在物。”[①] 纵观历史，人类从产生至今，所取得的每一次成功多是以对受动性的认识为前提的。人越是主动地改变自然，就越是受制于自然。恩格斯也曾在这个层面讲：“不要过分陶醉于我们对自然界的胜利。对于每一次胜利自然界都对我们进行了报复。每一次胜利，起初确实取得了我们预期的结果，但是往后和再往后却发生完全不同的、出乎意料的影响，常常把最初的结果又消除了。……因此我们每走一步都要记住：我们统治自然界，绝不能同征服者统治异族人那样，绝不是想站在自然界之外的人似的，——反地，我们连同我们的肉、血和头脑都是属于和存在于自然之中的；我们对自然界的全部统治力量，就在于我们比其他一切生物强，能够认识和正确运用自然规律。”[②]

人类改造自然的历史表明，实践活动有时未取得合乎目的的结果，就是由于人们只看到了人的能动性，忘记了受动性，在妄图“征服自然”的同时忽视了“敬畏自然”。同时，自由是对必然的认识和把握，人的受动并不意味着人只能消极地受制于自然界，而是指人能够通过认识必然性，进而把握、利用规律，变受动为主动。

三、生态问题的根源：资本逻辑主导下的社会制度导致环境恶化

在马克思所处的时代，人类的生产力尚不发达，人与自然的矛盾还远未像今天这样激化，但马克思在《手稿》中已经对资本主义工业文明所导致的人与人、人与自然关系的异化进行了深刻反思。马克思认为：资本家都是为了直接的利润而从事生产与交换的，他们首先考虑的是最近的直接结果。因此,“无度和无节制成了货币的真正尺度”[③]。劳动者与自己的劳动条件相异化，“异化劳动从人那里夺去了他的生产对象，也就从他那里夺去了类生活，即他的现实的类对象性，把人对动物所具有的优点变成缺点，因为从人那里夺走了他的无机的身体即自然界”[④]。随着劳动过程同时成为破坏劳动存在的条件，劳动背离了人的发展方向。“对新鲜空气的需

① 马克思：《1844 年经济学哲学手稿》，人民出版社，2000，第 105 页。

② 《马克思恩格斯选集》（第 4 卷），人民出版社，1995，第 383-384 页。

③ 马克思：《1844 年经济学哲学手稿》，人民出版社，2000，第 120 页。

④ 同上书，第 58 页。

要在工人那里也不再成为其需要了。人又退回到了穴居，不过这穴居现在已被文明的污浊毒气污染，而且他在穴居中也是朝不保夕，仿佛它是一个每天都可能离他而去的异己力量，如果他付不起房租，他每天都可能被赶走。他必须为这停尸房支付租金。明亮的居室，这个曾被埃斯库罗斯著作中的普罗米修斯称为使野蛮人变成人的伟大天赋之一，现在对工人来说已经不存在了。光、空气等等，甚至动物最简单的爱清洁，都不再是人的需要了。肮脏，人的这种堕落、腐化、文明的阴沟，成了工人生活的要素。完全违反自然的荒芜、日益腐败的自然界，成了他的生活要素。”①

四、危机的消解：共产主义是自然主义与人道主义的双重实现

在人类思想史上，马克思是第一个探讨人的解放、社会解放与自然解放之间关系的哲学家。马克思主义一向立足于从社会关系角度去认识人与自然的关系。因为，社会关系作为人与自然发生关系的历史条件，它的状态直接影响并多方面改变着人与自然的关系。社会关系的对抗或和谐必然导致人与自然关系的对抗或和谐。在资本主义私有制下、在人与自然关系异化的条件下，生态问题不可能消解，只有变革不合理的社会制度，改变生产关系，实现共产主义才能使自然界真正复活。马克思认为：这种共产主义，“是通过人并且为了人而对人的本质的真正占有”“作为完成了的自然主义，等于人道主义，而作为完成了的人道主义，等于自然主义，它是人和自然之间、人和人之间矛盾的真正解决，是存在和本质、对象化和自我确证、自由和必然、个体和类之间的斗争的真正解决”②。在这里马克思的一个基本判断就是只有在共产主义社会人与自然之间才能和谐相处。马克思在《资本论》中指出：在共产主义社会，“社会化的人，联合起来的生产者，将合理调节他们与自然之间的物质交换，把它置于他们共同的控制下，而不让它们作为一种盲目的力量来统治自己；靠消耗最小的力量，在最无愧于和最适合于他们的人类本性的条件下进行这种物质交换”③。

---

① 马克思：《1844 年经济学哲学手稿》，人民出版社，2000，第 121-122 页。

② 同上书，第 81 页。

③ 马克思：《资本论》（第 3 卷），人民出版社，2004，第 28-29 页。

第二节　生态文明建设的马克思主义启示

生态文明是人类文明发展的产物。传统的工业文明在主客二分思维方式的主导下，把人与自然之间的关系简单地对立起来，片面强调对自然的征服。在人类科技进步、生产力水平取得突破性进展的同时，人与自然的关系越来越异化，生态危机对目前人类的基本发展理念提出了巨大挑战。其实，当人类还沉浸在工业革命带来的关于人类生产能力无限提升的乐观主义中时，恩格斯就清醒地指出，我们对自然界的每一次胜利都付出了代价，而且有可能是得失相当的代价[①]。通过上文的梳理我们可以发现，经典作家的生态思想对生态文明有重要启示意义。

首先，生态文明建设必须实现价值观念的转变，明确人仅仅是自然界“许可”的生命现象。

自然界优先于人类存在，人与自然高度一体，不可分割。马克思在《手稿》中明确指出，自然是人的无机身体、是人类生存发展的前提。对于自然界而言，自然界本身是必然的，而人则是偶然的。这明确确认了自然界永续存在的客观事实。在一定意义上，生态问题归根结底是人际关系问题，是本人与他人、今人与后人的关系问题。这要求人类在关注自身生存与发展的同时，必须尊重他人生存与发展的权利，在关注现实生存与发展条件的同时，必须重视未来的生存与发展条件。学界对“人类中心主义”的批判，针对了仅仅将自然作为满足人类物质需要的对象与工具，以主宰者的心态对待自然、征服自然，将人的尺度无限放大，以功利主义的心态面对自然的错误倾向，具有一定的积极意义。但是，只有把生态问题看作人际关系问题，才具有逻辑彻底性，也才能找到破解生态危机的正确途径。

其次，生态文明建设必须坚持社会主义。马克思在《手稿》中指出，资本逻辑主导下的资本主义私有制是环境问题产生的根源，并将人道主义、自然主义与共产主义的实现统一起来，这为我们在建设生态文明的过程中发挥社会主义制度的优越性奠定了理论基础。在认识资本主义与生态

---

① 《马克思恩格斯选集》（第 4 卷），人民出版社，1995，第 383-384 页。

危机的关系上，生态社会主义发展了马克思的思想。生态社会主义理论家高兹认为："资本主义企业管理首要关注的不是生产与自然相平衡，生产与人的生活相协调，如何确保所生产的产品仅仅服务于公众为其自身所选择的目标，来使劳动变得更加愉快。它所关注的主要是花最少量的成本而生产出最大限度的交换价值。"① 资本主义的经济理性、利润动机必然破坏生态环境，对自然的剥削是资本主义剥削的一部分。资本主义的生产逻辑无法解决生态问题以及与生态问题密切相连的全面的社会危机。生态社会主义的另一位理论家大卫·佩珀认为："在平均利润下降的今天资本主义企业更要通过强化对自然资源的利用来确保企业的利润。"② 詹姆逊·奥康纳认为："资本主义的趋势是自我毁灭并步入危机；世界经济使越来越多的人陷入饥饿、贫困和痛苦之中；不可能指望广大的农民和工人无限期地忍耐这种危机；而且，不论给'可持续'下什么样的定义，几乎任何地方的自然都受伤了。"③

世界自然基金会曾在一份材料中提到，西方八国集团成员国人口只占全球人口的13.5%，但温室气体排放量占全球的比例却高达39%，其历史累积的总排放量比例超过了62%。美国人口占全球人口的比例不足4%，但美国排放的二氧化碳却占全球排放量的25%以上，是全球温室气体排放量最大的国家。若占世界人口20%的中国人都选择美国人的生活方式，那么人类还需要8个地球。显然，资本主义的生产方式是生态危机的主要成因。在经济全球化的背景下，资本主义国家又企图通过对发展中国家实施生态掠夺来转嫁和缓解矛盾，这就出现了生态帝国主义，在新的条件下，坚持社会主义对于建设生态文明尤为重要。现实的社会主义虽然离生态文明的最终归宿——共产主义路途相当遥远，但社会主义制度是生态问题最终解决的制度保证。为此，在现实社会主义应充分利用社会主义的制度优势，通过有效的经济、社会调控手段，在充分发挥市场作用的基础上，抑制市场的趋利导向可能带来的生产与消费的恶行膨胀，引导市场在推动科技发展、促进生产力提高的同时促进人与自然的和谐。

---

① 陈学明：《驶向冰山的泰坦尼克号》，人民出版社，2008，第64页。

② 同上书，第71页。

③ 马克思：《1844年经济学哲学手稿》，人民出版社，2000，第73页。

第三节　中国特色社会主义生态文明道路

中国是一个人口众多的发展中的社会主义大国，虽然许多资源总量位居世界前列，但是人均占有量非常不乐观。按照自然资源总量的综合排序，中国位居世界第四位，但是按照人均占有量来说，中国是人均资源占有水平较低的“资源小国”。这种资源禀赋特点，决定了中国环境问题的普遍性和长期性。

中国共产党对生态文明的认识始于社会主义建设时期。在“大跃进”年代，全国上下“以钢为纲”“以粮为纲”，各地为了完成钢铁生产指标，到处竖起了“小高炉”，为了完成粮食生产任务，一些地区开展了大规模的围湖造田，“革地球的命”。这种战天斗地精神虽然为发展国民经济、解决温饱问题提供了巨大精神力量，但一些做法也对资源环境造成了巨大负担和破坏，这引起了中国共产党第一代领导集体的反思[①]。1972 年 6 月，中国派出恢复在联合国合法席位后规模最大的代表团，参加了在瑞典斯德哥尔摩举行的人类环境会议，这是世界各国政府代表第一次坐在一起讨论环境问题。1973 年 8 月，第一次全国环境保护会议在北京召开，审议通过了新中国第一部环境保护综合性法规《关于保护和改善环境的若干规定(试行草案)》，将环境保护工作纳入各级政府的职能范围，制定了新中国第一个环保工作的方针，奏响了新中国环境保护工作的序曲。

改革开放以后，随着市场经济的引入和发展，我国社会发生了翻天覆地的变化，创造了惊人的发展奇迹，这在前文已经叙述。但另一方面，由于工业化进程的加速及发达国家向我国转嫁高耗能、高污染工业，我国面临的环境问题日益严峻。我们党和政府高度重视生态问题，在积极借鉴其他国家经验的基础上开始努力探索中国的生态文明建设之路。2003 年，中共中央提出了坚持以人为本、全面、协调、可持续的发展观，强调人与自然之间的和谐发展。2007 年，党的十七大第一次提出“建设生态文明”的

---

① 在我党第一代领导集体中，较早地关注并提出环境保护问题的是周恩来。从 20 世纪 70 年代初期，周恩来就开始重视我国的环境保护问题。他曾多次强调说："我们一定要重视环境保护问题，我国的工业化刚刚起步，我们不能走西方发达国家的老路，要避免出现环境污染的情况。""环境污染是全人类面临的共同问题，必须认真对待，这个问题不能再等了，从现在起就应该抓紧进行这方面的工作。"也正是在周恩来的安排下，中国参加了联合国第一次人类环境会议。

重要命题，明确了建设生态文明的原则、理念和目标，并将之作为全面建设小康社会奋斗目标的新要求，强调在全社会牢固树立生态文明观念，建设生态文明，基本形成节约能源资源和保护生态环境的产业结构、增长方式、消费模式，标志着党中央从战略高度认识到了经济建设与环境保护之间的关系。2012 年，党的十八大报告作出了建设生态文明的战略决策，将社会主义总体布局由“四位一体”变为“五位一体”，强调建设生态文明关系人民福祉，关乎民族未来，并将“生态文明”单独成篇并写进《党章》。党的十八届三中全会要求加快建立系统完整的生态文明制度体系。党的十八届四中全会提出用最严格的法律制度保护生态环境。党的十八届五中全会确立了包括绿色在内的新发展理念，提出完善生态文明制度体系。党的十九大报告指出，加快生态文明体制改革，建设美丽中国。从理论和实践层面看，经过几代领导集体的不懈努力，尤其是党的十八大以来的艰辛探索，我国生态文明建设和生态环境保护从实践到认识发生了历史性、转折性、全局性变化，我们走出了一条中国特色的生态文明道路。

1972 年，美国环保运动的先驱组织、著名的罗马俱乐部出版了《增长的极限》一书，给西方的传统发展模式敲响了警钟，并预言世界将面临生态崩溃的风险，从而掀起了世界性的环境保护热潮。40 年后的 2012 年，《增长的极限》作者之一乔根·兰德斯，在持续跟踪研究的基础上，形成了罗马俱乐部最新权威报告——《2052：未来四十年的中国与世界》。报告延续其一贯的悲观主义判断，唯独对中国的发展道路和前景抱以乐观期待。兰德斯认为，“资本主义的短视，已经无法作出保障长期利益的明智决策，而中国多年来实行的五年规划以及绿色转型能够以系统性的方式，将中国建设成为符合其长期目标的国家”。这是国际生态研究学术界基于新中国 70 年持续不断的积极生态实践作出的判断，也是人类受困于西方生态治理模式而作出的反思和期待[①]。

中国特色社会主义生态文明道路来之不易，经验弥足珍贵，需要我们不断坚持、继续完善。笔者认为，中国特色社会主义生态文明道路的核心贡献在于用唯物辩证的方法解决了经济发展与环境保护之间的关系。将经济发展和环境保护有机结合了起来。在如何建设生态文明上，国内外一直存在两种主张，一种认为，发展不可避免地会对环境造成破坏，因此保护

---

① 巨力：《生态文明的中国道路》，《求是》2019 年第 21 期。

先于发展，发展要宁慢勿快；另一种认为，为了加快发展，付出一些环境代价也是难免的、必然的。中国特色社会主义生态文明道路用唯物辩证的方法指明了实现经济发展和保护环境的新路径。习近平总书记将其概括为："我们既要绿水青山，也要金山银山。宁要绿水青山，不要金山银山，而且绿水青山就是金山银山。""两山理论"生动形象地阐明了经济发展与环境保护之间的关系，这是一条"生态优先、绿色发展之路"。这条道路揭示了生态建设、生态效益、生态资本之间的内在关联，说明了保护生态环境就是保护生产力、改善生态环境就是发展生产力的道理。生态环境保护和经济发展之间不是矛盾对立的关系，而是辩证统一的关系。良好生态本身蕴含着无穷的经济价值，能够源源不断地创造综合效益，实现经济社会可持续发展。生态环境保护的成败归根结底取决于经济结构和经济发展方式。经济发展不应是对资源和生态环境的竭泽而渔，生态环境保护也不应是舍弃经济发展的缘木求鱼，而是要坚持在发展中保护、在保护中发展。

党的十九届四中全会审议通过的《中共中央关于坚持和完善中国特色社会主义制度 推进国家治理体系和治理能力现代化若干重大问题的决定》（以下简称《决定》），阐明了生态文明制度体系在中国特色社会主义制度和国家治理体系中的重要地位，明确了坚持和巩固生态文明制度体系的基本内容，提出了不断完善和发展的总体要求和重点任务。《决定》创造性地提出生态文明制度体系，将生态文明制度建设作为中国特色社会主义制度建设的重要内容，并从实行最严格的生态环境保护制度、全面建立资源高效利用制度、健全生态保护和修复制度、严明生态环境保护责任制度等四个方面对生态文明制度体系进行了顶层设计，是我们党对中国特色生态文明道路探索的重大成果。

第四节　新时代中国生态文明体制改革取得的重大制度成果①

生态文明建设是一场思想观念的革命，也是一个生产方式和生活方式

① 本部分内容的写作汲取了穆红：《坚持和完善生态文明制度体系》（《经济日报》2019 年 12 月 16 日）一文的部分研究成果，在此，向作者表示衷心感谢。

绿色转型的过程，要实现这样一场深刻变革，生态文明制度体系是根本保证。党的十八大以来，以习近平同志为核心的党中央推动全面深化改革，加快推进生态文明顶层设计和制度体系建设，相继出台了《关于加快推进生态文明建设的意见》《生态文明体制改革总体方案》，制定了40多项涉及生态文明建设的改革方案，修订了环境保护法，从总体目标、主要原则、重点任务、制度保障等方面对生态文明建设进行全面系统部署。

我国生态文明制度体系加快形成，已经建立起生态文明制度的“四梁八柱”，生态文明体制中源头严防、过程严管、损害赔偿、后果严惩等基础性制度框架初步建立。

重大基础性改革迈出重要步伐。自然资源资产产权制度改革积极推进，国土空间开发保护制度日益加强，制定自然资源统一确权登记、自然生态空间用途管制办法，推进全民所有自然资源资产有偿使用制度改革，开展空间规划“多规合一”、国家公园体制等试点，推动划定并落实生态保护红线，建立起覆盖全国的主体功能区制度。

环境治理体系改革纵深推进。中央环境保护督察制度建立，如利剑出鞘，一改以往环保督察“稻草人”的形象。对省以下环保机构监测监察执法实行垂直管理，全面实行河长制、湖长制及控制污染物排放许可制，生态环境监测数据质量管理、排污许可、禁止“洋垃圾”入境等环境治理措施加快推进，开展按流域设置环境监管和行政执法机构试点，增强流域环境监管和行政执法合力，实现流域环境保护统一规划、统一标准、统一防治、统一监测、统一执法。提高污染排放标准，强化排污者责任，健全环保信用评价、信息强制性披露、严惩重罚等制度。构建以政府为主导、企业为主体、社会组织和公众共同参与的环境治理体系。

资源总量管理和全面节约制度不断强化。资源有偿使用和生态补偿制度持续推进，开展生态环境损害赔偿制度试点。环境保护税、绿色金融、碳排放交易等环保经济政策陆续制定和实施。

生态文明绩效评价考核和责任追究制度基本建立。编制自然资源资产负债表，实行领导干部自然资源离任审计，严格执行生态环境损害责任终身追究制，落实环境保护“党政同责”“一岗双责”，推行生态环境保护公益诉讼。

生态环境管理体制改革获得重大突破。组建自然资源部，统一行使全民所有自然资源资产所有者职责，统一行使所有国土空间用途管制和生态保护修复职责；组建生态环境部，统一行使生态和城乡各类污染排放监管和行政执法职责。先后修订了环境保护法、环境保护税法、大气污染防治法、水污染防治法，制定出台核安全法等法律，法律制度不断完善、更加严密。

这一系列制度建设，涵盖了生态文明从源头、过程到后果的全过程，包括环境治理、空间管制、资源节约等多个方面，具有很强的系统性、整体性、协同性和操作性，是推动我国生态文明建设取得重大进展，生态环境保护发生历史性、转折性、全局性变化的根本保证，也体现了社会主义的比较优势①。

制度的生命力在于执行。党的十八大以来，我国生态文明制度体系建设取得了明显进展，但现实中还存在制度执行不到位的问题。要彻底解决这些问题，需要我们在制度执行和落实上狠下功夫。要按照十九届四中全会通过的《决定》部署，建立生态文明建设目标评价考核制度，强化环境保护、自然资源管控、节能减排等约束性指标管理，严格落实企业主体责任和政府监管责任。强化生态文明制度的执行力，加强对生态文明制度执行的监督，切实把生态文明制度建设成果更好地转化为生态环境治理效能。推进生态环境保护综合行政执法，健全生态环境保护行政执法和刑事司法衔接机制，依法严惩重罚生态环境违法犯罪行为。严格落实领导干部生态文明建设责任制，严格考核问责，牢固树立制度的权威，让完善的制度成为推进生态文明建设的有力保障。

---

① 例如，在大气治理上，从2013年“大气十条”实施到2018年，仅仅6年时间，第一批开展$PM_{2.5}$监测的74个重点城市，$PM_{2.5}$平均浓度下降了41.7%。近两三年尤其明显，2017年同比下降20.5%，2018年同比下降12.1%，2019年1—8月份同比下降14.3%。2018年，全国338个地级及以上城市平均优良天数比例79.3%。北京自从2013年9月出台《北京市2013—2017年清洁空气行动计划》之后，正式向雾霾宣战。经过一系列治理，到2018年，$PM_{2.5}$年平均浓度为51微克/立方米，较2013年下降42.7%。形成鲜明对比的是，1952年伦敦雾霾事件后，英国政府付出了30年左右的时间，才摘掉了伦敦“雾都”的帽子；1943年美国洛杉矶雾霾大爆发，直到64年后的2007年洛杉矶空气才达到清洁标准。参见巨力：《生态文明的中国道路》，《求是》2019年第21期。

第十一章　中国特色社会主义外交领域的治理

全球治理是解决全球化所引发的问题的一剂药方，虽然对其核心概念加以明确概括是在晚近时期，但其所描绘的国际现实却发端于更早的国际关系互动。全球治理的实践对回应全球化所引发的问题有着积极意义，它为摆脱国家间政治的思维困境提供了一种新的出路，为互利共赢提供了可能，使国际合作、引入多边机制成为国际交往的可选项。

然而，全球治理在其发展的过程中，也面临重重困境。近代以来，国际体系为西方传统强国所主宰，进而形成了当下以西方社会的制度与文化为主导的全球治理理念和制度。具体而言，在经济方面（尤其是二战后），美国以强大的经济实力取代了欧洲传统强国，构筑了一套新的护持本国霸主地位却又立足全球的经济秩序，即以自由市场经济作为理念基础，以国际货币基金组织、世界银行作为制度框架，以布雷顿森林体系作为实践机制等三要素构成[①]。在国家间关系方面，近代以来虽然大多后发国家被资本的全球扩张裹挟进国际政治舞台，但这些落后国家和民族所扮演的仅仅是群雄逐鹿一幕中的配角，国家间关系的剧本仍旧是欧洲列强争霸的陈年旧事。冷战时期社会主义阵营与资本主义阵营分庭抗礼，各大国之间的行为逻辑强化的是对权力政治与零和博弈的认同，对国际体系的合法性问题鲜有提及。20世纪末，冷战的结束被解读为西方意识形态、社会制度等方面的全方位胜利，冷战中被美苏两国奉为圭臬的现实主义理念也因这个结果而得到进一步强化，国际格局变迁并未引发国际关系的民主化变革，国际秩序的伦理问题再度被忽略。国际关系的博弈结果，深刻影响了文化间的交融互惠。国家间基于现实利益的分歧，被描述为根本利益的不可通约，并暗含了正义与非正义的二元对立。国际竞争中处于弱势地位的国家与民族，往往被描述为落后、专制、激进、与现代文明理念相悖的存在。

① 虽然布雷顿森林体系的固定汇率制度最终崩溃，但体现美国意志的这套经济制度架构并未改变。

总体而言，受国际格局影响，当下的全球治理体系在经济、政治、文化方面体现为一种以西方文明特征为主导的、以维护某些发达国家利益为目的的有形或隐形的制度。在这套制度体系，中西方国家掌握着国际话语权，能够轻而易举地发动舆论攻势，将试图挑战现行体系的国家置于不利境地。因而，为解决全球问题应运而生的制度框架却暗含实现该目标的重重桎梏。

通过梳理全球治理机制内容的演进，我们可以发现其内在危机，即遵循强权政治的逻辑，以西方某种固有的理念、制度、文化去理解、安排甚至规训整个世界。现存的全球治理路径无法根治全球化的弊端，反而强化了国家间的贫富差异，这种差异加之不同文化、民族间的偏见，往往演化为恐怖主义、民族主义等安全问题。爱因斯坦早就认为，我们这个时代面临的重大问题是不可能用产生这种问题的同一种思维来解决的，也就是说，我们要解决现在的问题，需要另外的文化、另外的思路。显然，解决此类全球问题的出路，需要改进全球治理的模式与体制，引入非西方的文明、话语，倾听后发国家的声音，形成一种更具多样性、包容性的治理思路。

改革开放以来，中国积极融入国际体系，中国参与国际体系的行为及路径在为本国带来发展机遇的同时，也为世界的前进提供了新的发展动能、广阔市场以及中国智慧。中国始终明确地将自身定位为国际社会的参与者、维护者、改革者。当下，伴随综合实力及国际影响力的提升，中国更为积极地关注全球问题，同各国一道探讨全球危机的症结，以独具中国特色的方案推动国际机制变革。外交部部长王毅曾将党的十八大以来中国参与全球治理的理念和行为，总结为精彩的“三部曲”。第一部曲是2014年的北京亚太经合组织领导人非正式会议。会议围绕近30个领域取得100多项成果和共识，其中中方提出的倡议占到一半以上。第二部曲是2016年的二十国集团领导人杭州峰会。习近平主席引导协调各方，在创新增长、结构性改革、多边投资、气候变化、可持续发展等重要问题上制定出一系列指导原则和指标体系，达成29项重要成果。第三部曲是习近平主席2017年1月出席达沃斯世界经济论坛年会并发表重要演讲，直面逆全球化思潮和贸易保护主义的抬头，呼吁让经济全球化进程更有活力、更加包容、更可持续，推进经济全球化进程再平衡。这些立场主张得到国际社会广泛赞誉，在为充满不确定性和忧虑情绪的国际社会注入来自中国的强大的正能量的同时也提高了中国的话语权、提升了中国的议程设置权、增强了中国的规则制定权[①]。

以此“三部曲”为引领，中国积极参与全球问题的讨论与解决，对既有的全球治理模式抱持批判中继承、以创新谋变革的态度，逐渐形成了应对全球问题的中国思路，这一思路以弘扬正确义利观为思想底色，以努力构筑新型大国关系为实践目标，希冀与世界各国一道打造人类命运共同体。

第一节　弘扬正确义利观

一、正确义利观的思想来源

（一）中华优秀传统文化

在中华文明的发展延续中，对“义”与“利”关系的思辨是贯穿始终的一条脉络。先秦时期，百家争鸣，在义利观方面也存在多种观点的论争。其中，由于儒家学说最有利于社会秩序的构建与维系而深得统治阶级的推崇。尤其秦汉以降，儒家思想成为封建时代的正统，对中华传统文化的形成产生了深远的影响。

儒家的义利观以“礼”立论，重义轻利，在价值观上主张推己及人进而至万物。首先，就个人而言，孔子强调“义”为君子立身之本，指出“君子义以为上”“君子喻于利，小人喻于利”。孟子则在个人的价值基础上提出了“仁政”思想，认为国君统治的合法性在于“施仁政于民”，应讲仁义不言利益。例如在《孟子·梁惠王上》中记载，在与梁惠王的对话中，孟子劝其：“王何必曰利？亦有仁义而已矣。王曰‘何以利吾国’？大夫曰‘何以利吾家’？士庶人曰‘何以利吾身’？上下交相征利而国危矣。”进而，在论及一国何以在乱世中立足时，儒家思想认为，以“德”“仁”大义立国者必王于天下。如《论语·为政》中孟子有言，“彼夺其民时，使不得耕耨以养其父母，父母冻饿，兄弟妻子离散，彼陷溺其

① 《奋力开拓中国特色大国外交新局面——访外交部部长王毅》，《人民日报》2017年8月30日，第6版。

民。王往而征之，夫谁与王敌？故曰：仁者无敌”，对此其师孔子一言以蔽之：“为政以德，譬如北辰，居其所，而众星共之。”

可见，儒家的义利思想由个人的价值观推至统治者的为政伦理观再至国家间关系的道义原则，逐层递进，始终强化“重义轻利”“先义后利”的原则。这一原则深刻影响了中国封建时代的社会关系，也塑造了近代以来国人看待外部世界的价值观。

（二）马克思主义的价值追求

中国作为一个社会主义国家，其意识形态的价值属性与西方以功利主义为基础的价值理念有着本质区别。西方功利主义价值观认为，人是趋利避害的，个人这种依从本能所作的选择将最终促成社会整体利益的实现。也就是说，功利主义的义利观以个人为原点，将社会整体利益等同于“最大多数人的最大幸福”，人们对于“私利”的追求就是符合“公义”的。

社会主义的义利观不认同功利主义的唯心主义与个体主义立场，而是以物质为本体，承认“利”是“义”的物质前提；坚持整体主义的方法论原则，以社会的整体利益即国家和人民的利益为前提，尊重每个人的全面和自由发展的价值目标，义利并重①。

自 1992 年以来，我国确立了以社会主义市场经济作为经济体制改革的目标，原本从属于资本主义的资源配置手段为社会主义所利用。在经济体制转型之初，“义利之辨”重新引发了人们思想的困惑与观点的争辩。为此，党的十四届六中全会通过了《中共中央关于加强社会主义精神文明建设若干重要问题的决议》（以下简称《决议》）。《决议》指出，“建立和完善社会主义市场经济体制……引导人们正确处理竞争和协作、自主和监督、效率和公平、先富和后富、经济效益和社会效益等关系，反对见利忘义、唯利是图，形成把国家和人民利益放在首位而又充分尊重公民个人合法利益的社会主义义利观，形成健康有序的经济和社会生活规范”②。《决议》指明了社会主义在引入市场经济原则的新时期，在价值观念上我们仍须坚持社会主义的义利观。社会主义市场经济排斥资产阶级利己主义的错误倾向，它作为联系个体利益与集体利益的纽带，坚持整体主义的原则，

① 崔永华：《论社会主义义利观》，《科学社会主义》1997 年第 2 期。

② 《十一届三中全会以来历次党代会、中央全会报告 公报 决议 决定》（下），中国方正出版社，2008，第 580 页。

强调个人与国家的利益相容性和“义”与“利”的同源性。而该次会议所申明的义利观，也成为社会主义市场经济条件下的社会价值标准。

（三）新中国的外交实践

作为中国近代历史的开端，西方世界以坚船利炮叩开了中国的国门，国人开眼看到的世界实为西方列强恣意编排的国际秩序。中国人历经了百余年的抗争与奋斗才重新以主权国家的身份回归世界舞台。尽管这一过程历尽沧桑，但中国却从未认同西方国际关系理念中的现实主义逻辑——强权可以界定利益，而是根源于自身文化传统和社会主义价值导向，实践了一条独具中国特色的对外行为准则。

中华人民共和国成立之初，在国家经济基础薄弱、面临诸多困难的条件下，中国即坚持国际主义精神，向第三世界国家提供力所能及的帮助，不仅从道义上声援其反抗殖民统治的斗争，更是从经济、物资、技术方面支持其争取民族独立与发展。可以说，中国共产党和中国人民从一开始就秉持着一种与西方迥异的价值理念，将中华文明植入西方主导下的国际秩序。1964 年，周恩来总理出访加纳时，向世界宣布《中国政府对外经济技术援助的八项原则》。“八项原则”的主要内容包括：平等互利；尊重受援国主权，不附带任何条件，不附加任何特权；以无息或低息贷款的方式提供经济援助；帮助受援国走上自力更生的道路；中国的援建项目力求投资少、收效快，以增加该国政府收入；中国所提供的设备和物资保证价格公道、质量好；保证受援国最终掌握中国所提供的技术援助；中国援外专家不享受特殊待遇。

在中国对外援助过程中，该原则所内含的尊重主权、平等相待、务求实效的理念深得第三世界的认可和欢迎，该原则也成为此后中国对外援助始终坚持的基本准则。中华人民共和国成立后至改革开放前三十年的这段外交实践，是一个拥有悠久历史的社会主义国家对以何种姿态复归国际舞台的艰辛探索，虽然过程并非一帆风顺，但其所蕴含的国际主义理念、社会主义核心价值观成为此后新时期中国外交可资延续的价值路径。

二、正确义利观的内涵

2013 年习近平作为国家主席出访非洲时首次提出了“坚持正确义利

观”。在2013年10月周边外交工作座谈会上的讲话中，习近平总书记从国内国际两个大局出发，强调外交人员“要找到利益的共同点和交汇点，坚持正确义利观，有原则、讲情谊、讲道义，多向发展中国家提供力所能及的帮助”①。2014年7月，习近平于韩国国立首尔大学演讲时提出，倡导合作发展理念，在国际关系中践行正确义利观，并进一步指出，“在国际合作中，我们要注重利，更要注重义……在国际关系中，要妥善处理义与利的关系。政治上，要遵守国际法和国际关系基本原则，秉持公道正义，坚持平等相待。经济上，要立足全局、放眼长远，坚持互利共赢、共同发展，既要让自己过得好，也要让别人过得好”②。这一理念独具中国特色，又反映了国际关系的现实呼声，其主要内涵体现在以下几个方面。

其一，正确义利观继承并创新了中华传统文化。中国作为拥有悠久历史与独特传统文化的文明载体，即使在积极融入国际体系、奋力实现现代化的新时期，也体现出古老中华文明的价值追求。在国家交往中，中国倡导弘义融利，反对霸权主义、强权政治，与所有国家建立平等互利的外交关系，真诚地、不附加任何条件地援助最不发达国家。中国在融入国际社会的同时，也为其引入了新的行为方式和价值追求。

其二，正确义利观体现了社会主义大国的对外关系理念。中国作为一个社会主义国家参与国际互动，其利益关切不仅仅局限于一时一事一国，在实现国家利益的同时，中国期望自身的发展与行为将有助于促进全人类的发展与福祉。正如习近平所言，“义，反映的是我们的一个理念，共产党人、社会主义国家的理念。这个世界上一部分人过得很好，一部分人过得很不好，不是个好现象。真正的快乐幸福是大家共同快乐、共同幸福。我们希望全世界共同发展，特别是希望广大发展中国家加快发展。利，就是要恪守互利共赢原则，不搞我赢你输，要实现双赢。我们有义务对贫穷的国家给予力所能及的帮助，有时甚至要重义轻利、舍利取义，绝不能唯利是图、斤斤计较。”③

其三，正确义利观回应国际关系发展的新特征。当前，经济全球化、

① 《习近平谈治国理政》，外文出版社，2014，第299页。

② “习近平在韩国国立首尔大学的演讲”，http://news.xinhuanet.com/world/2014-07/04/c_1111468087.htm，访问日期：2020年9月1日。

③ 王毅：《坚持正确义利观 积极发挥负责任大国作用》，《人民日报》2013年9月10日，第7版。

区域一体化快速发展，不同国家和地区结成了你中有我、我中有你、一荣俱荣、一损俱损的关系。这就决定了我们在处理国际关系时必须摒弃过时的零和思维，不能只追求你少我多、损人利己，更不能搞你输我赢、一家通吃。只有义利兼顾才能义利兼得，只有义利平衡才能义利共赢。

"正确义利观"是中国外交理念与经验的最新总结，要透彻理解与正确践行需要克服一些思想误区。

第一，正确义利观是"义"与"利"的辩证统一，并非只要"义"不要"利"。

中国提出的"正确义利观"理念是对传统西方国际关系理论的主流理论——现实主义的纠偏，后者坚信在国际交往中国家的唯一考量即是实现、维护、扩展本国利益，闭口不谈道义。这一理念是西方国家主导下的国际秩序的辩护词，它忽视了广大后发国家的利益诉求，有违国际公平正义。改革开放以来，中国日益广泛地参与国际互动，遵守国际制度及规约，但中国人民始终在思想深处并未认同国际秩序的合法性。然而，自"坚持正确义利观"的理念提出以来，人们的认知似乎显现出另一种倾向，认为中国传统文化有着"重义轻利""以义为先"的传统，当代中国的外交行为也应以义为重，避而不谈本国利益。这种观点看似与西方功利主义义利观完全相反，实则陷入了同样的思维困境，将"义"与"利"视为不可兼得的对立选项。这并不符合国际关系的现实。

国际关系究其本质而言，实为无政府状态之下各国为实现国家利益展开竞争与合作的场域。由于资源的稀缺性，国际关系永远存在竞争的一面，而随着国际交往的深入，人们逐渐意识到在诸多领域，可以通过合作创造出更多机会和财富，真正做到义利兼顾、弘义融利。

第二，正确义利观注重我国利益与他国利益的协调，并非只维护他国利益而牺牲、忽视本国利益。

合作可能促成"义"与"利"的辩证统一，但既合道义又得利益的合作并不会自发形成，需要国家之间发现、寻求双方的利益的共同点和交汇点。践行正确义利观的过程就是寻求利益交互点、实现互利共赢的过程。

当下我国发展进入新时代，社会矛盾与发展阶段呈现新的特征，因而国家利益诉求也融入了新的内涵，即统筹国内国际两个大局。"国内大局就是'两个一百年'奋斗目标，实现中华民族伟大复兴的中国梦；国际大局就是为我国改革发展稳定争取良好外部条件，维护国家主权、安全、发展利益，维护世界和平稳定、促进共同发展”。具体而言，中国的发展需要稳定的国际局势。我国当下正处在决胜全面建成小康社会的关键阶段，全面深化改革向纵深推进，诸多领域改革进入攻坚期、深水区，各种结构性矛盾凸显。在中国转型的关键时刻，需要和平、稳定的国际环境，尤其需要良好的周边环境。谋和平、促发展，既是中国人民所盼，也代表了世界人民的普遍心声。同时，中国内部面临的棘手难题恰恰为他国发展提供了有利契机。中国经济进入新常态，由高速增长阶段转向高质量发展阶段，产业转型升级势在必行，钢铁、建材、机械等行业面临去产能、去库存的巨大压力。然而，放眼周边国家，尤其是与中国临近的南亚、东南亚等国，大多尚处于现代化起步阶段，资金、基础设施建设等恰恰是其发展的短板。基于这一背景，习近平主席提出了“一带一路”倡议，促进中国与世界的互联互通，以合作促共赢。

三、弘扬正确义利观的意义

（一）摒弃了西方国际关系理论强权政治的逻辑

西方的主流国际关系理论以个人主义为价值本位、以欧洲国家间关系的历史经验出发思考世界政治。这一理论的地域性特征十分明显，它受困于近代欧洲诸强争霸的历史，得出了对于人性的悲观结论，并提出国际关系中的无政府状态致使国家行为体唯有选择自助以谋求利益。因而，国际交往中国家利益是外交决策者唯一需要考量的因素。西方文化对人性的静态认知阻滞了西方国际政治理论对国际社会的认识。中国倡导的正确义利观打破了西方国际关系理论中流行的一些“常识”。它主张和而不同，和衷共济，中国曾经的强大并非建立在欺压别人的基础之上。正如郑和下西洋时，率领的是拥有一百多艘船只、三万多人的舰队。他们曾到过数十个国家，却没有占领任何一个国家，甚至未留下一兵一卒。它给所到之国带来了瓷器、丝绸、技术。中华文明的历史和中华人民共和国成立以来的实践证明，强权政治并非世界的唯一逻辑，“利”和“义”并非水火不容，双方可以互为支撑，互相转化。

（二）继承了中国社会主义外交的价值观基础

中华人民共和国成立以来，中国外交实践经历数次变化，其间不乏大调整、大变革。但这些实践背后的一些重要价值观念从未变化。中华人民共和国成立后，中国作为一个刚刚获得民族独立与人民解放的社会主义大国，在对外交往时，尤其在发展同后发国家、被殖民国家关系时，始终坚持平等相待、以义为先的外交理念，始终尽自身所能为后者提供道义上的支持和实物上的援助。甚至在本国面临严重经济困难之时，也不忘向亚非拉等第三世界国家提供帮助。这种重义轻利的外交价值观为改革开放后的中国外交所继承，义利兼顾成为中国外交始终遵循的核心价值准则。

（三）回应了发展中国家的呼声

经典现代化理论的代表人物保罗•巴兰认为，不发达国家的不发达状态是在资本主义发展过程中所产生的一种状况。发达国家为实现自身发展将不发达国家的大部分经济剩余掠走，从而造成发达国家愈加富裕与不发达国家愈加贫穷，这是同一个过程的不同结果。在巴兰看来，从本质上看，后发国家的衰败就是资本主义国家的繁荣的另一面。上述主张虽然激进，但却部分揭示了现行国际关系的逻辑。中国倡导的正确义利观主张在追求自身发展的同时注重“他者”的利益关切，不把自己的收益建立在剥夺他人的基础之上。这一价值理念反映了广大发展中国家的心声。由于现行国际秩序的缺陷，广大发展中国家承担了全球化的绝大部分代价，但却没有收获相应利益。中国倡导的正确义利观讲求“利益”与“道义”的统一、“利益”与“义务”的对等，它的提出回应了广大发展中国家的利益关切，为国际社会提供了价值观变革的可能。

第二节　推动建立以合作共赢为核心的新型国际关系

一、新型国际关系的提出

自二战结束以来，国际格局虽经历了大的转变，但却始终带有雅尔塔体系的烙印。该体系曾为重建国际秩序发挥了积极作用，为战后国家间交往确立了根本原则，并维持了国际社会的基本秩序。但面对国际关系的新环境新问题，以往的国际关系原则难以回应新兴市场国家的合理诉求。国际关系的新现实呼唤新理念的出现。

中国作为世界最大的发展中国家，始终为寻求建立更为合理的国际秩序而努力，同时也深刻理解后发国家的弱势地位与追求公平正义的心声。为此，习近平在2013年3月出访俄罗斯期间，首次提出“新型国际关系”的理念。他指出，“面对国际形势的深刻变化和世界各国同舟共济的客观要求，各国应该共同推动建立以合作共赢为核心的新型国际关系，各国人民应该一起来维护世界和平、促进共同发展”[①]。次年，在外事工作会议上，习近平强调：“我们要坚持合作共赢，推动建立以合作共赢为核心的新型国际关系，坚持互利共赢的开放战略，把合作共赢理念体现到政治、经济、安全、文化等对外合作的方方面面。”[②]

随后在2015年9月，在出席联合国成立70周年系列活动期间，习近平进一步提出了建构合作共赢的具体方案。对中国而言，我们坚定走和平发展道路，始终做世界和平的建设者；坚持走共同发展道路，始终做全球发展的贡献者；坚持走合作发展道路，始终做国际秩序的维护者[③]。其后，2017年10月，党的十九大报告对新型国际关系内涵予以进一步概括，提出“中国将高举和平、发展、合作、共赢的旗帜，恪守维护世界和平、促进共同发展的外交政策宗旨，坚定不移在和平共处五项原则基础上发展同各国的友好合作，推动建设相互尊重、公平正义、合作共赢的新型国际关系”[④]。与此同时，中国做出一系列具体承诺，承担国际责任，为发展中国家提供力所能及的帮助。对世界而言，我们提出倡议，尊重后发国家发展的权利，并为其提供更为有利的国际环境，以促进国际社会共同发展。

二、新型国际关系的内涵

新型国际关系理念的提出是希望走出一条与传统国家发展不同的路

① 习近平：《顺应时代前进潮流 促进世界和平发展——在莫斯科国际关系学院的演讲》，《人民日报》2013年3月24日，第2版。

② 《习近平谈治国理政》（第2卷），外文出版社，2017，第443页。

③ 习近平：《携手构建合作共赢新伙伴 同心打造人类命运共同体——在第七十届联合国大会一般性辩论时的讲话》，《人民日报》2015年9月29日，第2版。

④ 《决胜全面建成小康社会 夺取新时代中国特色社会主义伟大胜利——习近平同志代表第十八届中央委员会向大会作的报告摘登》，《人民日报》2017年10月19日，第2版。

径，实现国家间相互尊重、公平正义、合作共赢。其所包含的核心理念——共享、共建、共赢，反映了国际社会的价值追求，也呼应了发展中国家的合理诉求。

（一）共享

共享是指国际社会成员，即所有主权国家都享有平等权利，其中包括后发国家最为关注的生存权与发展权。

关于生存权，中国始终坚持国家主权一律平等，国家间应尊重彼此的核心利益和重大关切；各国均为国际社会的平等成员，有平等参与国际事务的权利，反对任何国家垄断国际事务[①]。随着国际体系的发展与进化，生存权作为国家主权最重要的一部分，已经得到普遍认可。发展权逐渐取而代之成为后发国家关注的焦点。发展权包括经济、政治、社会、文化等诸多方面的内涵，对于后发国家而言，经济的发展、社会财富的积累对于社会整体的进步而言有着更为重要的意义。然而，由于历史、国情等客观条件的差异，各国的发展所选择的发展路径、所处的发展阶段必然存在差异。这种发展进程的差异被置于国际体系的场域中，往往成为人权观辩论中的核心问题。发达国家借助其强势的话语权及国际影响力，以有限的发展经验“规范”后发国家发展的路径。这种有限经验的无条件扩张，并未促成后发国家的繁荣与世界的永久和平，反而加深了南北方的财富鸿沟。

对此，中国结合自身发展方式，尤其是改革开放以来的经验，指出主权原则的内涵包括不干涉主权与领土完整，还包含维护各国自主选择社会制度和发展道路的权利，尊重各国推动经济社会发展、改善人民生活的实践等要素[②]。中国始终强调，“各国的事务应该由各国人民自己来管。我们要尊重各国自主选择的社会制度和发展道路，反对出于一己之利或一己之见，采用非法手段颠覆别国合法政权”[③]。

（二）共建

世界的和平与发展是各国之所需、世界人民之所盼。国际社会是国家

① 习近平：《弘扬和平公主五项原则 建设合作共赢美好世界——在和平共处五项原则发表60周年纪念大会上的讲话》，《人民日报》，2014年6月29日，第2版。

② 习近平：《携手构建合作共赢新伙伴 同心打造人类命运共同体——在第七十届联合国大会一般性辩论时的讲话》，《人民日报》2015年9月29日，第2版。

③ 习近平：《弘扬和平公主五项原则 建设合作共赢美好世界——在和平共处五项原则发表60周年纪念大会上的讲话》，《人民日报》2014年6月29日，第2版。

行为体参与国际交往的场域，它的繁荣与稳定仰赖各个国家共同发展，也依靠国家间的通力合作。

一方面，国际社会的发展有赖于各国发展能力的增强。发展归根到底要靠本国自身努力。中国人民经过不断探索，历尽艰辛与挫折，终于找到了适合自身国情的道路。历经半个多世纪的努力，中国作为世界上人口最多的发展中国家，成功解决了温饱问题，人民生活总体上达到了小康水平，当下的中国正朝着全面建成小康社会的目标迈进。中国的成功实践证明，他国成熟的经验并非实现现代化的必然路径，各国终究要“根据自身禀赋特点，制定适合本国国情的发展战略”。而各国的发展境况与国际社会密切相连，正如国务院总理李克强在谈到中国经济增长与世界发展的关系时，曾直言“中国把自己发展的事情办好，就是对世界最大的贡献”。

另一方面，国际社会的和谐依靠各国的密切配合。中国作为一个发展中国家，深知现代化道路的艰辛与曲折。后发国家在解决发展难题时，所遭遇的挑战与发达国家有着本质不同。虽然造成其落后的原因是多方面的，但国际制度的不合理是不容忽视的客观原因。中国始终坚持，国际社会应帮助发展中国家加强能力建设，根据其实际需求，有针对性地提供支持和帮助①。为此，中国积极提出可行方案，不仅努力为发展中国家提供发展的有力支持、打造南南合作的平台，并且积极推动构建更为公正合理的国际关系新秩序。

（三）共赢

近代以来的国际关系，已经远非“欧洲观念的外溢”所能概括。随着民族解放运动的兴起与后发国家自决意识的觉醒，国际关系的发展呈现出更多的可能。同时，当下国际秩序却面临着恐怖主义、国际犯罪、生态环境安全等非传统安全问题带来的威胁，这类问题的消解依靠零和博弈、赢者通吃的旧式思维难以奏效。传统的国际行为规范急需注入新型国际关系理念。

中国为此发出倡议，呼吁世界各国将合作共赢作为各国处理国际事务的基本政策取向，将本国的利益同各国共同利益结合起来，努力扩大各方

---

① 习近平：《谋共同永续发展 做合作共赢伙伴——在联合国发展峰会上的讲话》，《人民日报》2015年9月27日，第2版。

共同利益的汇合点，积极树立双赢、多赢、共赢的新理念[①]。

三、新型国际关系的实践

（一）与大国构建新型国际关系

崛起的中国能否与传统强国建立一种新型大国关系是中国构建新型国际关系的关键。传统西方主流国际关系理论的观点认为，新兴国家的崛起势必挑战现行的利益格局，侵犯传统霸权国的既得利益，修正国家与守成国家之间的矛盾唯有通过战争解决。由此，西方学者预言当下的中美关系同样不可避免地陷入这一根植于人性的“修昔底德陷阱”。

为此，中国领导人努力寻求中美关系发展的新思路，并于 2013 年 6 月与美国领导人达成了共识，指出中美应该也可以走出一条不同于历史上大国冲突对抗的新路，即共同努力构建新型大国关系，相互尊重，合作共赢，造福两国人民和世界人民[②]。为此，中国方面进一步指明了构建新型大国关系的方案。首先，正确判断彼此战略意图。中美双方需积极明确地阐明各自核心利益，准确判明对方的战略意图，深化相互理解。为拓宽交流、对话渠道，避免战略误解、误判，中美双方商定于 2017 年全面启动外交安全对话、全面经济对话、执法及网络安全对话、社会和人文对话四个高级别对话机制。其次，坚定不移推进合作共赢。合作是实现利益的唯一正确选择，中美之间的共同利益决定了双方广阔的合作空间；再次，妥善有效管控分歧。中美两国历史文化不同，社会制度不同，发展阶段不同，对世界的认知、对一些问题的看法自然也存在分歧，双方应相互尊重、求同存异，采取建设性方式增进理解、扩大共识，努力把矛盾点转化为合作点。最后，广泛培植人民友谊。“国之交，在于民相亲”。两国民众之间的理解与认同才是巩固中美国家间关系的深厚基础[③]。

面对经济全球化迅速发展和各国同舟共济的客观现实，在发展与其他大国的关系时，中国也始终致力于塑造新型大国关系。在总结中俄关系

---

① 习近平：《弘扬和平共处五项原则 建设合作共赢美好世界——在和平共处五项原则发表 60 周年纪念大会上的讲话》，《人民日报》2014 年 6 月 29 日，第 2 版。

② 《习近平同奥巴马总统共同会见记者》，《人民日报》2013 年 6 月 9 日，第 1 版。

③ 习近平：《在华盛顿州当地政府和美国友好团体联合欢迎宴会上的演讲》，《人民日报》2015 年 9 月 24 日，第 2 版。

时，习近平指出："中俄关系是世界上最重要的一组双边关系，更是最好的一组大国关系。一个高水平、强有力的中俄关系，不仅符合中俄双方利益，也是维护国际战略平衡和世界和平稳定的重要保障。经过双方 20 多年不懈努力，中俄建立起全面战略协作伙伴关系，这种关系充分照顾对方利益和关切，给两国人民带来了实实在在的好处。"①

在 2015 年 5 月中国与欧盟建交 40 周年之际，习近平积极评价中欧关系发展，肯定了中欧关系的世界意义，并表示："中欧打造和平、增长、改革、文明伙伴关系符合双方人民利益，也将为促进人类和平与发展作出贡献。"②

在处理与世界主要大国关系时，中国绝不以自己的核心利益做交易，也不愿重蹈历史上大国冲突对抗的覆辙，而是顺应时代发展势头，坚持将维护本国发展与维持国际社会共同繁荣结合起来，积极构建相互尊重、合作共赢，有利于双边关系又造福世界和平的新型大国关系。

（二）与周边国家构建新型国际关系

任何国家的发展与国家方略的制定，都离不开对时代背景和战略环境的研判。于中国而言，一个和平安宁的国际环境和稳定繁荣的周边环境是实现现代化目标的保证。自改革开放以来，中国外交将发展与维持同周边国家的良好关系作为首要关切且取得了积极成效。

国家间关系是一个动态的过程，反映着国际行为体的交互作用。冷战结束后，国际格局发生重大变化，中国的综合实力稳步提升，国际影响力增强，既有的地区格局被改变，周边国家对华心态随之发生变化，加之域外国家的干预，致使中国同周边国家关系也出现了一些新情势。

针对中国周边形势的新变化，习近平于 2013 年 10 月在周边外交工作座谈会上谈及周边外交的基础、态势、目标和基本方针。他提出，中国周边外交的战略目标，就是服从和服务于实现"两个一百年"奋斗目标，实现中华民族伟大复兴，全面发展同周边国家的关系，巩固睦邻友好，深化互利合作，维护和用好我国发展的重要战略机遇期，维护国家主权、安全、发展利益，努力使周边同我国政治关系更加友好、经济纽带更加牢

---

① 习近平：《顺应时代前进潮流 促进世界和平发展——在莫斯科国际关系学院的演讲》，《人民日报》2013 年 3 月 24 日，第 2 版。

② 《习近平谈治国理政》（第 2 卷），外文出版社，2017，第 455 页。

固、安全合作更加深化、人文联系更加紧密[①]。因此我们应坚持与邻为善、以邻为伴，坚持睦邻、安邻、富邻，突出体现亲、诚、惠、容的理念，以此作为中国周边外交的基本方针[②]。

梳理中国的周边外交关系现实，我们可以将周边国家与中国的关系分为“可意、可以、可忍”三类，其中“可意”一组国家有巴基斯坦、柬埔寨、俄罗斯、马来西亚、韩国、斯里兰卡；第三组“可忍”一组包括日本、越南、菲律宾；其余皆为第二组国家[③]。秉持前述周边外交工作原则与理念，中国在处理与不同周边国家关系时采用了不同的行为模式。

中国与第一类国家间的友好关系有着深厚的历史积淀与客观条件，中国主张双方应在此基础上，开辟新的利益增长点，实现发展战略对接。对于第二类国家，应强化利益共融性，努力促进民心相通。针对第三类国家，中国在处理双边关系时，首先阐述本国的核心利益，在坦陈双边分歧的前提下从两国关系的高度着眼，指明双方的利益交汇点，力争以对话化解矛盾。

第一类国家是中国在周边范围践行新型国际关系的战略支点；第二类国家是中国践行亲诚惠容的周边外交理念、构建互利共赢的国际关系的基础；对于第三类国家是决定中国周边外交成败的关节点。

（三）与发展中国家构建新型国际关系

近代中国为求国家独立、民族解放，曾在现代化的道路上苦苦求索。正是这样的历史，使我们对落后所带来的苦难与屈辱刻骨铭心，对落后国家的处境与遭遇感同身受，对后发国家的现代化夙愿有着更为深刻的理解与认同。

在考察中国与发展中国家的多重双边关系时，中非关系可以作为解读其交往模式与理念的一个切入点。非洲在西方主导的旧有世界体系中是一个被边缘化的地域，但在中国外交领域中非洲却占据了一个核心的位置[④]。中非关系在历经国际格局的变迁、双方遭遇内部建设与发展的挫折之后仍

---

① 《习近平谈治国理政》，外文出版社，2014，第 297 页。

② 《习近平谈治国理政》，外文出版社，2014，第 297 页。

③ 这一分类参考了学者李文的观点，具体参见李文、沈予家：《论邓小平外交思想对构建新型国际关系的指导意义》，《政治学研究》2015 年第 2 期。

④ 刘鸿武：《中非关系 30 年：撬动中国与外部世界关系结构的支点》，《世界经济与政治》2008 年第 11 期。

维持着健康稳定的发展势头。

中华人民共和国成立后，中国积极发展同非洲国家的关系，真诚帮助非洲人民，在国际舞台上坚定地支持援助非洲人民争取民族解放的斗争，非洲国家也在国际斗争中，支持中国的合理诉求。改革开放后，中国将发展重心转移到经济建设中来，对非政策也随之作出了相应调整，即由支持非洲国家民族解放运动转向与非洲国家展开互利互惠的经济合作关系，并摆脱曾经的以意识形态为原则来决定与非洲国家的政府与政党亲疏关系的做法①。新时代的中国对非外交，继承改革开放以来所形成的中国与发展中国家的原则，即“平等互利、形式多样、讲求实效、共同发展”，并在此基础上提出了更具时代性且回应双方需求的对非关系原则。

2013 年 3 月，习近平访问非洲期间，提出了“真、实、亲、诚”的外交方针，这是党的十八大以来，中国在对发展中国家关系方面，努力构建新型国际关系的新发展。其中“真”意在表明，中国重视与非洲国家的团结合作，认为国家间一律平等，反对干涉别国内政，将继续同非方在涉及对方核心利益和重大关切的问题上相互支持，继续在国际和地区事务中支持非洲国家的立场，维护发展中国家共同利益；“实”字涉及中非双方的合作，中国期望将自身发展同非洲发展紧密联系起来，把两国人民的利益紧密地结合起来，使中国的发展惠及非洲大陆；“亲”意在加强中非人民交流，增进中非人民的相互了解和认同；而“诚”是中非处理合作面临各种问题与挑战时，需要双方一道本着相互尊重、合作共赢的精神，采取切实措施加以解决②。随后在 2015 年 12 月，习近平进一步提议，将中非新型战略伙伴关系提升为全面战略合作伙伴关系，并做强夯实五个方面的协作，即政治上坚持平等互信、经济上坚持合作共赢、文明上坚持交流互鉴、安全上坚持守望相助，国际事务中坚持团结协作③。

---

① 刘鸿武：《中非关系 30 年：撬动中国与外部世界关系结构的支点》，《世界经济与政治》2008 年第 11 期。

② 习近平：《永远做可靠朋友和真诚伙伴——在坦桑尼亚尼雷尔国际会议中心的演讲》，《人民日报》2013 年 3 月 26 日，第 2 版。

③ 习近平：《开启中非合作共赢、共同发展的新时代——在中非合作论坛约翰内斯堡峰会开幕式上的致辞》，《人民日报》2015 年 12 月 5 日，第 2 版。

第三节　倡导打造人类命运共同体

当今世界，人们享受着经济社会发展带来的丰厚物质财富和文化交融的成果，也面临着新的威胁与挑战。地区冲突频仍、恐怖主义泛滥、难民危机、生态问题凸显等非传统安全问题与霸权主义、强权政治一道，拷问着旧有的国际社会。既有的国际制度亟待转变。人类命运共同体思想正是当代中国基于对世界大势深入思考而提出的新理念。

一、人类命运共同体理念的思想来源

（一）马克思主义的共同体思想

马克思主义认为，“人的本质不是单个人所固有的抽象物，在其现实性上，它是一切社会关系的总和”[①]。换言之，社会性是人的本质属性，每个人都处在由一定社会关系网络构成的共同体中，共同体是人类存在的基本形式。共同体的具体形式随着生产方式的变革而改变自己的具体形态。按照生产方式对人发展的制约，马克思把人类社会划分为三大形态：“人的依赖关系（起初完全是建立在自然发生的），是最初的社会形态……以物的依赖性为基础的人的独立性，是第二大形态……建立在个人全面发展和他们共同的社会生产能力成为他们的社会财富这一基础上的自由个性，是第三个阶段”[②]。与此对应，共同体的具体存在形式历经以血缘关系为基础的原始共同体、以阶级分化为基础的政治共同体，走向以人的自由全面发展为基础的自由联合体。马克思认为，原始共同体中的个体没有独立性，政治共同体中的人获得了一定的独立性，但人们尚未完全独立，因为人对人的依赖变为了对物的依赖，人虽不再是人的奴隶，但却变成了物的奴隶。只有进入“个人全面发展”的“自由联合体”阶段，共同体才摆脱了虚幻的特征，成为真正的共同体。

实现“人的自由全面发展”是社会主义的奋斗目标，也是中国共产党人的终极理想。但中国特色社会主义仍处在初级阶段，“自由人的联合体”的实现还缺乏物质条件，“人类命运共同体”理念的提出既摒弃了西方主

---

① 《马克思恩格斯文集》（第 1 卷），人民出版社，2009，第 505 页。

② 《马克思恩格斯全集》（第 46 卷，上册），人民出版社，1979，第 104 页。

流国际关系理论秉持的零和博弈思路，又架通了人类走向“自由人联合体”的桥梁，具有高度的现实性与可持续性。

（二）中国传统文化的价值追求

人类命运共同体是中国基于千年的传统文化为当今世界贡献的中国方案，体现了中国“和”文化的核心价值原则和“天下大同”的至高理想。

中国文化在漫长的孕育、发展中，体现出无穷的变化与丰富多样的创造力，但总体而言，唯一不变并一脉相承的是“和”文化，及其至高的理想状态——“天下大同”。前者所描述的是世界的现实状态，后者承载的是中国人对理想社会的期许。

“和”文化源远流长、内涵丰富，对于“和”的追问与探究成为中国文化的源头[①]。对此，可通过“和实生物”“和而不同”“协和万邦”三个关键词理解中国传统文化认识世界的三个层面。

所谓“和实生物”，指事物的形成与发展依靠内部不同要素的配合、转化而得，各要素的和谐共生构成了事物的多样性、多变性。“和而不同”尤指事物之间存在着差异是必然的，更是必要的，万事万物相克相生，相反相成；“不同”是事物之间普遍联系的动力，“和”是对立统一的结果。“协和万邦”是将“和”的理念由事物内部、事物之间、人际关系的作用机理推广至国与国的交往范畴，中国古人认为个人、家庭、国家乃至国家之间的关系运行秉承统一原则，正所谓“和实生物，同则不继”。

“天下大同”则代表了中国人对于人际社会的终极追求。这一共建、共治、共享、共有的社会蓝图是孔子之“仁”的至高境界，是《礼记·礼运》篇的理想社会，也是近代康有为《大同书》中对现实社会的期盼，更是当代中国外交对未来国际社会的美好憧憬。

（三）新中国的外交实践

中华人民共和国成立之初，中国的外交决策者即提出和平共处五项原则，并以此为前提开展对外交往。改革开放之后，中国共产党人研判时代主题，立足本国国情，提出了一系列立足本国国情的发展理念，反映国家的合理诉求，并积极为世界和平作出应有的贡献。

20 世纪 80 年代末，面临国际格局的转型，中国国家领导人邓小平呼

---

① 金应忠：《从“和”文化到新型国际关系理念——兼论人类共同体意识》，《社会科学》2015 年第 11 期。

吁构建国际政治经济新秩序。1990 年 3 月，邓小平进一步强调，“我们的对外政策还是两条，第一条是反对霸权主义、强权政治，第二条是建立国际政治新秩序和国际经济新秩序”。

两年后，在党的十四大报告中，江泽民同志在继承中国外交的核心原则基础上，第一次在党代会报告中提及“国际新秩序”，指出：“根据历史经验和现实状况，我们主张在互相尊重主权和领土完整、互不侵犯、互不干涉内政、平等互利、和平共处等原则的基础上，建立和平、稳定、公正、合理的国际新秩序。这一新秩序包括建立平等互利的国际经济新秩序。”①

随着中国经济社会的发展，中国的国际影响力日益增强，一些国家开始质疑中国外交战略的走向，国际社会更加关注中国对自身身份的界定。对此，中国国家主席胡锦涛在出席联合国成立 60 周年的首脑会议时明确表示，中国将坚定不移地走和平发展道路，同各国一道推动建立公正合理的国际政治经济新秩序，并强调“中国的发展不会妨碍任何人，也不会威胁任何人，只会有利于世界的和平稳定、共同繁荣”，进而提出构建“持久和平、共同繁荣”的和谐世界的主张，建议各国通过切实行动，紧密团结起来，把握机遇、应对挑战，为人类社会发展创造光明未来②。

改革开放以来，中国在融入国际体系的过程中，始终努力扮演一个积极的参与者，认可现行国际规范存续有一定的合理性，但与此同时，中国也坚定地认为，世界为全人类共同享有，国际秩序理应向着更为公平合理的方向变革。

二、人类命运共同体理念的提出

人类命运共同体思想的提出经过了逐渐形成、发展的过程。从“共同体”首次被提及“人类命运共同体”成为新时代中国外交的重要理念，其内涵不断深化、外延不断拓展③。

---

① 《十一届三中全会以来历次党代会、中央全会报告　公报　决议　决定》（下），中国方正出版社，2008，第 455 页。

② 胡锦涛：《努力建设持久和平、共同繁荣的和谐世界》，《人民日报》2005 年 9 月 16 日，第 1 版。

③ 饶世权、林伯海：《习近平的人类命运共同体思想及其时代价值》，《学校党建与思想教育》2016 年第 7 期。

“共同体”的提法首次见诸党的重要文件是在党的十八大报告中，报告以“命运共同体”界定大陆与台湾的关系。随后“共同体”的理念被赋予了更丰富的内涵。2012 年 12 月，习近平在同外国专家代表座谈时提出，国际社会日益成为一个命运共同体，各国应在谋求本国发展中促进各国共同发展，增进人类共同利益①。

2013 年 3 月在莫斯科国际关系学院发表演讲时，习近平沿用了“命运共同体”的提法，首次在外交场合应用这一提法。此后，习近平多次在国际场合阐述“共同体”的理念。而真正将“共同体”的理念与中国提出的未来世界发展倡议结合起来加以详尽阐发则是以 2015 年 9 月习近平出席第七十届联合国大会一般性辩论时所做的演讲为标志。在演讲中，习近平谈到基于全人类所认同的共同价值，“我们应继承和弘扬联合国宪章的宗旨和原则，构建以合作共赢为核心的新型国际关系，打造人类命运共同体”，并为此提出了一系列倡议。随后，在 2017 年 1 月 17 日、18 日，习近平相继在达沃斯世界经济论坛年会与联合国日内瓦总部两个多边外交舞台上阐发有关“人类命运共同体”的中国智慧，分别提出并回答了怎样看待经济全球化、怎样发展世界经济，建设一个什么样的世界、怎样建设这个世界这样的全世界全人类特别关心的重大问题②。在此基础上，党的十九大报告对“人类命运共同体”做了明确概括，推动形成公道正义、共建共享的安全格局；谋求开放创新、包容互惠的发展前景；促进和而不同、兼收并蓄的文明交流；构筑尊崇自然、绿色发展的生态体系③。

三、人类命运共同体理念的内涵

人类命运共同体构想是中国基于传统文化与自身发展路径，立足于全人类的视角对于世界所面临的困境所提出的中国方案。

首先，人类命运共同体以全人类的共同价值及现行的国际关系基本准则为出发点。

基于全人类的基本共识构想世界的未来发展是人类命运共同体的理念

---

① 《中国是合作共赢倡导者践行者》，《人民日报》2016 年 12 月 6 日，第 1 版。

② 张首映：《中国思想理论进入世界的鲜亮标志》，《人民日报》2018 年 1 月 18 日，第 7 版。

③ 《决胜全面建成小康社会 夺取新时代中国特色社会主义伟大胜利》，《人民日报》2017 年 10 月 19 日，第 2 版。

基础。各个国家、各个民族发展的历史时代和历史阶段不同，其社会结构、阶级状况和社会制度不同，因而它们在价值观念、思维模式、道德情操、宗教情绪、民族性格、社会心理等诸多方面，都会有所不同①。因而我们拒斥的是西方国家忽视具体差异而强行推广的“普世原则”下的发展方式和制度安排。但透视历史文化传统和发展模式的特殊性背后，我们也能够发现各国家各民族在道德观念、思想文化方面存在着广泛共识。正如习近平在出席第七十届联合国大会一般性辩论所做的讲话所言，“和平、发展、公平、正义、民主、自由，是全人类的共同价值”②。这些共同价值相互交叠进而形成的国家间观念的最大公约数，成为人类命运共同体的文化承载。

基于公认的国际关系基本准则规制国际社会的发展是人类命运共同体的制度基础。自《威斯特法利亚和约》（简称《和约》）签订以来，人类始终为构建公正合理的国际秩序而努力。在此过程中，由《和约》所确立的平等和主权原则，日内瓦公约确立的人道主义精神，联合国宪章所确立的宗旨与原则，万隆会议所倡导的和平共处五项原则，这些都是维系国际秩序、保障国际社会运行至今的核心制度框架③。

所谓人类命运共同体，并不是中国为谋求自身利益，对现有制度发起另起炉灶式的革命，也不是处于自身传统文化而臆想出的空中楼阁，而是真正以全人类的视角回望国际关系历史，在总结经验反思教训的基础之上提出的可行方案。

其次，人类命运共同体廓清了国际社会的努力方向。

构建共享共赢的人类命运共同体，需要在政治、安全、经济、文化、生态文明等五个方面做出努力。

在政治方面，坚持主权原则，通过对话协商谋求持久和平。主权原则既体现在各国不分大小、贫富、强弱，都应享有平等的生存权、发展权，还体现在各国有权自主选择社会制度和发展道路。国家间交往应摒弃零和博弈的旧思维，奉行共赢的新理念，以协商对话解决分歧。

---

① 杨瑞森：《弘扬中华优秀传统文化四题——学习习近平同志关于弘扬中华优秀传统文化重要论述的几点体会》，《思想理论教育导刊》2014 年第 12 期。

② 《习近平谈治国理政》（第 2 卷），外文出版社，2017，第 522 页。

③ 《习近平谈治国理政》（第 2 卷），外文出版社，2017，第 539 页。

在安全方面，弘扬公道正义，通过共建共享实现普遍安全。当今世界，各国经济相互依存，安全密切关联，各国应认清现实，树立共同、综合、合作、可持续的新安全观，促进发展中国家的经济社会发展，方能保证国际社会的普遍安全。

在经济方面，坚持合作共赢，通过以开放创新维系共同繁荣。经济全球化是社会生产力发展的客观要求和科技进步的必然结果，各国都应站在更广阔的层面思考自身利益，通过创新驱动、协同联动、与时俱进、公平包容的发展模式应对世界经济的危机与挑战。①

在文化方面，坚持交流互鉴，通过兼收并蓄促成和而不同。文明相处需要和而不同的精神，只有在多样中相互尊重、彼此借鉴、和谐共存，才能促进文明的融合发展，推动人类的进步。正所谓，“各美其美，美人之美，美美与共，天下大同”。

在生态文明方面，坚持遵从自然、以绿色低碳模式达成可持续发展。人类在生产生活中利用自然、改造自然，但归根结底是自然的一部分，伤害自然终究会伤及人类自身。人类社会应遵循尊崇自然、顺应自然、保护自然的理念，寻求永续发展之路。

最后，树立人类命运共同体理念，中国积极承担相应国际责任。伴随中国的发展，国际社会期待了解中国的未来发展道路，并希望中国为人类共同利益承担更多责任。对此，习近平多次在国际场合表明立场，中国将坚持和平发展，并为国际社会的发展发挥建设性作用。

其一，秉持和平发展的理念，做世界和平的建设者。中国的传统文化历来珍视和平、慎言战争，近代历史更让中国人饱尝战乱之苦。改革开放以来，中国取得巨大的经济发展成就绝非仰赖暴力扩张、殖民掠夺的原始积累，而是得益于在和平的环境下自力更生、艰苦奋斗。因而中国承诺坚持走和平发展道路，无论发展到哪一步，中国永不称霸、永不扩张、永不谋求势力范围。

其二，奉行互利共赢的开放战略，做全球发展的贡献者。面对世界经济增长乏力、本国经济增速放缓，一些国家逆全球化而动，试图以贸易保护主义应对当前的经济困境。回顾中国的发展之路，却使我们得出结论，“融入世界经济是历史大方向，中国经济要发展，就要敢于到世界市场的

---

① 《习近平谈治国理政》（第 2 卷），外文出版社，2017，第 480-482 页。

汪洋大海中去游泳”。因而，中国积极奉行互利共赢的开放战略，并欢迎各国搭中国发展的便车，实现共同发展。

其三，坚持走合作发展道路，做国际秩序的维护者。中国充分肯定在国际关系发展过程中形成的国际关系基本原则与制度框架，这些制度安排是国际和平的客观支柱。但也应承认，当前的国际体系仍然带有强权政治的烙印。而中国作为世界上最大的发展中国家，将一如既往积极推动构建国际政治经济新秩序，在国际舞台上代表发展中国家发声。

上述三重外交理念是针对全球治理症结所在而提出的满怀诚意的中国方案。其中，弘扬正确义利观既是中国对自身外交价值观的总结，也是对未来中国外交所秉持理念的宣示；构建新型国际关系是中国根据本国历史与经验而提出的摆脱现行国际体系窠臼的可行方案，打造人类命运共同体是中国站在全人类的视角思考世界未来发展而提出的切实方案与宏伟愿景。

三重理念的提出既是对改革开放以来中国外交的总结与继承，也标志着中国外交以新的声音开启了一个新的时代。当西方理论家悲叹国际关系的无政府状态与各国的自利自助本性时，中国坚持弘扬正确义利观，努力做负责任的大国；当西方舆论渲染“中国威胁论”、炒作“修昔底德陷阱”时，中国已然着力构建新型国际关系，通过相互尊重、公平正义、合作共赢引导国家间关系发展；当人们发出“世界怎么了，我们怎么办”的追问时，中国方案的立足点摆脱了“国际政治”的局限，跃至“世界政治”的视野，提出“人类命运共同体”的宏大命题。新时代的中国外交不忘本来、吸收外来、面向未来，一个新大国的形象跃然初现、日渐清晰。

正如党的十九大报告中所言：“我们生活的世界充满希望，也充满挑战。我们不能因现实复杂而放弃梦想，不能因理想遥远而放弃追求。没有哪个国家能够独自应对人类面临的各种挑战，也没有哪个国家能够退回到自我封闭的孤岛。”[①] 中国愿与世界各国一道，为了人类的共同利益，积极回应国际形势的新变化，解决全球治理面临的新问题，建设持久和平、普遍安全、共同繁荣、开放包容、清洁美丽的世界。

---

① 《决胜全面建成小康社会 夺取新时代中国特色社会主义伟大胜利——习近平同志代表第十八届中央委员会向大会作的报告摘登》，《人民日报》2017 年 10 月 19 日，第 2 版。

第十二章　以“中国之制”开辟“中国之治”新境界

完备稳定的制度是确保国家长治久安和人民幸福安康的基础和前提。中华人民共和国成立以来，全国人民在中国共产党的带领下不断探索国家治理制度体系建设，坚持和完善中国特色社会主义制度，推进国家治理体系和治理能力现代化。在历史比较和国别比较中，中国特色社会主义制度日益强大的生命力和巨大的优越性不断展现出来。制度最终能否发挥作用还需要人的态度和能力，国家治理现代化是国家制度及其执行能力的现代化，但归根结底取决于人的现代化。进入新时代，随着国内外历史境遇和使命任务的发展变化，我们需要进一步加强制度建设，坚定制度自信、提高制度自觉、提升治理能力、发挥制度优势，不断把中国特色社会主义制度优势转化为治理效能，为中华民族伟大复兴提供源源不断的动力支持和制度保证。

第一节　坚定制度自信，坚持和发展中国特色社会主义制度体系

党的十九届四中全会指出：“实践证明，中国特色社会主义制度和国家治理体系是以马克思主义为指导、植根中国大地、具有深厚中华文化根基、深得人民拥护的制度和治理体系，是具有强大生命力和巨大优越性的制度和治理体系，是能够持续推动拥有近十四亿人口大国进步和发展、确保拥有五千多年文明史的中华民族实现‘两个一百年’奋斗目标进而实现伟大复兴的制度和治理体系。”我们要始终坚持制度自信，在制度自信的基础上推进国家治理体系和治理能力现代化。

一、中国特色社会主义制度是中国的必然选择

社会主义道路是中国人民在中国共产党的领导下历经千辛万苦才找到的一条正确的道路，中国特色社会主义制度是社会主义制度形态在中国的具体化，是马克思主义中国化在制度领域的体现。中国特色社会主义制度是引导中国从传统社会向现代社会转型的战略选择，是人类制度文明的崭新形态。

中国传统社会制度在历史上创造了灿烂的中华文明。但是在工业革命的发展过程中，中国因循守旧导致日渐示弱，造成落后挨打的历史局面，为我们留下了惨痛的历史教训。为了改变中国积贫积弱的状况，实现中华民族的伟大复兴，中国各种社会力量展开了前赴后继的救国救民探索。

首先是“洋务运动”高举“师夷长技以制夷”和“中学为体，西学为用”的大旗，试图器物救国，但1894年的中日甲午战争的结局宣告了“洋务运动”的失败。甲午战争失败后，西方加速了对中国的殖民化进程，面对亡国灭种的危机，资产阶级改良派试图通过自上而下的“变法”来引进西方式的君主立宪制度。但是在半殖民地半封建的旧中国，帝国主义和清政府都大力反对中国的资产阶级改良，最终持续百日的“维新变法”运动以血的代价失败告终。改良失败后资产阶级革命派又登上历史舞台，尝试建立西方现代化的“民主共和制”。虽然辛亥革命推翻了清政府的统治，结束了中国漫长的封建社会，推翻了封建旧制度，但是却没有能力建立起新的制度模式，中国依然没有改变半殖民地半封建的社会命运。

十月革命的一声炮响为迷茫的中国人带来了马克思主义和科学社会主义思想，在先进思想指引下，中国共产党带领广大人民群众推翻了压迫中国人民的“三座大山”，完成了实现民族独立和建立民主制度的两大历史任务，开始探索社会主义道路和社会主义制度。

早在新民主主义革命时期，中国共产党就围绕指向社会主义的制度构建展开了一系列的探索，积累了宝贵经验，并形成了初步的建国方案。中华人民共和国成立后，经过社会主义改造建立起社会主义基本制度，并开始了适合自己国情的具体制度形态探索，为我国独特的制度形态的形成奠定了基础。但是新中国在很长一段时间很大程度上还是照搬照抄了苏联的

模式，实行高度集中的经济政治体制。随着苏共二十大的召开以及对斯大林的全盘否定，毛泽东等党和国家领导人进一步意识到要以苏联的经验教训为鉴戒，进行马克思主义基本原理同中国实际的第二次结合，推进了开放民主的改革举措，积极探索有自己特色的发展道路和制度模式。

由于西方世界的敌视与隔阂，“左”的思想在我国日益抬头，导致“文化大革命”爆发，使我国制度现代化建设遭遇了挫折。直到1978年党的十一届三中全会召开，在总结了历史失败教训的基础上开启了以改革开放为显著特征的中国特色社会主义制度新探索，不断丰富和发展毛泽东时代所探索的中国特色社会主义道路，为中华民族伟大复兴提供了强大的动力和支持。

从中国由盛而衰，又走向复兴的历史路程可以总结出资本主义制度在中国是无法走通的，机械照搬别人的制度也是不行的，历史决定了中国必须走一条有自己特色的社会主义道路，建立适合自身国情的制度体系。

二、全面认识中国特色社会主义制度及其优势，坚定中国特色社会主义制度自信

中国特色社会主义制度是党和人民在长期实践探索中形成的科学制度体系，是马克思主义制度理论与中国实际和时代特征相结合的产物。中国特色社会主义制度是包含根本制度、基本制度、重要制度的有机统一，是包含治党、经济、政治、文化、社会、生态、治军、外事等各个方面制度体系的有机整体。

具体来看，根本制度是覆盖我们党“五位一体”总体布局、“四个全面”战略布局，覆盖改革发展稳定、内政外交国防、治党治国治军等一切方面、所有领域的。党的集中统一领导制度和全面领导制度是我们党和国家的根本领导制度；人民代表大会制度是我国的根本政治制度；马克思主义在意识形态领域指导地位的制度是我国的根本文化制度；共建共治共享是我国的根本社会治理制度；党对人民军队的绝对领导是我国的根本军事制度。基本制度，是通过贯彻和体现国家政治生活、经济生活的基本原则，对国家经济社会发展等发挥重大影响的制度。在政治领域，就是中国共产党领导的多党合作和政治协商制度、民族区域自治制度、基层群众自

治制度这三大基本政治制度；在经济领域，是公有制为主体、多种所有制共同发展，按劳分配为主体、多种分配方式并存，社会主义市场经济体制等经济制度。重要制度，就是由根本制度和基本制度派生而来的、国家治理各领域各方面各环节的具体的主体性制度。它包括我国经济体制、政治体制、文化体制、社会体制、生态文明体制、法治体系、党的建设制度等。

党的十九届四中全会系统总结了我国国家制度和国家治理体系的显著优势，体现在十三个方面。从党的集中统一领导，到人民当家作主；从全面依法治国，到全国一盘棋；从各民族一律平等，到人民在思想上紧紧团结在一起；从公有制为主体、多种所有制经济共同发展和按劳分配为主体、多种分配方式并存到坚持以人民为中心的发展思想等等，每一个方面都契合国情，既有利于更高的效率和更大的公平，又有利于形成治国理政的强大合力；既有利于推进长远规划和长远利益的实现，又有利于保证当下社会的稳定和可持续发展；既有利于人民享有更加真实的人权和自由，又有利于人类和平发展和命运共同体的构建等等。正因为有了这些优势，我们才说要坚定道路自信、理论自信、制度自信、文化自信。

邓小平说：“我们现在真正要做的就是通过改革加快发展生产力，坚持社会主义道路，用我们的实践来证明社会主义的优越性。要用两代人、三代人甚至四代人来实现这个目标。到那个时候，我们就可以真正用事实理直气壮地说社会主义比资本主义优越了。”① 无论是经济发展还是政治稳定、无论是民生保障还是风险应对、无论是国内民主还是国际合作，中国用一份份傲人的成绩单成功地实现了对发达国家（特别是美国）的追赶，不断超越西方模式，创新自己的道路和制度模式。“中国之制”下的“中国之治”正在不断验证“邓小平预言”。也诚如习近平同志所说：“我们走自己的路，具有无比广阔的舞台，具有无比深厚的历史底蕴，具有无比强大的前进定力。”②

---

① 邓小平：《我们干的事业是全新的事业》，载《邓小平文选》（第3卷），人民出版社，1993，第256页。

② 习近平：《在纪念毛泽东同志诞辰120周年座谈会上的讲话》，《人民日报》2013年12月27日，第2版。

三、积极建构制度话语权，不断提升中国特色社会主义制度自信

是否具有制度自信一方面取决于制度是否能带来良好的治理绩效，另一方面取决于制度话语权的大小。简单来说制度话语权是话语权的重要组成部分，指的是一国或地区的社会制度在国内外被认可和被接受的程度，以及在国内外产生的影响力、吸引力、感召力。只有积极构建中国特色社会主义制度话语权，用中国理论、中国话语发出中国声音、讲好中国故事，才能不断提升中国特色社会主义制度自信。

中国共产党始终秉持制度独立态度，不断追求确立符合中国特色的制度体系。正如习近平总书记提出的："中国有960多万平方公里土地、56个民族，我们能照谁的模式办？谁又能指手画脚告诉我们该怎么办？对丰富多彩的世界，我们应该秉持兼容并蓄的态度，虚心学习他人的好东西，在独立自主的立场上把他人的好东西加以消化吸收，化成我们自己的好东西，但决不能囫囵吞枣、决不能邯郸学步。"① 中国共产党自成立之日起就立足自身，从中国自己的国情社情出发，坚持独立自主的原则，坚持不懈地追求中国的解放和发展之路以及国家治理制度体系建设。在革命阶段，中国共产党克服了教条主义的误区，走出了一条农村包围城市的革命发展道路，最后取得人民民主专政的伟大胜利。在社会主义建设过程中，中国共产党又逐步摆脱了苏联模式的影响和束缚，不断探索适合中国国情的建设道路和制度模式。毛泽东在1956年做的《论十大关系》的报告中明确提出要"以苏为鉴"，要探索一条适合中国国情的社会主义建设之路。特别是从1978年开始，中国共产党更是以卓越的政治智慧和非凡的政治勇气迈出了改革开放的步伐，带领中国人民大踏步走上中国特色社会主义制度建设历史进程。邓小平同志卓有远见地提出制度建设的时间表："恐怕再有三十年的时间，我们才会在各方面形成一整套更加成熟、更加定型的制度。"② 表明中国共产党既不走封闭僵化的老路，也不走改旗易帜的邪路，坚持走自己的道路、坚持中国特色社会主义制度独立的决心和信心。党的

① 习近平：《在庆祝全国人民代表大会成立60周年大会上的讲话》，人民出版社，2014，第15-16页。

② 《邓小平文选》（第3卷），人民出版社，1993，第372页。

十九届四中全会以坚持和发展中国特色社会主义制度，推进国家治理体系和治理能力现代化为主题，进一步为中国特色社会主义建设擘画出新的征途。

在西方制度话语霸权与意识形态渗透下，对中国特色社会主义制度的误读和误解。中国在短短几十年就实现了对西方国家的赶超，证明中国走出了一条适合本国国情的现代化之路，找到了符合自己国情的治理模式。但这套制度体系既不同于经典马克思主义描绘的模式，更不同于西方国家推行的以新自由主义为理论基础的资本主义模式，从而引起了西方社会对中国模式、中国制度的种种界定和解读。

总体来看，西方国家对中国的看法形成了两个倾向。一个倾向是认为中国的发展模式没有脱离“华盛顿共识”的规定，“中国道路”的成功实质上就是资本主义自由市场的胜利，只不过是在政治上没有进行相应的改革而已，所以将“非民主国家”“威权主义”“国家资本主义”等各种标签贴向中国。另一个倾向是对中国的模式给予很大的肯定，认为“北京共识”是对“华盛顿共识”的超越，中国模式经济上的成功恰恰是稳定的政治社会秩序促成的，中国模式奉行独立自主和反对外来强权，为发展中国家抵制强权和保持经济独立提供了参考[①]。

综合来看，不管是抹黑、批评中国道路的声音，还是肯定、赞扬中国制度的声音，都没有离开资本主义和社会主义之分的分析框架，都是管中窥豹地看待中国的制度模式，不能从系统、整体角度对中国制度和中国模式进行把握和观察。究其原因主要在于我们自身没有形成强大的制度话语权，不会向国际社会表达我们的制度模式，甚至还用西方的话语体系来为我们的制度合理性与先进性做解释。

如习近平总书记提出：“我国是哲学社会科学大国，研究队伍、论文数量、政府投入等在世界上都是排在前面的，但目前在学术命题、学术思想、学术观点、学术标准、学术话语上的能力和水平同我国综合国力和国际地位还不太相称。”我们有理由自信，却自信不起来，因为“我国哲学社会科学在国际上的声音还比较小，还处于有理说不出、说了传不开的境

---

① 刘庆军、郭文亮：《从“北京共识”到“中国模式”——改革开放以来海外学者对“中国道路”的研究进展》，《社会主义研究》2019 年第 2 期。

地”[1]。因而积极构建制度话语权，讲好中国故事、体现中国特色、形成中国风格就成为一个迫切需求。

内外兼修，构建中国特色社会主义制度话语体系。党的十九届四中全会《决定》中指出：“加强制度理论研究和宣传教育，引导全党全社会充分认识中国特色社会主义制度的本质特征和优越性，坚定制度自信。”明确了中国制度话语权的建构方向是中国特色社会主义制度的解释权和表达权。

修炼理论研究内功，提升制度解释话语权。提升制度话语权首先要修炼内功，运用马克思主义的立场、观点和方法，构建自己的理论解释体系，将中国特色社会主义制度的理论渊源、运行规律、实践特色等说清楚。

正如习近平总书记提出的：“当代中国的伟大社会变革，不是简单延续我国历史文化的母版，不是简单套用马克思主义经典作家设想的模板，不是其他国家社会主义实践的再版，也不是国外现代化发展的翻版，不可能找到现成的教科书。”[2]中国的道路模式和制度模式也是在伟大的实践中不断形成和发展的，不可能有现成的解释框架。因而在研究和讲述中国制度中要摆脱对西方政治正确界定的鹦鹉学舌，跳出西方理论体系的圈囿，不能寄希望于将国外的概念和理论生搬硬套到中国的现实与实践中，应致力于形成自己的学术体系和话语体系。

当然我们反对盲目接受任何思想，但是也反对盲目抵制任何思想，对于西方的理论体系应采取吸收外来、洋为中用的态度，在批判、吸收、升华的基础上实现理论创新，从而形成更加符合中国和世界发展需求的解释体系。

从根本上来说，有理说得出、说了传得开的局面的形成需要科学的概念体系的确立。核心概念就如同细胞一样，支撑起制度理论体系的原创生命，提升理论的解释力。党的十八大以来，我们已经形成了很多具有时代性和原创性的理论，如“五位一体”总体布局、坚持正确义利观、人类命运共同体等等，非常准确生动地表达了中国特色和中国气派。但是目前来看我们的核心概念还比较少、比较零散，不够体系化和整合化，需要我们

① 习近平：《在哲学社会科学工作座谈会上的讲话》，《人民日报》2016年5月19日，第2版。
② 同上。

集社会力量特别是哲学社会科学工作者去研究建构，加强对发展社会主义市场经济、民主政治、先进文化、和谐社会、生态文明以及党的执政能力建设等领域的分析研究，加强对党中央治国理政新理念新思想新战略的研究解读，从而让中国特色社会主义道路和制度得到正确的阐释。

真正实现让世界全方位了解中国。不仅要让世界知道“舌尖上的中国”，还要让世界知道“学术中的中国”“理论中的中国”“哲学社会科学中的中国”，让世界知道“发展中的中国”“开放中的中国”“为人类文明作贡献的中国”。

借好宣传教育工作外力，提升制度表达权。恩格斯在《反杜林论》中指出：“现代社会主义必获胜利的信心，正是基于这个以或多或少清晰的形象和不可抗拒的必然性印入被剥削的无产者的头脑中的、可以感触到的物质事实，而不是基于某一个蛰居书斋的学者的关于正义和非正义的观念。”[①] 在这里，恩格斯揭示出只有将现代社会主义“印入被剥削的无产者的头脑中”，“被剥削的无产者”才会形成“现代社会主义必获胜利的信心”。因而提升全社会中国特色社会主义制度自信必须借助好宣传教育手段的发挥。也“只有通过加强宣传教育，在全党全社会唤起对制度自信感性认知层面的情感共鸣，形成对制度自信理性认同层面的理论自觉，铸育对制度自信、信仰、信念层面的政治灵魂，才能促进制度自信实现由感性到理性、由现象到本质、由至信到坚定的观念转化和思想飞跃”[②]。

发挥好宣传教育作用要坚持内容与形式并重原则。首先要注意宣传教育的生动性。就像毛泽东提到的：“辩证法之所以使人觉得困难，是因为没有善于讲解的辩证法书……所谓善于讲解的书，在于以通俗的语言，讲亲切的经验。”[③] 因而在制度核心概念和理论体系阐释过程中要结合鲜活叙事和材料佐证方法，选取真实性、代表性和社会影响大的案例予以说明，增强中国故事表达的生动性和通俗性。

其次要注意宣传教育的差异性。宣传教育要根据不同主体采取不同的制度表达方式和呈现形式，尊重差异性传播规律，因人而异，从而能够让每个人都真正领悟和感知制度优势，增强中国故事表达的针对性和亲

① 《马克思恩格斯文集》（第 9 卷），人民出版社，2009，第 165 页。

② 李忠军、刘怡彤：《制度自信的生成逻辑与宣传教育路径》，《思想理论教育》2020 年第 4 期。

③ 吴继金：《毛主席在“抗大”讲哲学》，《学习时报》2017 年 11 月 14 日。

和力。

再次要创新宣传教育表达方式。制度自信的形成依赖于形式多样的传播媒介，如各种感性的文学书籍、影视作品、报纸杂志等都可以用来传达价值和思想，特别是在新媒体时代，更加需要发挥新媒体的受众广、速度快、交互性、数字化、网络化等优势，让其成为中国故事表达的强大助力，增强中国故事表达的普遍性和多样性。

当然制度自信还依赖于国际社会对中国道路和模式的认识和评价，我们还要加强对外传播功率和提升对外传播能力，保证世界各地的民众听到中国故事、了解中国方案、认同中国价值，推进中国制度走向世界，为人类文明贡献智慧和力量。

第二节　加强制度自觉，巩固依靠制度推进治理的意识水平

制度自觉是制度自信的前提和基础。制度自信是指对本国所确立的制度的高度认同和坚定信心，制度自觉是指在本国治理过程中将制度作为根本遵循，依靠制度建设和创新推动国家治理现代化的实现。有了制度自觉，才会把制度建设摆在更加突出的位置，才会不断追求更先进、更适宜的制度，才能更好地将制度优势转化为治理效能，才可能达到真正的制度自信。

党的十九届四中全会《决定》强调，“制度的生命力在于执行。各级党委和政府以及各级领导干部要切实强化制度意识，带头维护制度权威，做制度执行的表率，带动全党全社会自觉尊崇制度、严格执行制度、坚决维护制度”[①]。因而提升制度意识，加强制度自觉也是推动“中国之制”转化为“中国之治”的前提，是实现国家治理现代化的重要保障。

一、强化自觉尊崇制度的意识

“仁圣之本，在乎制度而已”，制度的好坏、先进与落后关系着国家的

① 《中共中央关于坚持和完善中国特色社会主义制度 推进国家治理体系和治理能力现代化若干重大问题的决定》，人民出版社，2019，第 42 页。

兴衰存亡；“经国序民，正其制度”，制度在国家治理中起着根本性、全局性和长远性的作用。世界现代化历史进程表明，生产力发展和社会进步的实现都依赖于制度的革新，如马克思所说的，资本主义在其不到一百年的时间里所创造的财富，超过以前历代所创造财富的总和，便是资本主义制度内含的解放生产力方面优势的体现。中国特色社会主义制度下中国用几十年的时间就实现了对西方资本主义国家的赶超，更体现了中国特色社会主义制度在促进社会生产发展和人民幸福实现上的巨大优势。

在国家治理过程中，制度是起根本性、全局性、长远性作用的。制度作为价值取向的物化形式，体现着国家的性质，从而决定着社会发展方向的正确与否；制度作为约束机制，最基本的功能就是调节和约束个体的行为，从而决定着秩序能否得以实现；制度作为激励机制，能够激发个人和组织的积极性与创造性，从而决定着创新和发展可否持续推进。因而习近平在庆祝改革开放 40 周年大会上指出：“改革开放 40 年的实践启示我们：制度是关系党和国家事业发展的根本性、全局性、稳定性、长期性问题。我们扭住完善和发展中国特色社会主义制度这个关键，为解放和发展社会生产力、解放和增强社会活力、永葆党和国家生机活力提供了有力保证，为保持社会大局稳定、保证人民安居乐业、保障国家安全提供了有力保证，为放手让一切劳动、知识、技术、管理、资本等要素的活力竞相迸发，让一切创造社会财富的源泉充分涌流不断建立了充满活力的体制机制。”①

虽然在国家建设实践总结中和党中央的引领之下，全社会的制度自信和制度自觉不断深入人心，但是现今仍存在一些轻视制度、不守制度的现象和行为。如还有一些领导干部没有切实认识到制度的重要作用，仍然存在传统的“人治”观念，治理过程中不讲制度化、规范化、程序化，按照个人意志随意决策管理，致使国家权威受挫，治理效果大打折扣。同样很多民众也依然存在不讲规则、不守制度的习惯，遇事后首先想到的是“跑关系”“走门路”，而不是依靠制度、诉诸法律解决问题。

我们必须真正认识到正是依靠中国特色社会主义制度和治理体系，我们才能创造令人瞩目的“两大奇迹”，实现从站起来、富起来到强起来的伟大飞跃。而且只有依靠制度现代化，才能最终实现国家治理现代化。必

① 习近平：《在庆祝改革开放 40 周年大会上的讲话》，《人民日报》2018 年 12 月 19 日，第 2 版。

须进一步加强全党全社会的制度意识，强化领导干部“依制而治”的思维，在深刻领会制度精神和准确把握中国制度内容的基础上严格按照制度行使权力和履职尽责。引领民众形成“依制维权”“依制办事”的习惯，按照规章制度行使权利和履行义务。最终在全社会形成尊崇制度、遵守制度、捍卫制度的社会氛围，推进国家制度优势切实转化为治理效能。

二、强化严格执行制度的意识

制度的生命源于制度的权威，制度的权威基础在于制度的执行与落实。“天下之事，不难于立法，而难于法之必行。”这既阐释了制度执行的重要性，又指出了制度执行的困难性。没有执行的制度等于没有制度，制度执行越有力，发挥的治理效能才能越大。但是现实生活中制度很容易被选择性执行或者走样执行甚至不执行，从而导致制度的“稻草人”现象和“橡皮筋”效应，不能真正发挥制度的约束和激励作用。因而习近平总书记在《之江新语》中谈到，各项制度制定了，就要严格执行，不能说在嘴上，挂在墙上，写在纸上，把制度当“稻草人”摆设，而应落实在实际行动上，体现在具体工作中。

严格制度执行的前提在于健全制度执行机制。强大且持续的制度执行力需要依靠执行主体的自觉行动，更需要健全且长效的执行机制。健全且长效的制度执行机制首先需要实现对执行主体的全覆盖性。执行机制应该能够覆盖所有地域、所有单位部门、所有公职人员以及所有人民群众，针对不同主体的不同特性设置不同的要求，确保党和国家领导干部和政府工作人员都能够依照制度行使权力和履行职责。其次需要注重执行机制的丰富多样性。如制定制度执行的思想教育机制、榜样引领机制、正面激励机制、责任倒逼机制、能力提升机制等，既能够充分发挥执行主体的内在积极性，增强其制度自信和制度执行意识，又能够发挥外力的刺激和约束作用，运用内外合力提升制度执行力。再次还应该注重制度执行过程的规范性，通过流程的系统规范和责任的具体落实，确保制度执行的持续跟进，防止制度执行的虚化和空转。

严格制度执行的关键在于公开制度执行信息。阳光是最好的防腐剂，公开是最好的监督机制，制度执行信息公开是确保制度有力执行的重要保障。各部门应完善党和国家机关各领域各部门的办事公开制度，在明确公开范围内做到能公开的尽量公开，将制度执行过程予以说明，对制度执行效果进行评估，确保制度执行信息的完整性和对称性。这样既能为自我总结和制度执行力提升提供基础，也能为相关单位的学习借鉴提供便利，为社会各界的监督提供条件。

严格制度执行的基础在于落实制度执行监督。制度执行既需要各地区各部门各单位和广大党员、干部的自觉行动，也需要外在的强制性约束。监督检查是防止制度执行中出现做选择、搞变通、打折扣等各种执行走样行为和时紧时松、缺乏常态化执行问题的重要保障。要把执行监督覆盖到所有单位和部门，贯穿到各种治理的全过程，“需要加强党内监督、人大监督、民主监督、行政监督、司法监督、审计监督、社会监督、舆论监督的协调联动，增强监督合力和实效”①。其实监督发挥作用的大小主要取决于问责追责的跟随落实。对于制度执行不力的情况要发现一起查处一起，必须依纪依法严肃处理，坚持有责必问、问责必严，从而促进遵守制度、敬畏制度的良好习惯和氛围的形成，让制度的力量在治理中得到充分释放。

三、强化推进制度不断巩固和发展的意识

一套成熟的、成功的制度体系从来都不是静止和一成不变的，而是随着形势和特定需要的变化不断进行调整创新的。正如习近平同志指出的：“坚定制度自信，不是要故步自封，而是要不断革除体制机制弊端，让我们的制度成熟而持久。”②

中国所处的国内外形势都在发生着巨大的变革。在国际上，我们处于“世界百年未有之大变局”时期，也就是机遇与挑战并存的矛盾期。以美国为代表的西方国家其经济、政治等全球影响力正在不断下降，经济全球化进行着新的变革，非西方国家的话语自信和话语地位得到不断提升，国际格局出现力量分化和局部重组的总体态势等等，这都是机遇的体现。但全球治理面临的挑战更需要警惕，如大国间战略博弈全面加剧，西方国家中民粹主义、种族主义等思潮日益活跃，保护主义、单边主义不断抬头，

① 国明理主编《推进国家治理现代化》，研究出版社，2019，第169页。

② 《习近平谈治国治理》，外文出版社，2014，第106页。

特别是以美国为代表的一些西方国家不断升级对中国的战略施压，有针对性地从经贸、政治、外交等各种涉及中国重要利益的议题上不断进行挑衅。加之传统恐怖主义、传染性疾病等公共卫生事件愈演愈烈，气候问题、科技陷阱等全球问题不断凸显，全球治理面临着复杂多变的形势。因而我们现在经常能听到的一句话就是：唯一确定的就是不确定。

在国内方面我们处于中华民族伟大复兴的关键时期，关键时期意味着我们面对的国际形势是机遇与挑战并存，也意味着国内发展同样是机会与困难同在。经过新中国 70 年特别是改革开放 40 多年的发展，我们取得了令世界瞩目的历史成就，经济发展持续有力、社会和谐稳定有序、国际影响力显著提升等，为我们奠定了实现中华民族伟大复兴的强大底气。但常言道行百里者半九十，中华民族伟大复兴的关键时期我们的改革发展也处在克难攻坚、闯关夺隘的重要阶段。全面深化改革中剩下的全是难啃的硬骨头；社会主要矛盾发生重大变化，人民对美好生活的向往和需要越来越全面和急迫；发展质量与西方发达国家依然存在差距，科技创新能力与大国地位严重不符等等。习近平指出，“在前进道路上我们面临的风险考验只会越来越复杂，甚至会遇到难以想象的惊涛骇浪。我们面临的各种斗争不是短期的而是长期的，至少要伴随我们实现第二个百年奋斗目标全过程”。①

顺应时代变化，抓住发展机遇，战胜前进道路上的各种风险挑战，必须发挥制度威力，在坚持和完善中国特色社会主义制度、推进国家治理体系和治理能力现代化上继续下功夫。中国特色社会主义制度是不断自我完善和发展的制度体系，坚持以马克思主义为指导的中国共产党在实事求是的科学原则指导下，根据国内外形势的发展变化，不断推动中国特色社会主义制度的完善和发展。但是我们依然要认识到中国特色社会主义制度同新时代要求相比、同人民群众的期待相比、同日益走近世界舞台中央的国际地位相比，依然还需要在守正创新中进一步发展与完善。因而我们要把坚定制度自信与改革创新统一起来，突出坚持和完善支撑中国特色社会主义制度的根本制度、基本制度、重要制度，着力固根基、扬优势、补短板、强弱项，构建系统完备、科学规范、运行有效的制度体系，把我国制度优势更好地转化为国家治理效能，为实现“两个一百年”奋斗目标、实

① 《习近平谈治国理政》（第 3 卷），外文出版社，2020，第 225 页。

现中华民族伟大复兴的中国梦提供有力保证。

第三节 提升治理本领，提高依靠制度推进治理的能力和水平

国家治理体系和国家治理能力是一个国家的制度和制度执行能力的集中体现，两者相辅相成。治理体系是治理能力提升的前提和保障，制度“是那些具有持续性的且被用来塑造、限制以及转变人类行为的规则”①，具有根本性、全局性、长远性，但同时制度优势的充分发挥必须依赖高超的治理能力的释放，没有有效的治理能力，再好的制度和制度体系也难以发挥作用。国家治理是政党、政府、社会等多元主体合力推进的事业，因而需要各主体不断提升自己的治理能力与治理本领。

习近平总书记指出，我们在国家治理体系和治理能力方面还有许多亟待改进的地方，在提高国家治理能力上需要下更大气力。为此，他提出，必须适应国家现代化总进程，提高党科学执政、民主执政、依法执政水平，提高国家机构履职能力，提高人民群众依法管理国家事务、经济社会文化事务、自身事务的能力，实现党、国家、社会各项事务治理制度化、规范化、程序化，不断提高运用中国特色社会主义制度有效治理国家的能力。

一、提高党的执政能力是根基

在现代政治情境下，政党是组织国家权力和联系聚合社会的重要力量，因而也是国家治理的重要主体。特别是在中国，“社会主义原则与‘党建国家’的路径使中国共产党在中国现代国家治理体系建构中更是起到了核心推动作用”②。中国共产党的领导是中国特色社会主义最本质的特征，党政军民学、东西南北中，党是领导一切的。中国共产党的地位决定着党的执政能力现代化是国家治理能力现代化的前提和保障，关系中国社会主义事业的兴衰成败、关系中华民族伟大复兴的实现、关系党自身的生

① 阎小骏：《当代政治学十讲》，中国社会科学出版社，2016，第 112 页。

② 郑长忠：《国家治理体系和治理能力现代化与党的建设制度发展》，《江西社会科学》2015 年第 4 期。

死存亡。

所谓党的执政能力现代化，具体来看就是党的十九届四中全会提出的坚持和完善党的领导制度体系，提高党科学执政、民主执政、依法执政水平。在执政理念上坚持科学标准，在执政目标上坚持人民性，在执政方式上坚持法治原则。

（一）科学执政

科学执政，就是把执政作为科学来对待，遵循客观执政规律、建构科学权力配置运行机制、探索科学执政方法。首先，遵循客观执政规律是前提。科学就是符合客观规律和客观实际，因此认识和遵循客观规律是科学执政的前提。对于中国共产党而言，客观规律既是宏观上的人类社会发展规律、社会主义建设规律、共产党的执政规律，亦是微观方面的社会主义市场经济规律和全面深化改革的规律。尊重客观规律，是要按照客观要求办事，防止主观主义和唯意志论，减少或杜绝凭经验、“拍脑袋”的决策执政行为。其次，建构科学权力配置运行机制是基础。只有权力实现合理配置和规范化运行，才能为执政的科学性提供条件。建立“结构合理、配置科学、程序严密、制约有效”的权力运行机制，推进权力配置与运行的制度化、规范化、程序化，保证权为民所用，真正实现为人民谋幸福、为民族谋复兴。第三，探索科学执政方法是关键。科学既是一种知识本身，亦是一种方法运用。正如毛主席所说：“如果我们的任务是过河，那么方法就是船和桥。”① 合理的执政方法是实现科学执政的重要保障。特别是要坚持马克思主义的方法论指导，坚持两点论、重点论和系统论，坚持实践观点和群众观点，实现源头治理、综合治理、规范治理、系统治理。

（二）民主执政

民主执政是党的本质特征的体现。中国共产党来自人民、根植人民，时刻不忘为中国人民谋幸福、为中华民族谋复兴的初心和使命。因而中国共产党的执政方式必然是民主执政，也即为人民执政和靠人民执政。首先民主执政是为人民执政。“为了什么人”是划分不同社会制度的最终价值指标，科学社会主义从其理论诞生之日起就把人民写在自己的思想旗帜上，致力于“建立在个人全面发展和他们共同的社会生产能力成为他们的

---

① 于建荣等：《国家治理体系和治理能力现代化党政干部读本》，国家行政学院出版社，2014，第73页。

社会财富这一基础上的自由个性”[①]。新时代中国共产党应继续将“以人民为中心”的发展思想落实到“五位一体”总体布局之中，全面贯彻落实“不忘初心，牢记使命”要求，剔除一切形式主义、官僚主义作风习惯，坚持不懈锤炼自身忠诚干净担当的政治品格，不断满足人民群众对美好生活的需要，增强人民群众的获得感和幸福感。同时民主执政是依靠人民执政。中国特色社会主义国家治理必须依靠人民，尊重人民主体地位，充分调动人民的首创精神，让人民做党和国家各项治理工作的最终评判者，完善党内民主制度和人民民主制度体系，依靠人民创造历史伟业，推动中国特色社会主义治理体系和治理能力现代化，实现中华民族的伟大复兴。

（三）依法执政

国家治理现代化蕴含着依法执政的必然要求，中国特色社会主义国家治理原则与方法的制度化、科学化、规范化、程序化都是法治化的特征。依法执政的前提是形成法治思维。党员干部要摒弃人治传统，切实尊重法律的权威地位，自觉养成办事依法、遇事找法、解决问题用法、化解矛盾靠法的良好法治习惯。其次，依法执政的核心是依法用权。必须在宪法和法律范围内活动，依照宪法和法律的规定来治理国家和管理社会事务；依法履行职责，绝不谋求法律之外和之上的特权。第三，依法执政还需要提升法治的本领。要善于运用法律手段解决各种矛盾和问题，善于在法制框架下调整各种社会利益关系，不断推进国家政治、经济、文化、社会等各方面的制度化、规范化，逐步推进国家治理的法治化水平。

二、提高国家机构履职能力是关键

国家机构是国家为实现其职能而建立起来的一整套国家机关体系的总称。从行使职权的性质上看，包括国家权力统一原则下的权力、行政、司法以及协商民主机构等机关；从行使职权的地域范围上看，包括中央国家机关和地方国家机关。国家机构是国家治理的主体，也是推进国家治理体系和治理能力现代化实现的关键力量。只有提高国家机构及其人员的履职能力，才能更好地推进国家治理体系和治理能力现代化。

---

① 《马克思恩格斯全集》（第 46 卷），人民出版社，1979，第 104 页。

（一）健全制度、深化改革，全面提升国家机构各自履职能力

国家机构履职能力提升的关键是健全和完善相关制度体系，从根本上发挥制度的效力。如健全人民代表大会制度，支持和保证人大及其常委会依法行使职权，健全人大对“一府一委两院”监督的制度。健全人大组织制度、选举制度和议事规则，完善论证、评估、评议、听证制度。密切人大代表同人民群众的联系，健全代表联络机制，更好地发挥人大代表作用。坚持和完善行政体制，优化政府职责体系、优化政府组织结构、健全充分发挥中央和地方两个积极性体制机制，构建职责明确、依法行政的政府治理体系等。

国家机构履职能力提升的前提是各机构的职权范围的合理配置。面对当前一些领域和范围中各职权部门存在的机构设置和职能配置存在重叠冲突等现实，我们依然需要深化国家机构改革，在党中央的统一领导下科学确定各类和各级国家机构的具体职责。横向上形成职能科学、事权清晰、运行高效、全责协同、配合有力的机构职能体系，纵向上形成中央与地方职责权限划分科学、政令统一、运行顺畅的政治局面，充分发挥好中央和地方两个积极性。

国家机构履职能力提升的基础是各机构准确站位，认真履职。“认真履职是制度功能的实现过程，是不断提升治理能力的过程。”① 各个机构应该严格遵守宪法法律规定，认真履行自身担负的职能，不断提升治理能力和水平。

（二）严把进关、不断学习，提高国家机构工作人员的治理能力

人是根本，国家机构的履职能力归根结底取决于国家机构工作人员的工作能力和水平，因而建设一支宏大的高素质干部队伍是面对复杂多变的国际形势和艰巨繁重的国内改革发展稳定任务的关键。

建设高素质干部队伍的前提是把好干部选用关。我们党历来都非常重视选贤任能并不断提升好干部的任用标准。党的十八大后习近平同志提出：“好干部要做到信念坚定、为民服务、勤政务实、敢于担当、清正廉洁。”我们在干部选用中要严格依照此标准把那些矢志不渝为中国特色社会主义而奋斗、全心全意为人民服务、兢兢业业真抓实干、拒腐抗变廉洁

---

① 于建荣等：《国家治理体系和治理能力现代化党政干部读本》，国家行政学院出版社，2014，第76页。

奉公的好干部选出用好，建设一支素质高能力强的干部队伍，提升国家机构履职能力。

干部的健康成长与组织的培养密切相关，建设高素质干部队伍还需不断“铸人”，坚持锲而不舍、久久为功，不断提升干部队伍的治理能力。党的十九届四中全会《决定》为干部队伍的培养指明了方向，即通过加强思想淬炼、政治历练、实践锻炼、专业训练，推动广大干部严格按照制度履行职责、行使权力、开展工作，提高推进“五位一体”总体布局和“四个全面”战略布局等各项工作能力和水平。

（三）利用现代信息技术、推进数字化转型，提升“智治时代”履职能力

伴随着工业社会迈向信息社会的进程，人类社会已经进入信息时代。世界范围的数字化、信息化、网络化的发展既改变着人类的生产方式和生活方式，也改变着人们的思维方式和价值观念。随着互联网、大数据、云计算等科学技术的全面应用，中国治理也已经从传统治理转向智能治理。如新冠肺炎疫情防控工作中，很多地方都是运用大数据“找到人”、运用大系统“管住人”、运用大平台“看好门”和运用大网格“守好门”，人工智能已经转化为防控疫情新型战斗力，大数据技术也成为不可或缺的防疫工具。

在智治时代，数字化转型成为国家机构改革的重要引擎与发展方向。现今各个国家机构越来越多地借助网站、App及第三方应用平台来推进工作和提供公共服务，但是数字化转型不仅要求工作和服务方式的转变，更应该是治理模式、理念、文化的整体发展重塑。具体来看，首先树立智治思维。运用数字化提升治理能力就需要将数字、大数据思维融入治理理念，改变国家机构的治理方式和决策思路。如工作中要注重新媒体等平台的建设和运用、习惯线上办公和无纸化留痕、重视大数据在决策中的应用、简化公民的办事流程等，在履职中形成重视数字化、依靠数字化、推进数字化的习惯，转变传统的治理思维和模式，自上而下树立大数据治国意识。其次推进国家机构本身的数字化建设。深化互联网、大数据、人工智能等现代信息技术运用，形成公共治理的电子化、数字化，提升对数据的甄别和选择归纳能力，结合数字技术衡量公共治理行为的准确度，从而实现对民众需求精准高效的回应与服务能力等，提升决策的科学性和治理能力的现代化，更好满足人民对美好生活的向往。第三形成国家机构间数字共享的整体化治理模式。国家治理现代化是系统治理、整体治理，而国家机构间信息共享与相互协作是系统治理和整体治理的前提与基础。因此应致力于建设由平台驱动的数字国家机构，即国家机构基于新型数字基础设施构建一个广泛联系各种主体的平台，实现数字资源的应用和共享，实现各级政府部门跨系统、跨地域、跨层级的高效协同。

三、提高人民群众参与国家治理和自治能力是基础

马克思指出："历史活动是群众的活动，随着历史活动的深入，必将是群众队伍的扩大。"① 人民是历史的主体，也是国家治理的主体，因而我国宪法明确规定：中华人民共和国的一切权力属于人民，人民依照法律规定，通过各种途径和形式，管理国家事务，管理经济和文化事业，管理社会事务。

人民是历史的创造者，是决定党和国家前途命运的根本力量。国家治理现代化建设是一项系统工程，需要发挥各个主体的作用，特别是需要有人民群众的政治支持与政治参与。没有人民群众的有序参与，国家治理现代化建设是不可持续的，也是没有活力的。毛泽东同志早在 1945 年回答黄炎培的"周期率"问题时就明确指出："只有让人民监督政府，政府才不敢松懈，只有人人起来负责，才不会人亡政息。"② 人民群众对于国家治理现代化建设意义重大，因而在国家治理现代化建设中必须提升人民群众政治参与国家治理和自治能力。

提高人民群众政治素养，夯实国家治理现代化的政治文化基础。政治素养是政治参与的前提和基础，关系着人民群众能否成为现代公民以及国家治理能否实现现代化。政治素养是一个包括政治理论素养、政治品德素养、政治心理素养、政治法律素养、政治行为能力素养等在内的综合体，因而提升人民群众的政治素养要全面发力，既要鼓励民众掌握基本的政治常识和马克思主义政治精髓、了解我国政治发展的历史与现实、关心国内外重要政治动态，从而形成良好的政治认知；也要引导民众积极参与政治生活，在纷繁复杂的政治现象下作出正确判断，运用政治理论知识有效解

① 《马克思恩格斯文集》（第 1 卷），人民出版社，2009，第 287 页。

② 黄炎培：《延安归来》（第二篇），重庆国讯书店出版社，1945，第 37 页。

决政治问题，从而具有良好的政治行为能力。既要塑造人民群众对祖国的热爱与忠诚、对民族的自信心与凝聚力，形成良好的政治品德素养；又要推进民众自觉养成社会主义法治思维、遵纪守法、信仰法律，形成良好的政治法律素养。既要锻炼民众正确把握“两个大局”，全面看待机遇和挑战、风险与困难，具备坚定的政治意志；又要培育民众坚定马克思主义理想信念、坚定社会主义“四个自信”，坚持中国共产党的集中统一领导，坚决抵制西方社会对中国的政治污蔑和恶意意识形态渗透，形成坚定的政治信仰。

健全人民当家作主制度体系，落实人民群众参与国家治理的制度保障。发展社会主义民主政治，要体现人民意志、保障人民权益、激发人民创造活力，必须依赖于制度体系的保证与引导。我国已经形成多元复合的人们当家作主制度体系，如人民代表大会、多党合作和政治协商、爱国统一战线、民族区域自治、基层群众自治制度等等，从根本政治制度、基本政治制度与具体政治体制机制各个方面为实现人民当家作主提供了制度保障。新时代面对复杂多变的国内外形势与人民群众更高的要求，应该继续推进人民当家作主制度体系的完善和发展，如健全人大组织制度和工作制度，更好地发挥人大代表的作用，更好地体现人民的心声与要求；推动协商民主广泛、多层、制度化发展，保证人民在日常政治生活中有广泛持续深入参与的渠道和权利；健全基层民主自治机制、推进基层民主法治化步伐，更好落实民众的自治权利等等。保证人民依法通过各种途径和形式管理国家事务，管理经济文化事业，管理社会事务。

扩大人民群众的有序政治参与，拓宽人民群众参与国家治理的实践路径。社会主义民主不仅需要完整的制度程序，而且需要完整的参与实践。民众政治参与是衡量一个国家民主政治和治理现代化的重要尺度，是维护人民群众切身利益的重要途径，是实现社会稳定和发展的重要保障。虽然我们非常重视民众的有序政治参与，如毛主席时期就指出，“我们政府的性格，你们也都摸熟了，是跟人民商量办事的”“可以叫它是个商量政府”。但是具体来看，民众政治参与渠道依然有待畅通与扩宽。既要通过依法选举的方式又要通过选举以外的制度设计，让人民真正参与国家生活和社会生活的治理。如建立健全提案、会议、座谈、论证、听证、公示、评估、咨询等多种协商手段拓宽政治参与方式，特别是在新媒体时代要发挥互联网优势，借助微博、微信等各种新媒体渠道提升民众对政治的参与与影响。

在当今世界大变局背景下要继续深化改革“练内功”，在人民当家做主制度体系构建中“凝心聚力”，调动人民大众的积极性，真正把科学理论和先进制度转化为治理效能。

后　记

善治是自有国家和政府以来，人们一直期望的理想政治模式，这一点古今中外概莫能外，但不同的历史文化传统和国情，导致人们追寻善治的道路千差万别。

推进国家治理体系和治理能力现代化是当代中国在中国特色社会主义道路上探寻善治的战略选择。党的十九届四中全会审议通过了《中共中央关于坚持和完善中国特色社会主义制度 推进国家治理体系和治理能力现代化若干重大问题的决定》（以下简称《决定》），既回答了“坚持和巩固什么、完善和发展什么”这个重大政治问题，又阐明了国家治理现代化的中国道路和中国方案，具有重大而深远的理论和现实意义。

本书根据《决定》精神，在总体探究我国国家治理体系和治理能力现代化建设的现实境况、目标方向、方法原则的基础上，具体从党的领导和建设、政治、经济、文化、社会、生态文明、外交等领域展现中国特色社会主义国家治理体系与治理能力建设的特色与发展方向。国家治理研究是一个大课题，由于知识和能力所限，本书对中国国家治理体系和治理能力现代化的相关研究还需进一步深化和细化。

本书是合作撰写的成果，具体分工为：王恒负责提纲设计、统稿以及第一、二、三、四、十二章的撰写；郑安定负责第五、六、七、八、九章的撰写；王恒、郑安定负责第十章的撰写；刘涵、王恒负责第十一章的撰写。

本书的出版，得到了天津大学马克思主义学院院长颜晓峰教授的大力支持，从主题确定到章节的具体安排，颜院长都给予了悉心的指导；得到了天津大学出版社的支持帮助，正是编辑组不辞辛苦的“三审三校”，才保证了本书的严谨性。天津大学马克思主义学院、天津大学社会主义现代化研究中心的领导和同志们也为本书的出版提供了许多无私的帮助。在此，向上述领导、同事表示诚挚的感谢。

推进国家治理现代化尚在途中，对国家治理的研究也依然在路上，作为一本反映这个宏伟历史进程的“小册子”，本书的不足肯定是难免的，我们期待学界能够不吝指教，帮助我们进一步提升研究水平。书中如有参考文献未被列出、表述不当之处，恳请各位读者批评指正。

作者

2021年3月